# 복지국가 쟁점 1

/

전환기의 이슈와 대안

1

**전환기의 이슈와 대안**

사회정책연구회 엮음

복지국가 쟁점

한울
아카데미

# 왜 지금 여기에서 '복지 논쟁'이 필요한가?

세계 경제위기가 한창이던 2008년, 런던 정치경제대학교LSE를 방문한 영국의 엘리자베스 여왕은 "어떻게 경제학자 중에 현재의 경제위기를 예견한 사람이 한 사람도 없었답니까?"라고 물었다고 한다. 노벨상 수상자를 포함한 세계 유수의 경제학자들을 그야말로 '어쩌다 보니, 이론가accidental theorist'[1]로 만들어버린 이 질문에서 자유로운 경제학자는 한 사람도 없을 것이다. 애덤 스미스의 『국부론The Wealth of Nations』(1776) 이후 200년 이상 축적된 견고한 학문적 전통, 고급 수학과 물리학 이론으로 무장해 일반인의 접근을 봉쇄하는 전문성을 지녔으며 사회과학계의 유일한 노벨상 수상 학문 분야로서 자타가 공인하는 '사회과학의 여왕The Queen of Social Sciences'인 경제학이 원조 여왕에게 제대로 한 방 먹은 셈이다.

실상 경제학자만 탓할 일도 아니다. 제왕帝王의 학문으로 '사회과학의 왕'이라고 자부하는 정치학도 크게 다르지 않다. 제2차 세계대전 이후 길고 험난

---

1 폴 크루그먼(Paul Krugman)의 책 *Accidental Theorist*(1998)에서 가져온 말로, 이 책의 부제는 'And Other Dispatches from the Dismal Science'다. 한국판으로는 『우울한 경제학자의 유쾌한 에세이』(2002)로 출간되었다.

했던 냉전 시대를 종식한 베를린 장벽의 붕괴(1989년)와 연이은 동구 소비에트 블록의 도미노 해체를 정확하게 예견했던 정치학자 역시 기억나지 않는다. 물론 사회과학자가 점쟁이가 아닌 다음에야, 미래에 일어나는 일을 예견하지 못했다고 해서 크게 나무랄 일만은 아니다. 역사의 발전은 항상 인간 이성의 범위를 뛰어넘어 어느 날 느닷없이 도약하는quantum leap 법이기 때문이다.

그렇다고 해서 사회를 전문적으로 연구하는 이들(이른바 사회과학자)의 직무상 과실(혹은 유기)이 용서되는 것은 아니다. 누군가는 이들에게 기꺼이 지갑을 열어 책을 사주고, 강의를 듣고, 일부는 존경까지 보내고 있으니 이에 합당한 역할과 기능을 기대하는 것은 당연하다. 문제는 '과학'이라는 이름으로 포장된 허위의식이다. 이들이 일반화된 법칙(혹은 모델)을 통해서 미래를 예견할 수 있다는 근거 없는 자신감을 버리지 않는 한 '어쩌다 보니, 이론가'라는 굴레에서 벗어날 수 없다.

우리 사회가 이들에게 요구하는 것은 불투명한 미래를 예견하는 선지자적 혜안이 아니라, 현재 진행되는 사회현상을 정확하게 파악해 그 원인을 분석하고 이에 따른 올바른 대책을 강구하는 실용성에 있다. 그리고 이 과정에서 자연스럽게 떠오르는 이슈의 논점을 정확하게 짚고 내용을 풍부하게 하면서 우리는 어디에 서 있으며 어디로 가고 있는지를 명확하게 하는 것, 이것이 아마도 사회현상을 전문적으로 연구하는 이들에게 거는 기대일 것이다. 이런 점에서, 현재 한국 사회의 가장 뜨거운 이슈 가운데 하나인 복지국가 논쟁을 비켜갈 수 없다.

한국 사회에서 복지 논쟁은 1970년대로 거슬러 올라간다. 의료보험제도가 도입된 1977년 이후 보험제도 운영방식을 놓고 벌어진 '통합주의 대 조합주의' 논쟁은 이념적 지향과 논리적 체계를 갖춘 최초의 복지 논쟁으로, 2000년 7월 1일 단일보험자인 국민건강보험공단이 출범할 때까지 20년 이상 계속되었다.[2] 이후 1997년 IMF 경제위기 당시 전 국민 기초보장이 사회적 어젠다로 떠오르면서, '국민기초생활보장법' 제정(1999년), 특히 최저생계비를 둘러싸고 보수주의 세력과 진보주의 세력 사이에 기초법 논쟁이 이어졌다. 한편으로는 개별 제도를 넘어서 한국 복지국가의 성격에 대한 논쟁이 이어졌는데, 김대중 정권(1998~2002년)이 생산적 복지를 국정 과제로 내걸고 이룩한 일련의 복지개혁[3]의 해석에 대한 '한국 복지국가 성격 논쟁'[4]이 대표적이다.

하지만 그때까지는 복지 논쟁이 전문가와 관료 그리고 이해당사자 집단 사이에서 이루어졌다. 복지 논쟁이 본격적으로 우리 사회의 주요 어젠다로 부상하게 된 계기는 학교 무상급식을 놓고 벌인 한 보수주의 정치인의 도박에 가까운 승부수였다. 2011년 무상급식을 반대했던 당시 오세훈 서울시장은 무상급식의 찬반을 묻는 주민투표를 실시했지만, 투표함을 열 수 있는 투표율(33.3%)을 채우지 못하면서 결국 중도에 사퇴하고 만다. 한국 정치사에서 흔치 않은 이 사건을 계기로 한국 사회에서 복지 논쟁에 불이 붙게 되었고, 그 이듬해인 2012년 대통령 선거 이후 매 선거마다 복지는 주요한 선거 어젠다가 되고 있다.

사실 중요한 선거를 앞두고 주요 정당에서 사회복지의 확대를 공약하고 이 공약이 합리적이고 현실적인지에 대해서 서로 토론한 다음 그 결과가 선

---

2  실제 건강보험제도의 '통합주의 대 조합주의' 논쟁은 2012년 헌법재판소가 건보재정의 통합이 합헌이라고 판결하면서 최종적인 판가름이 나게 된다.

3  건강보험 단일보험자 출범과 건강보험 재정통합, 국민연금의 지역가입자 확대, 산재보험과 고용보험 1인 사업장으로 확대, 전 국민의 기초적인 생계를 보장하는 '국민기초생활보장법' 제정 등.

4  이 논쟁은 『한국 복지국가 성격논쟁 I』(김연명, 2002)에 잘 소개되어 있다. 이후 2009년에는 『한국 복지국가 성격논쟁 II』(정무권, 2009)가 출간되었다.

거에 반영되는 것은 선진 정치의 구현을 위해서 바람직하다. 지역감정에 기대면서 표를 구걸하거나 불필요한 토목사업을 통해서 표를 사는 구태의연한 정치보다는 훨씬 발전적이고 바람직하다. 하지만 선거철마다 정당들이 복지 공약을 홍수처럼 쏟아내고 있는 현실은 생산적인 논쟁 없이 단순히 평면적인 복지 공약을 관습적으로 발표하는 수준에 머물러 있다고 해도 과언이 아니다.

다시 말해, 선거를 앞둔 정당들의 복지 공약은 ① 복지국가 건설을 위한 철학적 기반(예컨대 공공성)이 박약했고, ② 실제로 정책으로 시행하기 위한 제반 사회경제적 여건(예컨대 노동시장의 성격, 경제민주화 등)에 대한 충분한 고려가 없었으며, ③ 공약이 담고 있는 주요 이슈에 대한 면밀한 분석이 없었기 때문에 현실 세계에서 구현되는 데 한계가 있을 수밖에 없었다.

이러한 정치 비즈니스 사이클을 반복하지 않기 위해서는 먼저 한국 사회에서 복지가 왜 필요하고 어떤 성격의 복지국가를 지향해야 하는지에 대한 확고한 가치관을 바탕으로 주요 이슈에 대한 면밀한 분석이 필요하다. 따라서 지난 20년 동안 이런 문제의식을 가지고 호흡을 맞춰 연구에 천착해온 사회정책연구회는 집필진을 구성한 다음 '복지국가 쟁점 시리즈'를 계획했고, 이제 첫 권을 세상에 내놓게 되었다.

이번에 출간하는 복지국가 쟁점 시리즈 첫 권『복지국가 쟁점 1: 전환기의 이슈와 대안』은 모두 9개의 장으로 구성되어 있다. 각각이 독립된 완결적인 글이지만 한데 모아서 보면 일정한 흐름을 타고 있다는 것을 알 수 있다. 먼저 도입부에 해당하는 제1장과 제2장은 한국 복지국가의 성격을 규정하는 중요한 이슈인 일과 기술을 다루고 있고, 이어 제3장은 보편적 복지국가, 제4장은 소득주도성장, 제5장과 제6장은 기본소득의 주요 이슈들을 면밀하게 파악하고 논점을 명확하게 제시하고 있다. 그리고 제7~9장은 주요 이슈를 대립화해 논쟁을 보다 선명하게 이끌고 있는데, '소득보장 대 사회서비스',

'개인화 대 가족화' 그리고 '남성 생계부양자 모델 대 이인소득자 모델'을 제시함으로써 한국 복지국가의 성격과 이에 수반하는 여러 이슈를 이해하는 데 도움이 되리라 기대한다.

물론 우리 사회에서 성숙한 복지 논쟁이 꽃피기에는 아직도 갈 길이 멀다. 복지에 대한 확대가 개인의 나태를 조장하고 자본주의 시장경제를 훼손해서 결국은 공멸할 수밖에 없다는 발전주의 사고가 팽배해 있고, 이런 맹목적 우익 이데올로기를 계속 풀무질하는 언론 환경에서 성숙한 논쟁을 기대하기 어려운 것은 사실이다. 하지만 더 큰 문제는 우리 학계의 풍토다. 이른바 미시적 전문가주의에 빠져서, 아무도 읽지 않는 논문을 공장에서 상품 찍어내듯이 양산하고 이것이 실력인양 득세하는 학계의 풍토에서 큰 숲을 보면서 쟁점을 파악하고 논점을 짚어내어 건강하고 성숙한 논쟁으로 이끄는 일은 지난한 과제다. 모쪼록 이 책의 출간이 마중물이 되어 우리 사회에서 진영 논리가 아닌 실사구시에 기반한 성숙한 복지 논쟁이 꽃피는 계기가 되었으면 하는 바람이다.

소신이 뚜렷하고 개성이 강한 십 수 명의 학자들을 모아서 하나의 공동 작품을 만드는 것만큼 어려운 일도 흔치 않을 것이다. 이 어려운 일을 인내의 기다림으로 무난하게 성사시킨 이신용 교수님에게 필진을 대표해 제일 먼저 감사의 말씀을 드린다. 그리고 사회정책연구회의 정신적 지주로서 제자들의 작업을 애정 어린 관심으로 뒤에서 묵묵히 지켜주신 안병영 교수님에게 깊은 감사의 뜻을 전하고자 한다. 복지국가 쟁점 시리즈의 출판을 흔쾌히 허락해준 출판사 한울엠플러스(주)에게도 깊은 감사의 마음을 전한다.

필진을 대신하여

문 진 영

# 제 1 장

# 일의 미래와 '사회국가' 재구축 방안에 대한 연구

이 호 근

## 1. 들어가는 말

한국의 노동과 사회보장체제의 미래 비전을 마련해야 할 필요성이 지속적으로 강조되어왔다. 지금까지 각 부문별(노동법, 고용노사관계, 사회보장 등) 전망과 시도가 이어지고 있지만, 이들을 종합적으로 전망하고 한국 사회의 장기 발전을 전망하면서 그 현황과 핵심 논점을 고려한 국가 장기발전계획의 수립을 모색할 필요가 있다. 국가의 장기발전 전망에는 사회적 필요에 따라 정치, 경제, 국가 안보, 대외 관계 등 다양한 영역이 존재한다. 그 가운데 노동과 사회보장 영역의 국가발전 전망은 국민의 행복과 삶의 지표에 가장 직접적이며 구체적으로 관련된다는 측면에 그 본질적인 특성이 있다. 즉, 국민의 대내적인 안전, 사회보장과 행복한 삶의 실현을 전제조건으로 모든 국민이 기본적인 생존 욕구를 충족하고 빈부의 격차가 없으며 부의 불평등을 최소화할 수 있는 상태, 그리고 모든 국민이 건강하고 자기 존중의 사회적 환경 속에서 자기실현의 가치를 추구하며 행복감을 느낄 수 있는 인간 존중의 사회는 헌법적 가치이자 포용 사회국가의 핵심적 가치와 이념이라고 할 수 있다. 이는 일과 생활의 양립, 이른바 저녁이 있는 삶 등이 실현되는 조건의 창출을 의미한다. 이와 같은 당위론적인 국가발전의 목표는 포용 사회국가 이념이 지향하는 바다.

그런데 이러한 가치와 이념 그리고 국가발전의 목표는 우리가 맞고 있는 다양한 형태의 내외의 도전과 극복 과제를 안고 있다. 따라서 다양한 형태의 글로벌 메가트렌드와 이에 상응하는 한국 사회의 정확한 여건을 분석한 다음 최소 한 세대 30년 정도의 국가발전계획을 수립하고 공론화해 사회적 합의를 추구해나가야 한다. 이미 장기적인 국가발전계획으로 지난 2007년 참여정부 말기에 이른바 「비전 2030」이 발표된 바 있다. 그러나 당시 그것이 최초의 국가장기발전계획이었음에도 도전 과제의 공론화 부족, 대응전략의 모호성, 필수적 요소 중 하나인 제도적 변화와 재원 마련의 모호성 등이 쟁점이 되면서 논의는 더 이상 진전되지 못했다. 이 장에서는 그와 같은 경험에 비추어 한국 사회의 노동과 사회보장 부문의 국가장기발전계획을 수립하기 위해 먼저 현상을 분석한 다음 이를 실현하는 방안을 제시하고자 한다.

이는 세 단계로 접근한다. 첫째, 노동과 사회보장과 관련해서 현재 우리가 처한 상황과 다가오는 미래에 직면하는 중요한 대내외적인 메가트렌드를 주목한다. 이를 우선 '세계화: 생산체제의 변화와 자본주의 다양성', '기술 발전과 고용 위기: 기술 발전이 일자리에 미치는 영향', '인구 변동: 노동력 감소에 따른 생산가능인구 확보와 사회보장제도에의 영향', '불평등과 분배 위기: 노동시장 이중구조를 비롯한 사회적 양극화', '정치적·사회적 갈등 심화: 대립적 노사관계와 집단적 노사관계의 재편' 등의 영역으로 구분할 수 있다. 이러한 거시 환경적 영역에서의 변화와 우리가 맞고 있는 도전, 그리고 그 해결방안과 장기적 정책방향은 무엇인지 분석한다.

둘째, 글로벌 메가트렌드에 대한 미국, 일본, 독일, 중국 등 주요 국가의 대응방안은 무엇인지, 그리고 글로벌 메가트렌드가 노동 사회보장과 관련된 중요한 제4차 산업혁명 및 일의 미래와 노동·고용·사회적 안전망에 미치는

표 1.1 미래 사회 8대 메가트렌드와 하위 25개 트렌드

| 메가트렌드 | 트렌드 | 메가트렌드 | 트렌드 |
|---|---|---|---|
| 글로벌화 심화 | ·세계시장의 통합<br>·국제질서의 다극화<br>·인력 이동의 글로벌화<br>·거버넌스 개념의 확대<br>·전염병의 급속한 확산 | 문화적 다양성 증가 | ·문화교류 증대와 다문화 사회화<br>·여성의 지위 향상 |
| | | 에너지 자원 고갈 | ·에너지·자원 수요의 증가<br>·물·식량 부족 심화<br>·에너지·자원 무기화 |
| 갈등 심화 | ·민족, 종교, 국가 간 갈등 심화<br>·사이버테러의 증가<br>·테러위협의 증가<br>·양극화 심화 | 기후변화 및 환경문제 심화 | ·온난화 심화, 이상기후 증가<br>·환경오염의 증가<br>·생태계의 변화 |
| 인구구조 변화 | ·저출산 고령화의 지속<br>·세계 도시인구의 증가<br>·가족 개념의 변화 | 중국의 부상 | ·생태계의 변화<br>·중국 경제적 영향력 증대<br>·중국 외교 문화적 영향력 증대 |
| | | 과학기술 발달과 융복합화 | ·정보통신기술의 발달<br>·생명과학기술의 발달<br>·나노기술의 발달 |

자료: KAIST 문술미래전략대학원·미래전략연구센터(2017a: 43 재인용).

영향과 대응방안을 분석한다.

마지막으로, 이러한 영역별 현황과 장기적 국가발전 방향 그리고 비교 대상으로서 주요 국가의 핵심 대응방안을 비교 분석하며, 이를 실현해나가는 주요 방안으로서 사회적 대화의 체계화를 제안한다. 즉, 사회적 대화는 포용사회국가를 실현하는 민주적 방안이며 사회통합의 핵심적인 수단이자 절차다. 이 장에서는 이러한 사회적 대화의 추진체계를 이원적 구성으로 살펴본다. 우선 노동체제 이론적 관점에서 한국 사회가 당면한 노동과 사회보장체계 거버넌스를 체계적으로 살펴보고 새로운 비전을 제시한다. 이 비전은 글로벌 메가트렌드와 한국의 장기적인 국가발전계획이 조응하는 것이어야 한다는 점을 강조한다. 핵심적인 사항은 미래에도 지속 가능하며 사회통합적

인 복지국가의 발전을 위해 사회국가의 '새로운 사회권의 확립'이다. 즉, 글로벌한 생산과 경제체제가 구조화된 상황에서 제4차 산업혁명 시대의 변화하는 디지털 경제에서 사회국가의 새로운 '사회적 시민권'을 개념화하고, 이를 국가장기발전계획의 기저로서 확립하는 것이 포용 사회국가가 지향하는 미래 비전의 핵심적 가치와 개념이다. 동시에 이를 실현할 수단으로서 사회적 대화, 포용적 노동시장정책, 대등한 자율적 노사관계의 실현이 미래의 중요한 도전이자 과제다. 이를 위해 사업장 안과 밖 그리고 업종과 중앙 단위에서의 사회적 대화 체제를 구축하는 일은 물론이고, 이것이 실효성 있게 작동할 수 있는 기반을 확충하는 일이 중요하다.

노동자의 조직률이 지속적으로 감소하고, 노동운동이 약화되며, 미조직노동의 노동자 이익 대변 구조가 부재하는 여건에서 이러한 과제는 매우 어려운 일이다. 따라서 그러한 사회국가의 새로운 사회적 시민권을 실현할 주요 방안으로서 사회적 대화 가운데 우선 노동과 사회보장 영역에서 기능하는 '노사정 중심의 사회적 대화 거버넌스' 구축이 국가 장기발전계획의 수립에 필수적인 것이라고 강조한다. 다음으로, 참여와 권한 그리고 책임이 공존하는 민주적 거버넌스의 구축을 위한 다양한 '국정운영 사회적 대화 체제의 구성과 운영'의 체계화를 강조한다. 이를 위해서는 국가장기발전계획에서 중요한 교육 및 직업훈련제도 등의 '교육 거버넌스', 의료·연금·각종 사회서비스 등의 '사회보장 거버넌스', 개발과 환경의 장기적 생태적 공존을 다루는 '생태환경 거버넌스', 무역자유화와 노동환경을 다루는 '경제통상 거버넌스', 기술과 인간의 공존을 다루는 '인간과 기술 거버넌스', 중앙과 지역의 균형 발전을 다루는 '균형 발전 거버넌스' 등 다양한 형태의 '국정운영 거버넌스'가 사회적 대화의 장기적 발전 방향의 전제가 되어야 할 것이다.

즉, 지난 20여 년 동안 한국에서 이루어진 사회적 대화의 시도와 진전 그리고 시행착오를 돌아보며 국가 장기발전계획으로서 사회적 대화 체제를 체계적으로 재구축하고 그 발전 방향을 제시할 필요가 있다. 한국에서 사회적 대화는 산업화 역사보다 더 짧고 일천한 실정에 있다. 그럼에도 산업화와 민주화 과정을 거치며 발전되어온 한국의 사회적 대화 체제는 국내는 물론 서구권 외 국제적 차원에서도 대단히 중요한 의의가 있다.

## 2. 일의 미래와 '사회국가' 재구축

### 1) 세계화: 생산체제의 변화와 자본주의 다양성

고용·노동 부문의 미래를 전망하는 데 생산체제의 변화와 세계화의 진전이 초래하는 영향은 기존의 복지국가와 사회국가에 심대한 도전을 야기하고 있다. 먼저 생산체제의 변화는 포디즘적 대량생산과 대량소비가 결합되어 (Aglietta, 1976 참조) 신용화폐(크레디트)를 매개로 민간과 공공 부문이 생산과 소비의 새로운 균형을 이룬 시기에 이루어졌다. 그러나 전후 발전한 이런 생산체제는 1970년대 중반 선진 공업국에서부터 균열이 발생하기 시작했다. 이는 대내적으로는 양적 확대에 의한 생산성 증대라는 대량생산 성장방식이 한계에 처하고, 부가가치가 큰 다품종 소량 생산과 유연전문화로 생산체제가 변하기 시작했다는 것을 뜻한다. 동시에 반자동화 생산 라인은 1980년대와 1990년대를 거치며 점차 완전 자동화를 지향하는 동시에 기업의 핵심 노동력을 제외한 부문의 아웃소싱이 확대되면서 노동시장 내 이중구조가 확대되기 시작했다. 외부적으로는 세계화의 진전으로 인해 생산체제의 기업 소유와 자본구조의 탈국민국가화가 진행되었고, 연구개발-생산 입지-최종 판매소비처가 유기적으로 연계되어 생산의 효율성을 극대화하고 거래비용을 최소화하는 새로운 '유연생산체제Just in Time Production: JIT'로 더욱 변모하게 되었다. 그럼에도 기존 생산체제의 생산성 하락 추세는 장기적으로 지속되어 왔다. 제조업 부문에서는 그 대응방안으로 지속적인 '합리화'와 '자동화'로 고용의 축소를 초래했고, 서비스 부문에서는 고용의 양적인 증가에 반해 그 구조는 소수의 고부가가치 부문 종사자와 다수의 저부가가치 부문 종사자로 나뉘어 소득과 근로조건의 이중구조가 더욱 확대되었다. 한국의 후발 산업화 과정은 이 과정에서 이미 고도화된 선진 공업경제 내부의 변화와 도전에 더해 고용·노동시장과 사회적 안전망의 미성숙 등 불완전한 취약 조건이 중층적인 모순으로 나타났다.

1997~1998년의 외환위기는 그러한 세계화의 덫에 빠진 상황이었으며, 기업과 공공 부문은 위기 상황에서 금융, 기업, 공공 부문, 노동시장의 '유연화'와 각종 '규제 완화' 등 시장력에 과도하게 의존하는 대응전략에 치중했다. 이런 과정에서 내부적으로 수출 대기업 중심의 재벌 경제체제는 대기업과 중소협력업체의 상생의 수평적 균형 발전이 아니라 '수직적 계열화의 심화' 속에서 노동시장 이중구조는 심화되었다. 그 결과 고용·노동구조는 교섭력이 있는 대기업·공공 부문의 종사자와 교섭력이 없거나 미약한 대다수 영세중소기업의 노동자로 양분된 채 노동시장 이중구조로 인한 사회적 양극화는 더욱 심화되어 대기업·공공 부문의 조직노동과 대다수 영세중소기업의 미조직노동 사이의 임금과 근로조건의 격차는 더욱 벌어졌다.

2008~2009년의 글로벌 금융위기는 이러한 문제인식에도 근본적인 대안 없이 다시 기존 산업생산 구조 아래에서 종래 방식에 의한 경제·산업정책을 답습했다. 이에 따라 위기는 계속해서 더욱 내연화되어왔다. 한국이 직면한 성장률 하락, 가계부채의 폭발적 증대,[1] 지니계수 같은 소득분배의 지속적

---

1  가계부채는 한국 경제의 큰 쟁점 사안이다. 특히, 가계부채의 50~60%가 주택담보대출로

악화로(피케티, 2013 참조) 인해 한국 경제의 발전이 지속 가능하지 않다는 것은 자명한 사실이다. 한국의 고용·노동 부문에서는 선진 공업 경제가 1990년대를 경과하며 뒤늦게 시도하는 '유연안정성flexicurity'의 균형 회복을 위한 시도 역시 체계화되지 못한 채(조돈문, 2016 참조) 사회통합은 더욱 시급한 과제가 되었다. 또한 내부의 숙련체제, 교육훈련제도, 노사의 교섭방식 등 자본주의 다양성론이 세계화 속에서도 다른 발전경로를 보여주고 있다. 현재 자본주의 다양성과 관련해 한국은 '신자유주의 자본주의의 다양성' 속에서 그동안의 '발전론적 조정시장경제 모델'로부터 고삐 풀린 영미식의 '자유주의 시장경제 모델'로 더욱 경도되고 있는 모습이다. 한국의 발전모델은 그동안의 '발전론적 국가'나 유럽 선진 공업경제의 유연안정성 모델의 딜레마를 극복한 새로운 장기전망을 지향해야 할 것이다.

### 2) 기술 발전과 고용 위기: 기술 발전이 일자리에 미치는 영향

'제4차 산업혁명'은 미증유의 도전으로 회자되고 있다. 2013년 9월 발표된 영국 옥스퍼드 마틴스쿨Oxford Martin School의 프레이와 오스본(Frey & Osborne, 2013)의 연구는 최근에 제4차 산업혁명의 담론을 전 세계적으로 촉발하는 계기가 되었다. 이미 1990년대 중반에 펜실베니아 왓슨스쿨Watson School의 제레미 리프킨(Rifkin, 1995 참조)[2]이 『노동의 종말The End of Work』에서 작업 공정에서

---

서 구조적으로 그 총량 수준이 높고, 증가 속도가 소득에 비해 빨라 쟁점이 되고 있다. 김도균(2013)은 이를 한국형 성장모델의 중요한 특성으로 분석하고 있다. 한국의 가계부채는 지난 5년 동안 매년 100조 원씩 폭발적으로 증가해 2018년 말 기준 1500조 원을 넘어섰다. 한국산업은행의 추계에 의하면 이는 가구당 7800만 원, 국민 1인당 2900만 원의 채무를 안고 있는 셈으로, 가계부채는 한국 경제의 시한폭탄이 되고 있다.

'컴퓨터화computerisation'가 새롭게 창출해나가는 일의 속도를 따라갈 수 없어 미래에는 고용 없는 성장이 불가피할 것이며 고용이 희소재가 된다고 밝혔다. 그는 이에 따라 고용-소득-공동체 친화적 성장이 가능하기 위해서는 시장과 국가의 저편에서 이른바 '제3의 영역The Third Sector'의 국내 및 글로벌한 확대가 답이라는 전망을 내놓았고, 이후 20년 만에 다시 글로벌 담론이 구체화되고 있는 것이다.

생산과 경제의 글로벌화는 더욱 확대되었고, 성장의 지속에도 전반적으로 고용은 확대되지 않았다. 나아가 노동시장 이중구조와 소득과 분배의 양극화 등 사회적 양극화는 전반적으로 더욱 증가했다. 이런 와중에 2008~2009년의 글로벌 금융위기는 자본주의 시장경제의 미래에 상당한 충격파로 다가왔고 (Streeck, 2016)[3] 위기를 극복하는 과정에서 기술과 고용 그리고 복지국가의 미래는 노동의 미래를 두고 새로운 '제4차 산업혁명'의 담론에 직면하고 있다.

'제4차 산업혁명'이란 무엇인가? 1971년부터 다보스 포럼을 이끌고 있는 클라우스 슈밥 교수는 2015년을 제4차 산업혁명의 시대로 선언하며 다음과 같이 정의한다.

> 1760~1840년경에 걸쳐 발생한 제1차 산업혁명은 철도, 건설과 증기기관의 발명을 바탕으로 기계에 의한 생산을 이끌었다. 19세기 말에서 20세기 초까지 이어진 제2차 산업혁명은 전기와 생산 조립라인의 출현으로 대량생산을 가능하게 했다.

---

2  오늘날 제레미 리프킨은 유럽연합 미래 전략의 주요 자문가로 활동하고 있다. 유럽연합은 그의 책 『유러피언 드림(The European Dream)』(2004)이 전 지구적인 모델이 될 것을 희망하며 그의 자문에 크게 귀를 기울이고 있다.

3  스트렉(Streeck)은 최근의 글로벌 금융위기에서 표현되는 자본주의의 위기는 전후 확립된 '민주적 자본주의의 위기(The Crises of Democratic Capitalism)'라고 단언한다.

1960년대에 시작된 제3차 산업혁명은 반도체와 메인프레임 컴퓨팅(1960년대), PC(1970년대와 1980년대), 인터넷(1990년대)이 발달을 주도했다. 그래서 우리는 이를 '컴퓨터 혁명' 또는 디지털 혁명'이라 말한다. …… 오늘날 우리는 제4차 산업혁명의 시작점에 있다고 말할 수 있다. …… 4차 산업혁명은 21세기의 시작과 동시에 출현했다. 유비쿼터스 모바일 인터넷, 더 저렴하고 작고 강력해진 센서, 인공지능과 기계학습이 제4차 산업혁명의 특징이다. …… 독일에서는 인더스트리 4.0에 대한 논의가 진행 중이다. 2011년 하노버 박람회에서 처음 등장한 인더스트리 4.0은 기술이 글로벌 가치사슬global value chain 구조를 어떻게 바꾸게 되는지 설명하는 용어로, 제4차 산업혁명은 '스마트 공장'의 도입을 통해 제조업의 '가상 물리 시스템cyber physical system'[4]시대 도래를 의미한다. 제4차 산업혁명은 단순히 기기와 시스템을 연결하고 스마트화하는 데 그치지 않는다. 유전자 염기서열분석, 나노 기술, 재생가능에너지, 퀀텀 컴퓨팅까지 다양한 분야에서 거대한 약진이 동시다발적으로 일어나고 있다. 모든 기술이 융합 물리학, 디지털, 생물학 분야가 상호 교류하는 제4차 산업혁명은 종전의 어떤 혁명과도 근본적으로 궤를 달리 한다(슈밥, 2016).

그런데 프레이와 오스본의 연구는 직업과 노동 세계가 컴퓨터화에 얼마나 '민감하게 노출되고 있는가(취약한가?)'를 경험적으로 분석한 것이다. 미국 시장 내 702개의 상세한 직업'군'에 대한 컴퓨터화의 가능성을 가우시안 프로세스 분류Gaussian Process Classifier라는 새로운 방법론으로 분석한 그들의 연구에 따르면 결과는 다음과 같다. 첫째, 미국 노동시장에서 컴퓨터화로 인해 위험

---

4  이것은 인간과 사물의 인터넷으로, 인터넷과 사람이 상호 작용하고 영향을 주고받으면서 세상을 변화시킨 것처럼, 미래에는 물리 시스템과 사람이 상호 작용하고 영향을 주고받으면서 세상을 변화시킬 것이다.

**그림 1.1  지능정보기술이 생산과정과 직무에 영향을 미치는 경로**

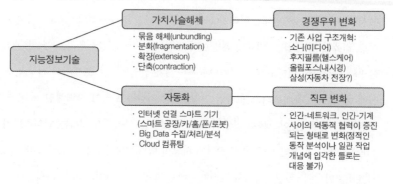

자료: 허재준(2017: 43).

에 처해 있는 직업군은 47%에 이른다. 둘째, 그들 연구의 중요한 결론으로, '임금'과 '교육적 성취'가 직업의 컴퓨터화와 함께 강력한 부정적 관계를 형성하게 된다. 즉, 미래 사회의 직업 세계에서는 컴퓨터화로 인해 그에 기반한 고용구조와 보수의 관계가 크게 변한다고 보고 있는 것이다. 이는 앞서 20년 전에 리프킨이 주장한 컴퓨터화로 인한 노동의 종말론을 실증적으로 입증한 것이라고 할 수 있다.

프레이와 오스본은 노동시장 내 양극화의 추세가 ① 저소득 수작업 직업low-income manual occupations, ② 고소득 인지적 직업high-income cognitive jobs, ③ 중소득 통상 직업의 공동화hollowing-out of middle-income routine jobs로 나타나고 있다고 본다. 인지적이며 통상적인 업무의 컴퓨터화가 분명한 반면에 법문서 작성, 트럭 운전, 의료 처방, 상담과 판매업 등을 모두 포함하는 통상적이지 않은 업무 가운데 법문서 작성과 트럭 운전은 모두 자동화되는 한편 상담은 그렇지 않을 것으로 전망한다(Frey & Osborne, 2013: 4 참조).

프레이와 오스본은 O*NetOccupational Information Network[5] 데이터를 활용해 노동시장 내 직업 구성의 영향이라는 관점에서 기술 변화의 미래를 전망하고 있다. 그들은 컴퓨터화가 어려울 것으로 전망되는 지표로 쓰이는 변수를 ① 인지와 수작업perception and manipulation(손가락의 기교, 수작업의 기교, 굽은 작업 공간, 어설픈 위치), ② 창의적 지성creative intelligence, ③ 사회적 지성social intelligence 으로 구분한다. 그리고 이를 포함한 미래 컴퓨터화의 대체 효과에 연구를 국한하고 있다. 그 결과, 기대되는 고용 파급효과를 저, 중, 고로 구분해 향후 20년 내 미국 전체 고용의 최대 47%가 고위험군에 놓여 있다고 분석한다. 궁극적으로 '기술적 장애engineering bottlenecks'를 극복한 컴퓨터화는 두 가지 기술적 파고를 동반할 것으로 예측된다. 첫째, 운송·물류 직업과 대다수 사무직, 행정보조지원 인력 그리고 둘째, 생산직의 노동이 컴퓨터 자본에 의해 대체될 확률이 높다고 전망하고 있다(Frey & Osborne, 2013: 38).

특히 컴퓨터화가 고전적으로 분명한 규칙에 기반한 활동을 포함하는 통상적인 업무에 국한되었던 반면에 이제는 '빅데이터의 알고리즘algorithms for big data'이 급속히 확대되어 우리가 유형화된 인식에 의존하는 영역에도 급속하게 진입하고 있다. 따라서 이제는 종전의 컴퓨터화의 차원을 넘는 광범위한 통상적이지 않은 인지적 업무를 대체하는 단계에 들어서 있다. 바로 이것이 기존 컴퓨터·인터넷의 3차 산업혁명 시대에 이어 AI와 사물인터넷, 로봇이 확산되는 제4차 산업혁명의 시대라고 할 수 있다. 결국 1~3차 산업혁명 시기를 거치며 나타난 장기적 침체가 '생산성productivity'의 비약적인 상승과 새로운 자본의 축적이 가능한 단계로 나아갈지, 그리고 '고용 없는 미래'에는 사회적 생산관계와 분배의 문제를 어떻게 대처해나갈지가 관건이 될 것이다.

---

5  미국 표준 직업분류시스템(Standard Occupational Classification: SOC)의 직업분류방식이다. 프레이와 오스본은 미국 노동통계국(BLS)의 2010~2020년도 고용 전망에 기반해 미국 전체 고용의 47%가 자동화의 고위험(70% 이상)에 처해 있고, 이들은 다음 10~20년 안에 기계에 의해 대체될 수 있는 직업이라고 분석하고 있다.

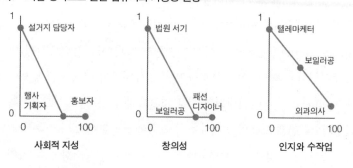

그림 1.2 기술 성벽으로 인한 컴퓨터화 가능성 전망

자료: Frey & Osborne(2013: 28) 참조.

그러나 프레이와 오스본의 연구는, 그들 스스로가 밝히고 있듯이, 컴퓨터에 의해 제어되는 장비가 수행할 수 있는 업무가 확대된다는 전제하에 '기술적인 능력의 관점에서 잠재적으로 컴퓨터 자본에 의해 대체되는 고용의 비중을 전망하는 것이지, 실제로 얼마나 많은 직업이 자동화될지를 예측하려는 것은 아니다'. 따라서 그들의 연구 결과는 향후 20년 내 미국 노동시장의 직업 47%가 사라질 것이라는 전망이 아니라고 할 수 있다. 주목되는 분석의 결론으로, 프레이와 오스본은 '19세기 동안 제조업 기술이 업무의 단순화를 통해 숙련노동의 대체를 크게 진척시켰다면, 20세기 컴퓨터혁명은 '중간소득의 일자리를 공동화하고 있다'고 분석한다. 나아가, 기술 발전이 진전될 때 저숙련노동은 '컴퓨터화에 민감하지 않은 업무'에 재배치될 것으로 전망하고, 이를 위해 '창의적이며', '사회적 지성'을 요구하는 업무의 습득이 요구된다고 주장한다(Frey & Osborne, 2013: 45).

한편, 프레이와 오스본의 분석에 반론을 제기한 독일 노동시장과 직업연구소IAB의 덴글러 마테스(Dengler & Matthes, 2015) 연구 팀의 분석이 있다. 이들 연구자는 독일 노동청의 직업 통계에 나타난 3900개 직업을 대상으로 독일의 노동시장과 교육제도의 특수성에 기반한 다른 분석 결과를 제시하고 있다. 이들의 분석에 따르면, 독일의 경우 이미 2013년에 컴퓨터에 의해 업무의 70% 이상이 대체되는 직업에 속한 '사회보험의무'가 있는 취업자 15%가 대체 가능한 고위험군에 속한다고 분석하고 있다.

이들은 이른바 '산업 4.0'으로 대변되는 제4차 산업혁명론 논의에서 종전과 다른 점으로 생산 영역에서의 전면적인 컴퓨터 기술 투입보다는 오히려 '디지털 네트워크화'를 제공하는 새로운 가능성에 주목하고 있다. 또한 생산 영역 외 서비스 영역에서도 커다란 변화가 나타나고 있다고 보는데, 이 서비스 영역에서는 소프트웨어의 프로그래밍, 빅데이터의 분석, 웹 기반 컴퓨터를 조정하는 기계의 통제와 조정 등 새로운 가능성과 네트워크화가 나타나고 있다고 본다. 그러나 서비스업의 경우 궁극적으로 서비스가 '기업의 형태'로 제공될지 혹은 '크라우드 워킹crowd-working'의 형태로 제공될지는 확실하지 않으며, 그럼에도 이것이 노동 세계에 광범위한 영향을 초래할 것이라는 점에 대해서는 이론의 여지가 없다고 본다.

그런데 이들의 연구에서는 프레이와 오스본의 연구에서와 달리 컴퓨터화에 민감한 직업을 분석하지 않고 모든 직업이 컴퓨터나 컴퓨터에 의해 조정되는 기계로 대체될 수 있다고(Dengler & Matthes, 2015: 9 참조) 보는 대신에 오로지 그 '업무Tätigkeit'만이 대체가능성이 있다고 보며 '직업'군 전체가 대체될 자동화 가능성 가설과 일정한 거리를 두고 있다. 그들은 독일과 미국을 분석할 때 미국적 가치의 단순한 이전은 문제가 있다고 보며, 특히 "'교육제도'와 '노동시장'의 다양한 차이가 존재해 직업이 자동화, 컴퓨터화할 가능성이 매우 상이하게 나타난다"고 보며 획일적인 가정의 적용에 비판적인 입장을 나타내고 있다(Dengler & Matthes, 2015: 7). 예를 들어, 중요한 차이로 독일의 경우 1990년대 이래 고용의 양극화가 이루어지고 있지만, 그럼에도 업무의 변화에 따른 임금의 양극화는 나타나고 있지 않다고 분석한다.

이어서 통상 업무를 ① 분석적이며 통상적이지 않은 업무, ② 상호 작용하는 통상적이지 않은 업무, ③ 인지적인 통상적인 업무, ④ 수작업의 통상적인 업무, ⑤ 수작업의 통상적이지 않은 업무와 같이 다섯 가지로 나누고, '직업'이 아니라 '업무'를 중심으로 컴퓨터화를 구분한 보닌, 그레고리, 지에란의 연구에 착안해 이들 PIAAC<sup>Programme for the International Assessment of Adult Compe-tences</sup>의 데이터에 기반한 분석에 따라 미국 노동시장 일자리의 9%를, 독일의 경우에는 일자리의 12%를 자동화의 가능성이 있는 업무로 보고 있다. 이들은 특히 미국의 경우 노동시장에 학술적 전문가와 매니저가 더 많은 반면에 독일의 경우에는 관료와 수공업자들이 더 많은 상이한 노동시장 구조를 갖고 있고, 또한 독일의 이원적 직업교육훈련제도와 숙련 향상 가능성이 높은 구조는 중간 숙련 영역에서 노동시장이 크게 분화되어 있는 상이한 숙련 체계임을 강조한다. 그들은 독일의 경우 보조지원 직업과 숙련 직업이 평균적으로 45%의 높은 대체가능성을 보인다고 분석한다.

또 이들은 숙련공이 처리하는 업무가 프로그램화할 수 있는 알고리즘에 의해 분산되어 쉽게 컴퓨터에 의해 대체될 수 있고, 반대로 보조적인 지원 직업은 쉽게 자동화될 수 없는 통속적이지 않은 업무의 대부분을 수행하게 된다는 점을 '컴퓨터에 의한 대체의 패러독스'로 부르고 있다(Dengler & Matthes, 2015: 12 참조). 결론적으로 노동시장 직업 부문에 따라 컴퓨터 대체가능성은 지극히 상이하게 나타나고, 평균 이상의 대체가능성이 가장 높은 직종을 제조업 '공정' 직업이라고 본다. 이들 부문의 경우 이미 오늘날에도 70% 이상이 컴퓨터화에 의해 대체되고 있고, 제조업 '공정기술' 직업이 65%로 그 뒤를 따르고 있다. 반면에 다른 대부분의 직업 부문에서는 컴퓨터 대체율이 50% 미만에 이르고 있고, 그중 가장 낮은 직업 부문은 사회적인 문화서비스 직업이다. 이 가운데 아동 양육과 수업, 안전 업무, 청소 업무 등은 비통속적인 업무로서 자동 로봇청소기나 감시카메라의 네트워크화에도 불구하고 궁극적으로 컴퓨터화에 의한 대체가 쉽지 않은 영역으로 분류되고 있다. 게다가 노인

그림 1.3　요구 수준에 따른 잠재적 대체가능성(%)

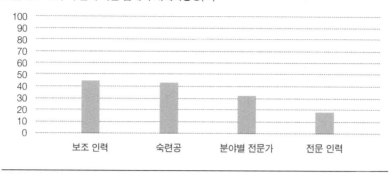

자료: Dengler & Matthes(2015: 13) 참조.

장기요양서비스, 의료·비의료 부문의 건강 관련 직업, 사회·문화서비스 부문의 교사 직업은 대체가능성이 거의 없다고 분석하고 있다.

　결론적으로 독일 IAB의 두 연구자는 독일에서 낮은 대체가능성을 보이는 사회보험 의무가 있는 종사자가 1180만 명(30% 미만의 대체가능성) 정도이며, 그중 240만 명의 경우 대체가능성이 전혀 없다고 분석하고 있다. 동시에 중간 정도의 대체가능성을 보이는 사회보험 의무가 있는 종사자가 1320만 명(30~70% 대체가능성)에 이르고, 고도의 대체가능성이 있는 사회보험 의무가 있는 종사자는 440만 명(70% 이상 대체가능성)에 이른다고 분석하고 있으며, 전체적으로 사회보험 가입 의무가 있는 종사자의 약 15%가 대체가능성에 직면하고 있다고 분석한다(Dengler & Matthes, 2015: 21 참조).

　결론적으로 디지털화에 의해 직업이 대량 감소할 것이라는 주장은 근거가 없다고 분석하고 있으며 15%만이 대체가능성에 직면하고 있다고 한다. 다른 연구와 달리 주목할 점은 보조지원 직업만이 아니라 숙련 직업 역시 높은 대체가능성이 있다고 분석했다는 점이다. 반면에 전문가 직업의 대체가능성은 높지 않은 것으로 분석한다. 결국 정책적 함의는 저숙련자가 아니라 '숙련공'에 대한 '재교육'의 중요성인데, 모든 직업교육 훈련생에게 새로운 기술혁신에 대응하도록 훈련이 강화되어야 한나고 본다(Dengler & Matthes, 2015: 23 참조).

### 3) 인구 변동: 노동력 감소에 따른 생산가능인구 확보와 사회보장제도에의 영향

한국은 선진국들의 발전경로와 유사한 인구 변화를 더 빠르고 더 깊게 경험하고 있다. 한국의 출산율은 1960년대 6.0에 이르렀던 것에 비해 1983년에 2.08명의 인구 대체 수준으로 하락했고, 1998년에 처음으로 1.5명 이하로 낮아졌다. 이후 2001년에 다시 1.3명, 2005년 1.08명으로 계속 낮아지다가 2014년 1.21명, 2015년 1.24명 그리고 다시 2016년에는 1.17명으로 하락해 초저출산율(1.3명 이하)을 보이고 있다(KAIST 문술미래전략대학원·미래전략연구센터, 2017a: 350 참조). 보건복지부와 통계청의 통계에 따르면, 특히 1970년대 매년 90만 명 이상, 1980년대 80만 명 이상, 1990년대 60~70만 명이 출생한 반면에 2000년대에는 40만 명대로 급감해 2016년에는 40만 6300명이 출생했고, 2017년에는 더 감소해 36만여 명이 출생한 것으로 추정되고 있다. 문제는 노동시장적 측면에서 봤을 때 출산율의 감소가 미래의 생산가능인구의 감소를 초래한다는 점이다.

더욱이 저출산 구조는 필연적으로 인구 규모의 감소와 함께 인구구조의 고령화로 이어질 전망이다. 전체적으로 사회가 활력을 상실하고 다가오는 인구 절벽에서 장기적인 경제활동과 사회보장제도의 지속 가능성에 심각한 구조적 위험을 수반하고 있는 것이다. 이에 대한 대응방안으로는 ① 출산·보육 대책의 강화, ② 여성을 포함한 유휴 잠재 인력 대거 활용, ③ 외국인 인력 유입 정책을 조합하는 등의 방안이 거론되고 있다(KAIST 문술미래전략대학원·미래전략연구센터, 2017a: 351~360 참조).

그러나 첫 번째 방안과 관련해 지난 15년 동안 300조 원 이상을 투자했는데도 출산율은 획기적으로 개선되지 않고 있다. 또한 완고한 남성 중심의 고

**그림 1.4  장래인구추계(2015~2065년)**

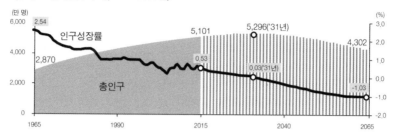

자료: 통계청(2017: 1).

용·산업구조와 사회경제 및 사회보장체제로 인해 2018년 기준 여성 고용률이 48.9% 수준에 머물고 있는 것과 같이 여성의 경제활동은 획기적으로 개선되지 못하고 있다(통계청, 2018 참조). 한편, 외국인 인력의 유입 정책은 사회통합체제가 구축되지 않은 상태에서 과도한 단일 민족국가 정신이 지배적인 한국에서 새로운 사회적 갈등 요인이 될 가능성이 크다. 게다가 남북한 통합이나 교류 확대의 결과로 예상되는, 북한의 상당한 유휴인력을 흡수해야 할 문제는 또 다른 과제로 남아 있다. 결국 성장이 자연스럽게 고용률을 높여주지 못하고 있는 상황에서 한국의 낮은 고용률은 여성의 취업률이 지나치게 낮다는 점과 취업자 가운데 자영업자 비율(22%)이 OECD 국가들 가운데 네 번째로 지나치게 높다는 점에 문제가 있다(통계청, 2017a 참조).

한편, 통계청의 2015년도 인구총조사 전망에 따르면 한국 인구는 2015년 5101만 명으로, 향후 저출산율이 지속될 경우 ① 낮은 출산율, ② 기대수명, ③ 국제 순유입 등을 종합적으로 고려한 이른바 '저위 추계'에 따르면 인구정점은 2023년 5168만 명까지 증가 후 감소 추세로 전환해 2065년에는 인구가 3666만 명까지 줄어들 전망이다(통계청, 2017b: 1 참조).

반면 총인구 중 노인 인구(65세 이상)의 비율은 2018년 14%(고령 사회)를

그림 1.5-1  연령별 인구 구조(1965~2065년, 만 명)

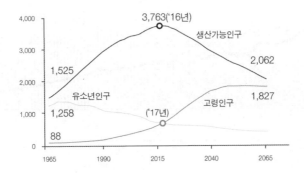

자료: 통계청(2017: 1).

그림 1.5-2  연령별 인구 구성 비율(1965~2065년, %)

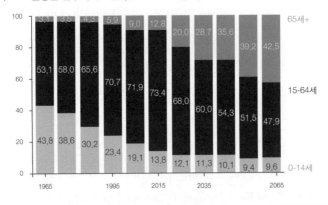

자료: 통계청(2017: 1).

지나 2026년 20%(초고령 사회), 2058년 40%를 초과할 것으로 예측되고, 2065
년까지 노인 인구 비율은 42.5%에 달해 한국이 세계 최고령 국가가 될 것으
로 전망된다(통계청, 2017: 1 참조). 또한 85세 이상 초고령 인구는 11.7%로 증가
할 전망으로, 고령화는 제4차 산업혁명을 거치며 전개될 한국 미래의 지속

가능한 발전을 저해할 수 있다. 이처럼 한국의 고령화는 다른 선진국에 비해 속도와 범위가 유례없이 빠르게 진행되고 있다.

그럼에도 2015년 기준 노인빈곤율은 49.7%에 이르고 있으며, 노인자살률 1위라는 어두운 그림자를 안고 있는 실정이다. 한국의 생산가능인구는 2016년 3763만 명을 정점으로 2065년에는 2062만 명 수준으로 격감하고, 2040~2050년도 경제성장률은 1.4% 수준으로 하락할 것으로 전망된다(KAIST 문술미래전략대학원·미래전략연구센터, 2017a: 363 참조). 이와 관련해 국가재정 부족 문제, 의료비 같은 각종 복지비 지출 확대, 국민연금 및 건강보험 같은 사회보장제도의 지속 가능성이 쟁점이 될 전망이다. 결국 이는 노후소득과 고용 영역의 기초적인 사회 기반 확충과 재편을 요구하고 있다. 즉, 공적연금의 사각지대를 줄이고 1인 1연금 체계 같은 안정적인 공적 노후소득보장체계 구축, 정년과 연금수급 연령을 일치시키는 정년제도의 실효성 제고와 중고령자 고용제도 정비, 고령자 적합형 주택, 금융·여가 관련 서비스시장 구축, 고령 사회 생애주기에 적합한 교육시스템 재구축, 혈연 중심 가족관계를 대체할 수 있는 비혈연 가구(노인 1인 가구 등)끼리 모여 사는 새로운 공동체에 대한 고민, 개인 차원의 노후 준비 등이 복합적으로 결합된 장기적인 종합 '사회 플랜'을 전제로 하고 있다.

### 4) 불평등과 분배 위기: 노동시장 이중구조를 비롯한 사회적 양극화

1997~1998년의 외환위기는 세계화의 덫에 빠진 상황이었다. 당시 경제체제는 금융, 기업, 공공 부문, 노동시장의 '유연화'와 각종 '규제 완화' 등 시장력에 과도하게 의존하는 대응전략에 치중하게 되었다. 사회적 양극화의 근본적인 원인은 다음의 요인들에 기인한 것으로 보인다. 첫째, 산업구조 전환에 따른 대량 고용이 가능했던 제조업 중심에서 서비스 중심 경제체제로 전

**그림 1.6  근로형태별 사각지대 위험집단 현황**

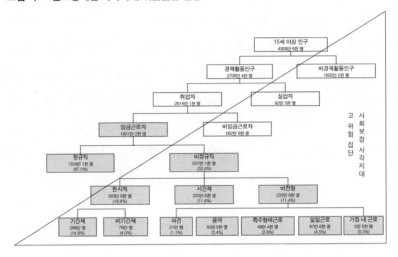

자료: 사회보장위원회(2017: 28) 참조.

환이 진전되었고, 이에 따라 취업자들 사이에 비교적 격차가 크지 않았던 제조업 중심에 비해 서비스 경제체제에서는 소수의 고소득자와 다수의 중하위 저소득자로 양분되는 경향이 심화되었다. 둘째, 이에 더해 산업구조 전환에 따른 기업들의 대응전략은 인력 운용에서 기업의 핵심 인력 외에 비정규직과 임시직 같은 주변부 인력을 지속적으로 증가시키며 노동시장이 인사이더와 아웃사이더로 양분되었고, 기업의 아웃소싱 등이 강화되면서 비정규 인력이 양산되었으며, 이는 특히 기업의 규모와 고용형태에 따른 노동시장 이중구조로서 사회적 양극화를 심화시켰다. 셋째, 중고령 취업자와 여성 인력의 하위 일자리 진입을 증가시키는 형태로 노동시장 참여가 이루어져 다수의 저임금 노동력 '공급구조'가 형성되면서 소득과 근로조건이 더욱 양극화되는 이중구조를 심화시켰고 근로빈곤층의 문제를 낳고 있다(KAIST 문술미래전략대학원·미래전략연구센터, 2017a: 143 참조).

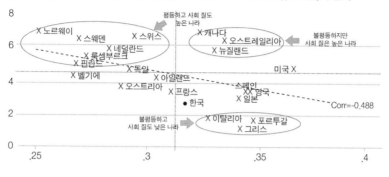

그림 1.7  불평등도(2010년)와 더 나은 삶의 지표(Better Life Index)(2016년)의 관계

자료: 여유진 외(2016), 사회보장위원회(2017: 22 재인용).

이런 과정에서 내부적으로 수출 대기업 중심의 재벌 경제체제는 대기업과 중소협력업체가 상생하는 수평적 균형 발전이 아니라 '수직적 계열화의 심화' 속에서 노동시장 이중구조는 심화되어갔다. 그 결과 고용·노동구조는 교섭력이 있는 대기업, 공공 부문 종사자와 교섭력이 없거나 미약한 대다수 영세중소기업의 노동자로 양분된 채 노동시장 이중구조로 인한 사회적 양극화는 더욱 심화되어 대기업, 공공 부문의 조직노동과 대다수 영세중소기업의 미조직노동 사이에 임금과 근로조건의 격차는 더욱 벌어졌다. 이와 관련해 〈그림 1.7〉은 한국이 처한 불평등도의 현황을 보여주고 있다.

사회적 양극화를 대처하기 위해서는 먼저 근로빈곤층의 증가 등으로 고용안전망의 보호에서 배제된 그룹을 통합할 수 있도록 연금과 고용보험의 사회안전망을 개선해야 할 것이다. 특히 실업급여의 지급 수준이나 기간이 짧아 실업보험에서 배제되거나 실업급여를 소진한 실업자를 보호할 수 있는 한국형 실업부조 같은 사회안전망을 확충하는 등 고용형태 다변화 추세에 대응하는 동시에 고용안정성과 유연성의 균형을 회복하도록 하고 차별시정 제도를 더욱 활성화해 비정규직 근로자의 균형 잡힌 처우를 지속적으로 확보해야 할 것이다.

다양한 고용형태의 유연성과 안정성의 균형을 맞추면서 임금격차를 해소하기 위해서는 기존의 단순 연공 중심의 속인적 임금체계 대신 보다 합리적인 직무급체계로의 전환과 보완이 필요하다(KAIST 문술미래전략대학원·미래전략연구센터, 2017a: 149 참조). 중요한 것은 기업별로 서로 다른 직무급 임금체계가 아니라 직종별 숙련도와 역량을 고려한 광의의 직무급체계, 직무급 표준화, 부당임금격차를 해소해나가기 위한 공정 임금체계(산업별, 업종별 등에 따른)를 구축해야 한다는 점이다(KAIST 문술미래전략대학원·미래전략연구센터, 2017a: 150 참조).

동시에, 근본적으로는 현재 정규직 중심의 집단적 노사관계를 비정규직으로도 확대해 전체 근로자를 대상으로 사업장 내, 사업장 밖 그리고 초기업 및 중앙 단위에서 미조직노동의 이익 대변을 개선할 수 있도록 사회안전망과 노사관계의 단계적·체계적인 장기적 발전방안을 모색해야 할 것이다. 특히 기술과 자본 중심의 부의 편중이 심화될 것으로 전망되는 제4차 산업혁명에 대응하기 위해서는 성장지상주의와 시장만능주의를 통한 패러다임에서 분배와 복지를 함께 고려하는 패러다임으로의 변화와 함께 기본소득, 로봇세 도입 등 새로운 노동복지 패러다임을 모색하는 일이 필요하다(KAIST 문술미래전략대학원·미래전략연구센터, 2017a: 151 참조).

## 5) 정치적·사회적 갈등 심화: 대립적 노사관계와 집단적 노사관계의 재편

기술, 문명과 '사람 중심' 사회경제체제를 위한 국가 장기발전 전략으로서 사회적 대화는 우선 기능적 차원에서 '사회경제적 이슈'에 대해 당사자들 사이의 대화와 협력을 전제로 하는 것이다. 그렇지만 이는 현대사회에서 보다 근원적·궁극적으로 사회적 이슈를 해결해나가는 방안인 '민주주의 문제'라고 할 수 있다. 알다시피 21세기 민주주의는 ① 참여민주주의participatory democracy, ② 전자민주주의electronic democracy, ③ 숙의(심의)민주주의deliberative/discursive democracy를 특징으로 하고 있다.

첫째, 참여민주주의에서 '참여'란 민주주의 자체의 정통성의 원천이며 동시에 시민의 '운명 자결권'의 행사를 의미한다. 따라서 '참여'의 범위는 선거를 통한 간접적 참여에 그치지 않고 정치과정에 대한 직접 참여 또는 지역, 직장, 국제기구 등 모든 영역의 '참여'로 확장된다. 이러한 '참여'에는 ① 정치적 기능(가변적이고 실험적인 정치를 가능하게 하는 '열린' 정치제도 구축), ② 사회적 기능(친밀한 커뮤니티 창조), ③ 시민교육(공공심이 풍부한 자율적 시민 육성, 정치적 유효성 감각이나 정치 지식·기능 향상) 등 다양한 기능이 기대되고 있다. '참여형 사회'가 성립되는 일반적 조건으로는 시민들의 사회적·경제적 평등, 그리고 참여를 '옳다'고 보는 정치 문화를 들 수 있다. 현대의 정치는 20세기를 특징짓는 여러 변화, 즉 국민국가의 발달, 사회 단위의 대규모화, 중간 단체의 급증, 복잡한 국제관계, 정치적 쟁점의 복잡화, 행정기구의 비대화를 경험하면서 시민들을 '의지 있는 시민'으로 만드는 '참여'의 의의를 살리기보다 그들을 효율적으로 통치하는 기술을 연마하는 데 부심하는 경향이 있었다. 이에 대해 반성을 촉구한 움직임이 1960~1970년대 선진국들에서 높아진 '새로운 사회운동', 즉 학생운동, 환경운동, 평화운동, 차별철폐운동 등의 물결이다. 참여민주주의는 이러한 운동의 정신적 지주가 되어 단순한 자유주의에 신랄한 의문을 던지고, 그것을 대신하는 사회원리로서 예컨대 장자크 루소Jean-Jacques Rousseau가 제창한 '공동체 사상'을(장승혁, 2017: 11~15 참조) 모색해왔다. 최근에 참여민주주의는 지역사회의 재생과 국제적 시민연대를 목표로 하는 글로벌 데모크라시global democracy와의 관련 속에서 다시 주목받고 있다.

둘째, 전자민주주의는 뉴미디어와 정보기술IT이 빠르게 발전하면서 등장한 새로운 형태의 정치체제로, 대의민주주의 체제를 보완하기 위한 일환으로 등장했다. 대의민주주의는 그동안 산업사회의 기본 이념 역할을 해왔으나 국민의 대표들이 주권자인 국민의 이익을 대변하기보다는 자신의 이익을 더 중시하거나 국민의 이익을 실질적으로 대변하지 못하는 등 여러 부작용을 초래했다. 이에 따라 그 대안으로서 전자민주주의가 등장했다. 사이버크라시cybercracy, 클리코크라시clickocracy, e-데모크라시, 텔레데모크라시teledemocracy, 테크노폴리틱스techno politics, 인터넷민주주의 등 여러 명칭으로 쓰이고 있으며 일반 국민들이 인터넷을 통해 직접 정치과정에 참여함으로써 대의민주주의의 한계를 극복하고 직접민주주의의 실현 가능성을 높이는 것이다.

마지막으로 숙의민주주의는 '심의민주주의'라고도 불린다. 숙의민주주의 또는 심의민주주의란 숙의deliberation가 의사결정의 중심이 되는 민주주의 형식이다. 이는 합의적consensus 의사결정과 다수결 원리의 요소를 모두 포함한다. 숙의민주주의에서 법을 정당화하는 가장 중요한 요건이 단순한 투표를 넘어서는 실제적인 숙의라는 점에서 전통적 민주주의 이론과 다르다. 숙의민주주의는 대의민주주의와 직접민주주의 모두와 양립할 수 있다. 사회 구성원들이 권한을 불평등하게 배분하지 않고 법안을 실제적으로 숙의하는 대의기구나 일반 시민들lay citizens에 의한 직접적인 의사결정을 지칭하기도 한다.[6] 사회적 대화는 이처럼 대의민주주의와 의회의 기능을 보완해 사회경제적 이슈에 대한 의사결정 과정에 시민이 참여하는 것을 의미하는데, 최근의 원자력발전소 관련 시민회의가 숙의민주주의적 의사결정 사례에 해당한다.

이처럼 다양한 형태의 민주주의와 "동반발전형 사회적 합의제는 한국 민주주의가 지향해야 할 포스트 민주화 사회경제적 운영·조정 시스템으로 성

---

6   '숙의민주주의'라는 용어는 조셉 M. 베셋(Joseph M. Bessette)이 저술한 "숙의민주주의: 공화정부에서 다수 원리(Deliberative Democracy: The Majority Principle in Republican Government)"(1980)에서 처음으로 사용했다.

장되어야 한다. 정부-시민사회-시장-정치사회 간의 파트너십과 네트워크를 통해 성장과 분배, 경제효율성과 사회형평성, 혁신과 사회통합이 공존하는 사회를 창출할 수 있다"(선학태, 2011: 70). 국가의 장기발전 전략은 바로 사회의 다양한 주체의 이해와 입장을 민주적 토론과 협의의 과정을 통해 조정해나가는 것이다. 정치, 경제, 고용·노동, 복지, 교육, 환경, 문화 등 사회경제 영역의 다양한 분야에 걸쳐서 주권자인 국민을 대신하는 대의민주제인 의회나 정당정치를 보완해야 할 필요성이 증가하고 있다. 이는 주권자인 국민이 정책 과정에 직간접적으로 참여함으로써 대의민주주의의 '대리인' 문제를 해결하고, 사회적 대화와 심의 과정을 통해 민주적 의사결정이 이루어지는 것을 의미한다.

21세기 정보사회와 제4차 산업혁명의 시기에 이처럼 다양한 형태로 나타나고 있는 정치사회적 갈등을 해소해야 할 필요성이 커지고 있다. 이를 위해 한편으로는 실질적으로 기능하는 '노사정 거버넌스' 체제를 재편함으로써 기업별 노동조합주의 노사관계의 한계를 개선해야 한다. 그리고 다른 한편으로는 노동 공급구조의 변화로 인해 달라진 집단적 노사관계에 대한 대응으로서 노동, 사회보장, 환경 등 사회경제적 영역에서 사회적 갈등을 중재하고 매개할 다양한 '국정운영 거버넌스'를 구성하고 운영해나가야 한다.


## 3. 제4차 산업혁명과 국내외 '사회국가' 대응방안

### 1) 독일: 산업 4.0, 노동 4.0, 스마트 사회

제4차 산업혁명과 노동의 미래에 대한 주요 국가나 지역의 대응 가운데 독일의 대응방안이 가장 구체적이고 진전된 결과를 보이고 있다. 독일은 2010

년 7월에 정부 차원에서 종합 전략으로 '첨단기술전략 2020'을 발표히고 10대 미래프로젝트를 추진하기 시작했다. 2012년에는 연방정부의 임기 동안 수행할 5대 분야 세부 과제를 마련한 다음 10대 프로젝트의 하나로 '산업 4.0Industry 4.0'을 가장 먼저 발표하고 추진해왔다. 당초 독일은 첨단기술전략 2020을 통해 서비스 분야와 제조업 분야의 전략을 동시에 추진하려고 했다. 하지만 서비스 분야의 복잡성과 자국의 제조업 분야의 강점을 고려해 먼저 제조업 중심의 '산업 4.0' 전략을 집중적으로 추진하고, 서비스 분야에 대해서는 'Smart Service Welt 2025'라는 별도 전략을 추진했다. 기존 산업 4.0에서는 더딘 표준화, 중소기업의 소극적 반응, 숙련 인력 부족 등의 문제가 부각되었는데, 이에 독일은 미흡했던 초기 접근방법을 보완하고 정부 주도로 주요 부처(경제부, 교육과학부 등) 협의하에 산업협회, 노조, 기업의 참여를 확대하고 폭넓은 사회적 지지를 바탕으로 '플랫폼 산업 4.0'을 다시 추진했다.

특히, 독일은 2016년 11월에『노동 4.0 백서』를 발표했는데, 이는 주요 국가에서 지금까지 발표된 노동·사회보장 분야 관련 대책 가운데 가장 체계적·포괄적인 보고서로 평가된다. 이 백서는 미래 기술과 제4차 산업혁명의 도전에 대해 당사자의 '참여'와 '공동 결정'을 강조하고, 이에 기반해 미증유의 도전에 충분히 대처할 수 있다고 본다. 이런 '참여'와 '공동 결정'의 강조는 이런 체제가 상대적으로 잘 구축된 독일 경제와 산업의 특징을 나타내는 것이기도 하다. 즉, 사업장, 초기업 그리고 중앙 단위에서 중층적으로 구성되어 운영되는 상시적인 사회적 대화 체제의 구축과 운영이 중요함을 시사하고 있다.

역설적인 것은 이런 사회적 대화가 오늘날 안팎에서 위기에 처해 있다는 점이다. 하락하는 노동조합조직률은 물론이고 지난 시기 노동시장 내 고용관계의 '다변화'로 지칭되는 변화가 지속되어 오늘날 '표준적 고용관계'가 무엇인지가 논쟁적으로 검토되고 있다. 경쟁의 글로벌화, 자동화, 합리화, 개인의 자발적 선택에 의한 파트타임 노동의 증가 등 여러 원인으로 인해 노동시장의 고용형태는 분화되어 정규, 무기, 직접 고용은 감소하고 있는 반면에 파견, 단시간, 호출근로 등 다양한 형태의 비정규직이 도처에서 증가하고 있다. 노동계약 기간과 관련해서는 단기 계약, 초단기 계약을 넘어 영국 같은 곳에서는 아예 노동시간이 명시되지 않은 '제로 시간 노동계약zero-hours contract'이 출현하고 있다. 이처럼 개별적인 노동계약은 구조적인 변화를 보이고 있고, 그 결과 집단적 노사관계에 초래되고 있는 변화와 그 영향이 자못 심대하다. 노동시장에서의 이러한 고용관계의 변화는 오늘날 다양한 문제를 해결하기 위해 사회적 대화의 필요성이 증가하고 있는데도 오히려 이를 추동할 동력이 현저히 약화되었음을 나타낸다(Guardiancich & Molina, 2017: 191 참조).

특히 독일은 디지털 '플랫폼 경제Platform Economy'에서 계약의 주체가 복수, 또는 다수로 되면서 누구를 '사용자' 또는 '사용자 대표'로 할 수 있을지를 두고 고민하고 있다. 이와 관련해 '불안정 고용층(이른바 프레카리아트Precariat)' 또는 '1인 자영업자Solo-Unternehmen'는 신분상 자영인이지만 소득이나 근로조건이 종속노동자 못지않은 취약한 영세 자영업자로서 이들에 대한 사회적 보호가 쟁점이 되고 있다. 이를 위해 한편에서는 이들을 사업장 노사관계에 편입시키려는 노력(종업원 평의회 설치 등)을 하고 있고, 다른 한편에서는 연금, 건강보험 같은 사회보험의 보편적 적용과 기타 사회서비스 수급권 보장 방안 등을 두고 사회적 논쟁을 지속하고 있다.

나아가 독일은 4차 산업혁명기에도 노동조합의 조직률을 제고하기 위해 다각도의 노력을 하는 동시에 비정규직, 1인 자영업자, 구직수당 수급자, 직업훈련생, 영세 자영업자 등에 이르기까지 조직노동 외 실질적으로 '일하는 사람 모두'를 위한 이익 대변 방안을 모색하고 있다. 제4차 산업혁명 시대에 요구되는 사회적 대화는 다양한 당사자의 각종 고용·노동 관련 사회정책 협의, 관련 법률안에 대한 입장 표명, 체계적인 노동 관련 법률서비스, 구인·구직 등 취업지원서비스, 산재 예방과 보상 및 재활서비스, 청년에 대한 적극적 직업훈련체계의 강화 및 평생교육체계의 지원, 여성노동자의 모성 보호, 노후 세대의 돌봄, 세제 및 기타 환경과 지역 발전 문제까지 일하는 사람들이 모두 다양한 수준에서 당사자로 '참여'하고 책임 있는 주체로서 중앙과 지방 정부, 국회와 지방의회에 자문을 할 수 있는 새로운 이익 대변 모델로 발전할 필요성을 시사하고 있다.

### 2) 미국: 인공지능과 과학기술혁명

미국은 제4차 산업혁명과 관련해 주로 인공지능이 초래할 변화에 대응하는 방안을 모색하는 데 중점을 두고 있다. 최고의 기술력을 갖춘 미국의 ICT-SW 기업들이 혁신 서비스를 지속적으로 창출할 수 있도록 AI 원천기술 개발, 공공시장 활용 등 직간접적인 지원에 주력하고 있다. 미국은 백악관 산하 '과학기술정책국OSTP' 주도로 인간 두뇌 중심의 체계적인 인공지능 연구 개발을 통해 원천기술을 확보하고 '브레인 이니셔티브BRAIN Initiative' 정책을 수립했다. 여기에는 국립보건연구원NIH, 국립과학재단NSF, 국방고등연구계획국DARPA, 식품의약국FDA, 정보고등연구기획팀IARRA, 각종 연구소와 재단, 산업계 등이 참여하고 있으며 주로 AI 기술 개발에 주력하고 있다.

미국은 기초연구 외에 주로 기업 참여를 통해 R&D와 산업화를 동시에 이루어, 상용화하는 데 드는 시간을 최소화하는 전략을 채택하고 있다. 국가과학기술위원회NSTC에서는 'AI 국가 연구개발 전략 계획'과 「AI 미래를 위한 준비」(2016) 보고서를 발표했는데, 'AI 국가 연구개발 전략 계획'에서는 AI 기술 R&D 추진 7대 과제를 제시하고 있다. 「AI 미래를 위한 준비」 보고서에서는 기술진보로 인한 파급효과를 전망하고 민간과 정부가 이행해야 할 내용을 권고안으로 제시하고 있다. 여기에서 제시된 정부의 역할은 우선 핵심 과제로서 ① 기초 및 응용 연구개발 투자, ② 정부 주도 응용 사례 도입, ③ 테스트베드 구축 및 파일럿 프로젝트 지원, ④ 데이터세트 구축, ⑤ '중대 도전 과제' 선정, ⑥ 정책적·법적·규제적 환경 구축 등이다. 동시에 세부 분야별 주요 추진방안으로는 '교육' 분야에서 교육부와 국립과학재단 주도의 교육의 질·유연성 확대, 과학기술교육위원회CoSTEM 주도의 STEM 교육 프로그램 지원 연방기관 통합, 그리고 '교통' 분야에서 교통부 주도의 자율자동차와 무인 항공시스템 관련 규제 프레임워크 개발 등이 있다(대통령 직속 4차 산업혁명위원회, 2017: 1 참조). 이러한 미국의 대응방안은 사회문제를 해결하는 데 각 부문의 자율 해결 능력을 전제로 하고 정부의 역할은 '기술'과 '기업' 중심으로 전개되고 있다는 특성을 띤다.

### 3) 일본: 사회 5.0(초스마트 사회)

지금까지 제4차 산업혁명과 관련한 일본의 대응 키워드는 '초스마트 사회 (사회 5.0Society 5.0)와 AI 전략'으로 집약된다. 2016년에 발표된 일본의 '사회 5.0' 역시 제4차 산업혁명과 기술 발전에 대응하는 등 기술과 경제적 측면에 치중하는 한편, 무엇보다 '저출산·고령 사회 대응전략의 성격'을 띠고 있다. 일본은 현대사회를 '산업사회'에서 '정보사회'를 거쳐 결국 '초스마트 사회'로 이행하는 과정에 있는 것으로 본다. 이에 따라 인공지능과 로봇기술 등의 핵심 기술을 개발함으로써 '경제 발전'과 '사회문제' 해결 가능성을 기대한다. 이와 관련해 일본은 정부 차원의 집중적인 정책을 추진하면서 2016년 1월 '초스마트 사회' 추진 전략을 발표했다. 여기에서는 산업의 생산성 향상, 신산업 창출, 그리고 이를 기반으로 한 저출산·고령화 등의 사회문제 해결의 양립을 목적으로 천명하고 있다. 인공지능과 관련해 미래 사회의 선도를 위해 총리실이 주도하는 '인공지능기술전략회의'가 AI의 연구개발을 총괄하고,

관련 연구개발의 예산 확충과 민간투자를 유발할 수 있는 해당 예산 확대 등을 통해 AI, 빅데이터, 사물인터넷IoT, 사이버보안 등을 통합하는 프로젝트를 추진하고 있다. 일본은 특히 자동차 산업에서 자율형 자동차 등장과 함께 기술혁명의 파고가 높을 것으로 전망하고 있다.

'초스마트 사회'로의 발전을 위한 추진 과제로는 ① 데이터 정비, ② 사회문제 해결을 위한 프로젝트, ③ 의료·농업 등 분야별 스마트화, ④ 인재 양성, ⑤ 규제 개혁, ⑥ 보안윤리 대책 강화 등이 있다. 구체적인 추진 주체로 총리실 '인공지능기술전략회의'를 창설했고 2016년 4월부터 관련 주요 부처들(총무성, 문부과학성, 경제산업성)의 인공지능기술 연구개발 연계를 모색해 왔다. 일본은 관계 부처, 학계, 산업계 등의 협력과 협업을 통해 인공지능 연구개발의 목표와 산업화 로드맵을 추진하는 한편 산업 4.0과 각 부문별 노동 4.0., 산업 안전 4.0 전략을 추진 중인 독일과 유사한 전략적 대응방안을 모색하고 있다. 이는 부처별로 ① 총무성(뇌정보 통신, 음성 인식·다국어 음성 번역, 혁신 네트워크), ② 문부과학성(기초연구, 혁신적인 과학기술 성과 창출, 차세대 기반 기술 창출, 대형 기계 계산기 자원, 인재 육성), ③ 경제산업성(응용연구, 실용화, 표준 평가방법 같은 공통 기반기술의 정비 및 표준화, 큰 목적의 연구) 등을 추진하고 있다(대통령 직속 4차 산업혁명위원회, 2017: 3 참조).

### 4) 중국: 기술과 경제활동 중심주의

2016년에 발표된 중국의 AI 대응전략은 주로 기술적 변화에 대한 산업적 대응이다. 양적 확대에 의존한 경제 발전의 한계를 인식한 중국은 인터넷, AI 등을 차세대 성장 동력으로 삼아 기술 개발과 산업화를 적극적으로 추진하고 있다. 중국은 '인터넷 플러스'와 'AI 3년 실행계획'을 추진 중인데, 먼저 2015년 3월 중국 내 인터넷 시장의 발전 가능성과 글로벌 경쟁력을 활용한 산업 생태계 구조 개편을 위해 '인터넷 플러스 행동계획'을 제시했다.

그리고 경제성장 재도약과 인터넷 기술을 기반으로 한 생태계 구조 재편을 위해 4대 발전 목표(경제 발전, 사회 건설, 기초 인프라, 환경 조성)와 11대 중점 분야(창업, 제조, 농업, 에너지, 금융, 공공, 물류, 전자상거래, 교통, 환경, AI)의 실행계획을 수립했다. 그중 인터넷 플러스 중점 분야의 하나로 인공지능을 포함해 2016년 5월에는 '인터넷 플러스 인공지능 3년 실행계획'을 발표했다. 국가발전개혁위원회, 과학기술부, 공업정보화부, 인터넷정보 판공실 등이 2018년까지 AI 혁신 플랫폼 구축, 글로벌 시장을 선도할 AI 기업 육성(18조 원 시장 규모로 육성), 기본 산업(예컨대 자동차 산업)과 인터넷 기업의 협력을 통한 육성을 목표로 제시했다.

중국은 2017년 7월에는 '차세대 인공지능 발전계획'을 발표했다. 이에 따라 2030년까지 인공지능 분야 글로벌 선도 국가 도약 및 3단계 발전 전략을 추진한다. 인공지능 이론, 기술, 응용 분야에서 세계 선진 수준에 도달하는 목표를 달성하기 위해 6대 중점 임무(① AI 기초 이론체계 수립, ② 지능경제 육성, ③ 지능사회 건설, ④ 군민 융합, ⑤ 지능화 인프라 구축, ⑥ 중대 과기 프로젝트)를 추진하고, AI 이론 체계 관련 빅데이터, Cross-Media Sensing, 혼합지능 및 군집지능 이론, 고급 머신 러닝, 양자 컴퓨팅 등을 추진하고 있다(대통령 직속 4차 산업혁명위원회, 2017: 4 참조).

중국의 4차 산업혁명 미래 전략은 주로 경제 발전과 기술 및 산업 응용에 치중되어 있다. 따라서 사회 전략과 연관되지 않고 일의 미래에 대한 포괄적인 사회적 변동과 연결되는 사회발전전략으로 확대되지 못한 채 기술적인 목표와 전략을 보여주고 있다.

표 1.2 주요국의 디지털 산업 정책 비교

| | 미국 | 독일 | 일본 | 중국 |
|---|---|---|---|---|
| 주요 정책 | ·AI R&D 계획<br>·AI 미래 준비<br>·AI 자동화와 경제 | ·첨단기술전략<br>·산업 4.0<br>·플랫폼 인더스트리 4.0 | ·초스마트 사회 전략<br>·AI 산업화 로드맵<br>·신산업 구조 비전 | ·AI 3개 실행계획<br>·차세대 AI 발전계획 |
| 추진 목표 | ·AI 분야 경쟁력 확보<br>·사회적 혜택 강화 | ·디지털 경제 변화 대응<br>·스마트 공장 선도 | ·전 분야 기술혁신<br>·경제·사회문제 해결 | ·AI 차세대 성장 동력화<br>·경제·사회 문제 해결 |
| 주요 내용 | ·AI R&D 전략 방향 제시(투자 안전·보완, 데이터, 인재 양성, 공공 프로젝트 등)<br>·교육·고용구조 개편<br>·사회안전망 강화 정책 방향 제시 | ·글로벌 표준화 추진<br>·R&D 지원<br>·IT 인프라 보안 강화<br>·새로운 인력교육 방식 도입<br>·'노동 4.0 정책'과 병행<br>·기업-노조 간 대화<br>·시장경제 조정 | ·4개 전략 분야(이동, 생산·구매, 건강, 생활) 선정<br>·공동 기반 강화(데이터, 규제, R&D, 보안, 인재, 고용, 사회보장제도 개선 등) | ·인공지능 기술 선도<br>·AI 국가연구소 설립<br>·산업 스마트화(제조, 농업, 금융, 물류 등)<br>·스마트 사회 건설(의료, 건강·양로, 교통, 환경 보호, 안전 등)<br>·인공지능 관련 법률 정비 및 윤리 체계 확립 |
| 추진 체계 | 백악관 산하 과학기술정책국 중심 범부처 | 주요 기업, 연구기관, 정부 | 총리실 주도로 범부처 협력 추진 | 국가발전개혁위 등 4개 부처 합동 추친 |

자료: 관계 부처(2017: 6) 참조.

## 4. 한국 노동·사회보장 분야 미래 비전 2050에의 시사점

지금까지 한국의 '노동·사회보장 분야 미래 비전 2050'을 위한 제4차 산업혁명과 관련해 주요 국가의 대응방안을 살펴보았다. 그중 독일의 경우 '산업 4.0'과 '노동 4.0'을 병행해 다루었고, 특히 '노동 4.0'에 관해서는 노동 사회 부문의 구체적인 쟁점들과 대응방안을 분석했다. 독일의 정책과 전략은 우리에게 많은 시사점을 주고 있다. 그중 한국 사회의 장기 비전과 관련된 주요 쟁점을 정리하면 다음과 같다. 먼저, 2015년 독일 노동사회부는 녹서를 발간했는데, 이에 따라 촉발한 제4차 산업혁명과 그 대응방안은 다층적인 사회적 대화 프로세스의 결과물이었다. 이는 '산업 4.0' 아래에서 벌어지는 경제 디지털화에 관한 '노동 4.0'으로 잠정 집약되었다. 이 대응방안은 정부의 요청에 따라 수많은 협회, 노조, 기업들의 의견과 전문가 워크숍, 회의, 학술 연구, 지역 차원의 대화(예컨대 Futurale 영화제)[7] 등 여론 수렴의 과정을 거쳐 미래 디지털 전환과 사회적 변화 가운데 양질의 일자리를 유지하는 방안을 논의한 결과였다. 즉, 앞서 '녹서'에서 구체적인 쟁점이 제시된 이후 2016년 11월 29일에 발표된 『노동 4.0 백서』는 이 질문들에 대한 초기 답변이라고 할 수 있다. '산업 4.0'에 대응하는 '노동 4.0'의 핵심 주제들은 다음과 같다.

첫째, 현재 직업 세계 변화의 주요 동인으로 ① 디지털화, ② 글로벌화, ③ 인구 변화, ④ 교육, ⑤ 이주, ⑥ 가치와 선호의 변화를 들고 있다. 이는 앞서 살펴본 글로벌 메가트렌드와 일치하며 한국에도 상당 부분 적용된다.

둘째, 제4차 산업혁명이 초래하는 변화에 대응하기 위해 기업, 노동자, 사회적 파트너, 협회, 직능 단체, 연방정부와 주정부의 정책입안자 및 기타 주체들의 입장을 수렴하는 가운데 새로운 실행수요가 발생하는 직업 세계 4.0의 핵심 '갈등 영역areas of tension'의 구분이다. 독일은 미래 핵심 갈등 영역을 ① 디지털화의 미래, ② 디지털 플랫폼, ③ 정보 보호와 근로자의 정당한 권리, ④ 미래 인간과 기계 사이의 협업, ⑤ 미래 직업 세계의 시간적·공간적 유연성, ⑥ 참여와 사회보장을 촉진하는 미래의 새로운 기업의 상 등으로 나누고 이에 대한 구체적인 분석의 착수에 들어갔다. 이런 '갈등 영역'의 구분과 해당 영역과 관련한 '전략적 지향'은 역시 우리에게도 매우 중요한 시사점을 주고 있다.

---

7  독일 노동사회부가 주관한 노동의 미래에 대한 다큐멘터리 영화 7편으로 구성된 영화제. 독일, 리히텐슈타인, 오스트리아, 스위스 등에서 '노동 4.0' 대화 프로세스의 일환으로 2015년 11월부터 1년간 진행되었다.

셋째, 디지털 변화 과정에서 나타날 고용의 미래와 관련해 양질의 일자리 확보와 그에 대한 비전, 그리고 자국의 사회경제적 장점 및 안정성, 유연성, 사회적 균형을 이루는 직업 세계를 추구하고자 한다. 양적인 고용 전망뿐만 아니라 고용의 질과 혁신 전략을 병행하려는 전략적 지향은 역시 우리에게도 주목된다.

넷째, 실행 분야를 파악하고 잠재적 해결방안을 강구한다. 기술과 경제의 변화가 일자리의 대량 자동화를 초래하지는 않더라도 직종과 업무의 변화와 업종 간 이동은 발생할 것으로 보고 '직업능력 향상', '경력 개발', 사회투자국가, 평생 직업능력 개발에 대한 권리, 고용보험 역할의 강화 등을 강조하고 있다. 이는 모두 한국에서도 부족한 상황이고 강화해나가야 할 부분이기 때문에 그 시사점이 크다. 또한 제4차 산업혁명 시대에 일하는 사람 입장에서 디지털화로 인한 노동'시간'의 유연성이 확대되는 가운데 일하는 사람 중심의 '노동시간선택제법Wahlarbeitszeitgesetz'의 도입 여부도 우리에게 중요한 영역이 될 것이다.

아울러, 사회서비스 부문에서 '일반적 구속력이 있는 단체협약의 제정' 필요성이 높아가고 있다. 이는 제조업 중심에서 서비스 중심 사회로 변해가는 가운데 나타나는 서비스 부문의 양극화가 중요한 도전으로 다가오는 것과 관련이 있다. 그리고 이에 대한 대응전략으로서 개별 계약이나 기업별 단위를 넘어서는 초기업 단위의 표준 계약 및 일반적 구속력의 확충이 더욱 쟁점이 되고 있다. 서비스 중심 사회에서는 기술 중심에 대응하는 '사람 중심성'이 유지되기 위해 서비스 부문에서 집단적 계약의 규범화가 강조되고 있으며 이와 관련한 방안을 강구해야 한다.

또한 기계의 대체가 어렵거나 불가능할 것으로 전망되는 서비스 영역으로서 특히 돌봄서비스 부문의 중요성이 커지고 있다. 이에 대해서는 '가사서비스 계좌Household Services Account'라는 새로운 모델이 제시되고 있음을 유의할 필요가 있다. 나아가, 제4차 산업혁명 시대에는 디지털 관리가 강조되고 일하는 사람들의 노동으로 인한 신체적 부담과 각종 기기의 사용으로 더욱 가중될 것으로 전망되는 '정신적 스트레스'에 대응하는 '산업안전보건 4.0Occupational Safety and Health 4.0'의 논의 틀이 강조되고 있는데 이것 또한 주목할 필요가 있다. 이 외에도 제4차 산업혁명과 더불어 빅데이터의 일상화에 따른 범유럽 차원의 일반정보보호규정European General Data Protection Regulation: DSGVO과 이에 상응하는 독일 '노동자보호법', 지수개발 등이 강조되고 있는데, 개인정보 보호방안에 대한 우리의 대응방안 모색에도 중요한 시사점을 주고 있다.

마지막으로, 사회적 파트너와 사업장 차원의 과정이다. 종업원평의회의 권리와 지원이 강조되고 자영업자와 신생 벤처기업에 대한 지원이 강조되고 있다. 특히 한국의 경우 사업장 노동자의 이익을 대변하는 기구로서 사업장 노동자만을 중심으로 한 독일의 종업원평의회가 아니라 노사협의회를 통한 노동자 참여와 협력 증진에 관한 방식으로 전환되어 현재의 소극적인 사업장 노동자 이익 대변 체제가 노사 대등의 사업장 노사협정 체제로 발전할 수 있도록 해야 할 것이다(노동·사회보장법 4개 학회 공동학술대회, 2017 참조).

독일의 경우 대부분의 유럽 대륙 국가에서 이미 시행 중인 자영인에 대한 사회보험을 확대해 자영인을 '법정연금보험'에 포함하도록 제도의 개선을 제시하고 있다. 이는 고령 사회에 들어서고 있는 단계에서 고용관계를 넘어서는 노인의 안정적인 노후소득보장체계 구축이라는 점에서 주목된다. 더 나아가 제4차 산업혁명과 더불어 강조되고 있는 '디지털 경제'와 '플랫폼 경제 체제'에서 기존의 유급 종속노동 중심의 사회보험 모델에서 준근로자, 준자영인, 자영인까지를 포함하는 '시민보험Bürgerversicherung'으로의 장기적 발전방안은 한국에서 장기적인 사회보장체계 재구축 방안과 관련해 중요한 시사점을 준다.

동시에 독일은 복지국가제도를 발전시키기 위해 개인의 생애 전반에 걸쳐

안정적인 '취업가능성employability'을 유지시키고 구조조정 전환기를 지원한다. 그중에서도 평소 유급휴가를 적립해 유사시에 활용하는 노동자 개인의 '개별 노동자 계좌Personal Worker's Account' 확대, 젊은 세대에게 사회적 유산 형태로 초기 자본을 제공하는 '청년 보장Youth Guarantee', 직업훈련 및 능력 개발 향상, 주민의 평생교육 진흥 등을 지속해야 한다는 점이 강조되고 있는데, 이런 사항들 모두 한국 사회의 장기 발전전략 수립에 중요한 시사점을 주고 있다.

# 제 2 장

# 기술혁명과 미래 복지국가 개혁의 논점:
## 다시 사회투자와 사회보호로[1]

최영준·최정은·유정민

## 1. 새 술은 새 부대에?

혁신적 기술은 사회 및 경제구조에 커다란 변화를 야기하는 요인이 되었다. '4차 산업혁명'의 흐름, 이른바 '알파고'로 시작된 인공지능의 파고는 사회경제적 시스템에 근본적 변화를 가져올 것이라는 혹은 근본적 변화를 피할 수 없을 것이라는 예측을 전문가들이 제기하고 있다. '러다이트Luddite' 운동이 있었던 19세기부터 지금까지 기술 변화가 고용을 사라지게 해 인간의 생활과 유용성을 변화시킬 것이라는 의구심과 전망은 꾸준히 존재해왔다. 그럼에도 불구하고 전문가들은 현재의 과학기술 변화는 그 속도와 혁신 차원에서 과거와 비교할 수 없으며 경제와 고용체제를 근본적으로 흔들 것이라는 전망을 제시하고 있다. 이들에 따르면 '고용 없는 사회workless society'가 도

1   이 글은 2016년 대한민국 교육부와 한국연구재단의 지원을 받아 수행된 연구임(NRF-2016S1A3A2923475).

래할 경우 고용은 물론 고용에 기반한 전통적 사회보장제도 역시 변화가 불가피하다. 그리고 '새 술을 새 부대'에 담지 않을 경우 기존 사회보장제도와 이 제도의 혜택을 보는 사람들이 기술혁명 진행에 방해가 될 수 있다는 의견도 제시된다. 모든 사람에게 무조건적인 현금급여를 제공하는 '기본소득'이라는 '새 부대'에 대한 일부 논의는 이러한 가정을 가지고 있다(정원호 외, 2016; 김은표, 2016).

기본소득이 현재 사회보장 문제뿐만 아니라 변하고 있는 미래에 매력적인 대안이라는 것은 부정할 수 없다. 하지만 앞선 논의들은 기술 변화와 이런 변화가 고용과 사회에 미치는 영향력을 과도하게 단순하게 가정하는 문제점을 가졌다. 과학과 기술의 변화 속도가 파괴적인 것은 틀림없지만, 정치와 정책의 제도 영역에서 변화는 경로 의존적이며 변화에 저항적이다. 예를 들어, 19세기나 20세기 초반부터 지금까지 기술혁신의 폭은 상당했지만 오늘날 한국 사회의 대다수 정치제도와 고용제도, 사회보장제도는 19세기 혹은 20세기 초에 서구에서 고안된 것이다. 또한, 지난 20~30년 동안의 세계화와 탈산업화의 압력에 직면한 복지국가에 대한 논의들은 단순하게 수렴되기보다는 제도의 중요성을 강조하고 있다. 이러한 경험들은 미래를 내다보는 데 보다 조심스러운 접근을 요구한다. 기술혁신은 어떤 속성을 가지고 있으며 고용에 미치는 영향은 어떠한지를 고려해 복지국가 개혁의 논점은 어디에 있는지 차분하게 논의할 필요가 있다. 최근 기술혁명에 관한 논의나 기본소득에 대한 논쟁이 활발하지만 아쉽게도 기술혁명의 기본적 정의부터 고용에 미칠 영향에 대한 분석에 기초해 복지국가의 대응까지 체계적으로 검토한 연구는 드물다.

이 장은 기술혁명의 실체에 대한 정리에서 시작해 어떤 고용 변화가 일어날지, 어떤 복지국가를 준비해야 할지에 대한 논쟁과 논의를 다루면서 미래 사회보장체제에 대한 정책적 함의를 도출하는 것을 목표하고 있다. 특히 기술혁명의 결과로 나타난 현실 사례인 우버Uber와 아마존 메커니컬 터크Amazon Mechanical Turk: AMT 등 미국 사례와 독일의 '일 4.0Work 4.0' 사례를 통해 고용과 사회보장에 미칠 영향을 추론하고자 한다. 또한 탈산업화 시대 이후의 경험을 반추하면서 미래 사회보장 개혁의 논점을 논의할 것이다. 이를 통해 기술혁명으로 인한 변화와 이것이 고용 및 사회보장 변화에 미칠 압력은 심대할 것으로 판단하지만, 그 결과에 대해서는 상당한 불확실성이 존재함을 밝힐 것이다. 이 불확실성은 기술혁명에 따라 주어지는 부분도 있지만, 어떤 사회적 합의를 통해서 어떤 복지국가 제도들을 마련하는지에 따라 개인에게 미칠 효과와 기술혁명의 결과는 매우 다를 것이다. 결과적으로, 기술 변화에 적응력이 높고 창의적인 인적자본 형성을 지원할 수 있는 사회투자제도social investment와 이를 뒷받침하면서 개인에게 안정과 행복을 보편적이고 적정하게 제공할 수 있는 사회보호제도social protection의 중요성을 강조한다.

## 2. 기술혁명과 고용

### 1) 기술혁명의 의미와 특징

2016년 1월 세계경제포럼World Economic Forum: WEF에서 '4차 산업혁명의 이해Mastering the Fourth Industrial Revolution'라는 주제를 택한 이후 전 세계적으로 4차 산업에 대한 관심이 급증했다. 특히 국내에서는 분야를 막론하고 4차 산업혁명을 키워드로 내세운 연구와 보고서, 정책들이 쏟아져나왔다. 그러나 4차 산업혁명은 이제 그 패러다임이 등장하고 있기 때문에 아직은 명확하게 범위를 한정하거나 실체를 분류해내는 일이 쉽지 않다(송영조·최남희, 2017). 국내외 선행연구를 살펴보아도 혁신적인 변화 자체를 4차 산업혁명과 동일시하거나 미래 산업을 대표하는 핵심기술들의 소개로 개념을 대체하는 등 명확하게 합의된 정의가 없다는 한계를 보인다. 따라서 이 장에서는 본격적인 논의에 앞서, 현대사회에서 기술혁명이 갖는 특징을 구체화하기 위해 4차 산업혁명으로 불리는 기술혁명의 핵심적 특징을 살펴본다.

첫째, CPSCyber-Physical Systems를 활용한 제조과정 혁신process innovation과 상품 혁신product innovation이다. 기존의 많은 연구들은 역사적 산업혁명, 즉 1~3차 산업혁명의 흐름을 바탕으로 4차 산업혁명에 대한 이해를 시도한다. 각 산업혁명 단계에는 핵심적인 변화를 이끈 원동력이 존재하는데 1차 산업혁명의 증기기관, 2차의 전기, 3차의 IT이며, 4차에서는 CPS가 원동력 역할을 한다. 라지쿠마 등(Rajkumar et al., 2010)에 의하면 CPS란 컴퓨팅과 커뮤니케이션 핵심에 의해 운영이 통제, 조정, 통합되는 시스템을 뜻한다. 또한 물리 세계와 사이버 세계의 융합을 추구하는 새로운 패러다임이라고 할 수 있다(손상혁, 2016). 물리 세계에서의 모든 정보는 사이버 세계의 정보로 변환되고 통합되어 분석이 가능하므로, 이를 통해 현재의 기획, 물류 작업, 관리 등 모든 과정에서 획기적인 변화가 일어날 것으로 예측할 수 있다(Blanchet & Rinn, 2016).

이러한 CPS는 현재 다양한 상품에서 활용되고 있으며 상품 혁신을 이끌어 내고 있다. 고용과 좀 더 긴밀한 관계를 갖고 있는 제조과정의 혁신 역시 중요한 변화다. 가장 대표적으로 2011년 하노버 박람회에서 사용된 독일의 인더스트리 4.0Industry 4.0을 들 수 있다. 인더스트리 4.0은 ICT 기술을 통해 제조업의 생산공정과 제품 간 상호 소통 시스템을 지능적으로 구축함으로써 작업 경쟁력을 제고하기 위해 제안된 개념이다(이은민, 2016). 많은 부분에서 4차 산업혁명과 유사점을 갖지만 허재준(2017)은 인더스트리 4.0이 지능정보기술 발달에 대응해 독일 제조업의 활로를 모색하는 차원에서 정립된 개념이므로 4차 산업혁명에서는 그 범위가 확대되었다고 분석한다.

둘째, 디지털 경제를 통한 상품, 서비스 그리고 노동 거래의 혁신이다. 김정곤 등(2016)은 4차 산업혁명은 디지털 경제의 진전을 기초로 하며, 이는 경제, 산업, 사회, 문화 측면에서 실질적인 변화와 혁신의 원동력이 될 것이라고 주장했다. 여기에서 디지털 경제란 인터넷 등의 전자상거래를 통해 상품과 서비스의 거래가 이루어지는 경제를 의미하며(OECD, 2015), 4차 산업혁명에 대한 논의가 있기 훨씬 전부터 사회의 경제적 패러다임을 급격히 바꾼 현상으로 주목받아온 개념이다. 전자상거래는 국경을 손쉽게 초월할 수 있도록 했고, 이는 제품과 서비스를 생산하고 판매하는 방식을 근본적으로 변화시켰다. 또한 디지털화를 통해 적은 노동력으로 더 많은 수익을 창출할 수 있게 되었고, 생산된 정보재information goods는 저장, 운송, 복제에 드는 비용이 거의 없다는 특징을 보인다(Schwab, 2016). 4차 산업혁명은 이러한 디지털 경제를 기반으로 하되 디지털 플랫폼에 의한 거래비용 하락과 시장에 대한 즉각적 접근을 가능하게 한다는 특징이 더해졌다. 또한 모든 영역에서 공급망을 점차 디지털화함으로써(World Investment Report, 2017) 변화의 범위는 현 단계에서는 예측할 수 없을 만큼 확대될 것으로 보인다.

이은민(2016)에 의하면 혁신기술은 그 기술 기반의 플랫폼이 확산되면서 산업구조가 변화되거나 새로 창출되도록 하는 영향력을 가진다. 4차 산업혁명 시대의 디지털 플랫폼 형성과 발전은 공유 경제의 개념과 범주를 변화시켰다. 여기에서 공유 경제란 디지털 기술 발달로 초연결 사회가 도래함에 따라 P2Ppeer-to-peer에 기초한 상품과 서비스의 획득과 제공 혹은 공유적 접근의 활동 등을 일컫는다(Yaraghi & Ravi, 2017). 그러나 "공유 경제는 공유된 정의가 부족하다"라는 레이첼 보츠먼(Botsman, 2013)의 지적에서 알 수 있듯이 명확하게 합의된 정의가 없고, 유사한 현상을 지칭하는 접근 경제, 순환 경제, 협력적 소비, 협동 경제, 선물 경제, 긱 경제, 온디맨드 경제, 피어 경제, 렌탈 경제 등과 혼용되고 있는 상황이다. 이 용어들은 큰 의미에서는 전통적인 시장경제와 차이를 보이고 무언가를 공유하는 활동을 포함한다. 쇼어와 피츠모리스

(Schor &Fitzmaurice, 2015)는 공유 경제의 특징으로 낯선 사람 교류, 디지털 기술에 의 의존, 수준 높은 문화적 자본 소비자의 많은 참여 등을 언급했다. 그러나 이 용어들이 세부적으로 지칭하는 현상과 범주는 다르다.

그중에서도 이 장의 초점인 노동시장과 연결되는 대표적인 용어들의 의미 만 살펴보면 다음과 같다. 먼저 온디맨드On-Demand 경제는 수요자의 요구에 따라 각종 상품이나 서비스가 모바일 네트워크를 통해 수요자가 원하는 시 점에 원하는 형태로 공급이 이루어지는 경제 시스템을 의미한다(한국정보산업연 합회, 2017). 핵심 특징은 원하는 때 즉각적으로 해당 상품이나 서비스를 공급 받을 수 있다는 것이다. 4차 산업혁명은 디지털 플랫폼을 통해 온디맨드 경 제를 활성화했다. 그리고 이러한 온디맨드 서비스에 의해 요구되는 즉각적 인 노동 수요가 증가하면서 긱 경제Gig Economy가 새로운 노동 트렌드로 부상 했다(강서진, 2016). 긱 경제는 기존의 사업구조에서 계약으로 맺어지는 '일'과는 다른 형태로, 독립적인 노동자들이 정해진 시간 안에 일하고 보수를 받는 시 스템을 의미한다(박건철·이상돈, 2016). 우버가 전 세계에서 자사 디지털플랫폼을 이용하는 기사들과 직접적인 고용을 맺는 대신에 '드라이브 파트너'라는 임 시계약을 통해 수익을 창출하는 것을 긱 경제의 대표적인 예로 볼 수 있다(이 은민, 2016).

기존 문헌들은 4차 산업혁명으로 상징되는 현대사회의 기술혁명이 기존 사회경제 시스템의 근본적 도전이 될 것이며 상당한 변화를 불러올 것이라 고 예측하고 있다. 학자들은 상품 혁신, 제조과정 혁신 그리고 거래 혁신을 통해 대체로 생산성이 놀라운 수준으로 상승할 것이라는 데는 큰 이의가 없 다. 이보다는 혁신이 고용에 미칠 영향과 '놀라운 생산력'을 뒷받침해줄 소비 력이 핵심적인 쟁점이 되고 있다. 이와 관련해서 중요한 변수 중 하나가 제 조과정이나 거래에서 활용될 '자동화automation'의 정도다.

## 2) 기술혁명과 고용의 관계

기술혁명과 고용을 둘러싼 논의는 크게 두 가지 흐름이다. 하나는 기술과 일자리의 상쇄관계에 대한 논의이고, 다른 하나는 기술의 고용 확장에 대한 논의다. 먼저, 기술이 고용을 대체할 것이라는 논의를 살펴보자. 케인스(1930)는 일찌감치 이러한 현상을 '기술 실업technology unemployment'이라고 표현한 바 있다. 오늘날에도 기술의 자동화로 인해 사람의 일이 기계에 의해 대체될 수 있다substitution effect는 주장이 꾸준히 제기되고 있다(Autor et al., 2003; Frey & Osborne, 2013; Brynjolfsson & McAfee, 2014; Bowles, 2014; Ford & Cumming, 2015; Marcolin et al., 2016).

그중에서도 프레이와 오스본(Frey & Osborne, 2013)은 미국 내 직업의 절반 정도가 자동화될 수 있다고 주장해 가장 큰 파장을 던졌다. 그들은 미국의 직업 가운데 47%가 10~20년 안에 자동화로 대체될 것이라는 연구 결과를 내놓았다. 이는 미국 내 일자리 702개를 대상으로 한 조사 결과로, 임금과 기술력 수준이 일자리 자동화와 관련성이 높음을 밝혔다. 여러 직업 중에서도 서비스, 영업, 사무직이나 행정 지원 등이 자동화될 가능성이 높은 반면에 교육, 커뮤니티, 서비스, 예술·미디어, 보건 분야는 상대적으로 자동화 가능성이 낮다고 예측했다. 볼스(Bowles, 2014)의 연구는 프레이와 오스본(Frey & Osborne, 2013)의 연구와 큰 틀에서는 유사하나 자동화의 영향이 나라마다 차이가 있음을 밝혔다. 프레이와 오스본(Frey & Osborne, 2013)의 통계를 EU에 대입해본 볼스(Bowles, 2014)의 연구 결과에서는 남부 유럽이나 중앙 유럽에 속한 루마니아(61.93%), 포르투갈(58.94%), 크로아티아(57.91%), 폴란드(56.29%), 이탈리아(56.18%) 등에서 자동화로 인한 일자리 감소 위험이 더 큰 것으로 나타났다. 그리고 국가별 노동시장과 숙련도에 따라서 일자리 감소는 차이가 나지만, 전반적으로 숙련도가 낮은 국가에서 높은 일자리 감소율이 나타날 것이라고 전망한다.

이에 대비되는 두 번째 논의는 기술혁명이 고용에 미치는 긍정적인 효과에 주목한다. 이전의 산업혁명 과정에서 기술혁명이 오히려 생산성을 높여 고용을 확장했다는 보상 효과compensation effects를 근거로 기술과 고용의 관계는 긍정적으로 평가되고 있다(Arntz et al., 2014; Goos et al., 2014; Graetz & Michaels, 2015; Gregory & Zierahn, 2015; Mokyr et al., 2015; Marcolin et al., 2016). 아른츠 등(Arntz et al., 2014)은 거시 경제의 조정 체계를 통해 기술이 진일보하면서 노동절약기술 효과labour-saving technology effect가 나타날 것이라고 말한다. 그러나 이는 기술이 노동을 대체한다는 의미보다는 기술로 인해 생산성이 향상되어 오히려 새로운 일자리를 창출한다는 관점에서 해석되고 있다. OECD 디지털경제전망(OECD Digital Economy Outlook, 2015)에 따르면, OECD 국가들에서 ICT 부문이 경제성장의 핵심으로 꼽히고 있다. 2008~2013년 사이에 이들 국가에서 ICT 분야에 대한 투자가 15~52% 정도 이루어지면서 새로운 일자리도 22% 생겨났다고 분석하고 있다.

구스 등(Goos et al., 2014)은 이를 뒷받침하는 또 다른 논거를 제시하는데, 유럽 16개국의 산업 수준에서 노동 수요 모델을 살펴본 결과, 노동집약 산업에서 노동절약기술을 도입하면서 경쟁력을 얻어 생산 수요가 증가했다고 주장했다. 그레이츠와 마이클스(Graets & Michaels, 2018)는 17개국에서 이루어진 산업 로봇의 상용화가 전체 노동시간을 줄이는 결과로 나타나지 않았으며, 노동절약기술 효과로써 노동의 수요가 감소하지 않았다고 주장한다. 그레고리 등(Gregory et al., 2015) 역시 자동화를 통해 경쟁력을 획득하면서 간접 효과로 지역 생산 수요의 증가가 나타나는 등 긍정적인 효과가 오히려 노동 대체 효과보다 크다고 설명한다. 또한 노동 수요 모델로 유럽 27개국을 대상으로 조사한 결과, 1999~2010년 사이에 컴퓨터 시대를 맞이하면서 1160만 개의 새로운 일자리가 창출된 것으로 나타나고 있다. 모키르 등(Mokyr et al., 2015)은 기술혁신이 한시적으로 임금 불평등을 증가시키는 것 같지만, 과거 기술혁신의 긴 과정에서 이루어진 기술진보가 노동임금을 상승시키는 효과를 거두었다고 설명한다.

또한 기술혁명이 긍정적일 수 있는 이유는 직업을 대체하기보다는 기존 직무를 더욱 효율적으로 만들기 때문이다. 여기에 가까운 사례가 CPS를 활용해 제조과정 혁신을 이룩하는 독일이다. 마르콜린 등(Marcolin et al., 2016)은 자동화가 일자리에 미치는 영향은 불가피할 수 있으나 그 위험의 폭이 프레이와 오스본(Frey & Osborne, 2013)의 결과만큼 광범위하지 않다고 강조한다. 프레이와 오스본(Frey & Osborne, 2013)이 자동화의 영향을 직업별an occupation-based approach로 접근했다면 OECD(2016) 연구는 직무 중심으로a task-based approach 자동화의 영향을 조사해 다른 연구 결과를 제시했다. 즉, 자동화의 영향으로 직업 자체가 대체되기보다는 특정 업무에 더 영향을 줄 수 있다는 관점에서 논의할 경우에 그 위험도는 크게 낮아질 수 있다는 설명이다(Arntz et al., 2016).

자동화로 인해 기존의 비숙련 일자리에서 변화가 클 것이라는 데는 이견이 크지 않다. 그런 점에서 미래 고용에 대해서 숙련이 낮은 쪽의 직업이 사라지고 높은 쪽의 직업이 많아질 것이라는 '숙련 기반 기술 변화Skill-based technological change'의 설명은 가장 많은 이들의 동의를 얻어내고 있다. 하지만 구스 등(Goos et al., 2014)의 연구에서 지적한 바와 같이, 이 주장은 왜 지금까지 비숙련 일자리가 사라지는 대신에 직업의 양극화가 지속적으로 발견되었는지에 대해서는 설명이 어렵다. 그러면서 이들은 직업의 양극화를 설명하는 '업무성격 기반 기술 변화Routine-based technological change'가 더욱 설득력을 가진다고 주장했다. 이들의 설명에 따르면 반복적인 일이 많은 직업에 오히려 중간소득 일자리가 많으며, 결과적으로 이들의 일자리가 줄어들고 고소득 일자리와 저소득 일자리로 재편된다는 것이다. 마르콜린 등(Marcolin et al., 2016) 역시 매장 판매원, 은행원, 조립라인 근로자 등 중간 수준 이상의 반복적 일자리가 자동화에 더 취약하다고 밝힌다. 반면에 광산을 개발하거나 요양서

표 2.1  국가 간 임금수준별 직업 점유율과 비율 변화(1993~2010년)

| | 4개 저임금 직업 | | 9개 중간임금 직업 | | 8개 고임금 직업 | |
|---|---|---|---|---|---|---|
| | 고용점유율 (1993, %) | 비율 변화 (1993-2010 , %p) | 고용점유율 (1993, %) | 비율 변화 (1993-2010 ,%p) | 고용점유율 (1993, %) | 비율 변화 (1993-2010 ,%p) |
| 오스트리아 | 21.82 | 6.36 | 51.61 | -10.44 | 26.57 | 4.08 |
| 벨기에 | 17.49 | 3.00 | 48.5 | -12.07 | 34.01 | 9.08 |
| 덴마크 | 24.09 | 1.73 | 39.7 | -10.3 | 36.21 | 8.56 |
| 핀란드 | 20.24 | -1.50 | 39.69 | -10.6 | 40.06 | 12.10 |
| 프랑스 | 19.92 | 4.19 | 46.69 | -8.60 | 33.39 | 4.41 |
| 독일 | 20.71 | 2.37 | 48.03 | -6.74 | 31.26 | 4.37 |
| 그리스 | 21.66 | 4.81 | 47.81 | -10.65 | 30.54 | 5.84 |
| 아일랜드 | 21.13 | 3.68 | 48.21 | -14.85 | 30.66 | 11.17 |
| 이탈리아 | 27.01 | 6.06 | 51.04 | -10.59 | 21.94 | 4.53 |
| 룩셈부르크 | 21.70 | -2.38 | 49.91 | -10.76 | 28.4 | 13.15 |
| 네덜란드 | 16.78 | 1.99 | 37.9 | -7.56 | 45.33 | 5.57 |
| 노르웨이 | 22.85 | 4.73 | 38.82 | -8.47 | 38.34 | 3.74 |
| 포르투갈 | 25.75 | 0.73 | 47.46 | -4.86 | 26.78 | 4.13 |
| 스페인 | 28.02 | 1.01 | 48.67 | -11.95 | 23.3 | 10.93 |
| 스웨덴 | 21.82 | 1.52 | 41.98 | -9.55 | 36.2 | 8.03 |
| 영국 | 16.88 | 4.17 | 43.64 | -10.94 | 39.49 | 6.77 |

주: 1993~2010년의 장기 변화. 직업별 고용은 국가별 통계. 직업은 유럽 16개국 직업별 임금 평균에 따라 분류(▶ 4개 저임금 직업: ① 광업, 건설, 제조 및 운송 노동자, ② 개인 및 보호서비스 근로자, ③ 모델, 영업사원, 시범설명, ④ 판매 및 서비스 직업 ▶ 9개 중간임금 직업: ① 고정형 공장 및 관련 사업자, ② 금속, 기계 및 관련 무역업, ③ 운수 및 이동형 공장 운영자, ④ 사무실 사무원, ⑤ 정밀, 수공예, 공예 인쇄 및 관련 무역노동자, ⑥ 추출 및 건물 거래 근로자, ⑦ 고객 서비스 사무원, ⑧ 기계 운영자 및 조립, ⑨ 기타 공예 및 관련 무역업 ▶ 8개 고임금 직업: ① 기업 관리자, ② 물리, 수학 및 엔지니어링 전문가, ③ 생명과학 및 보건 전문가, ④ 기타 전문가, ⑤ 중소기업 관리자, ⑥ 물리, 수학 및 엔지니어링 준전문가, ⑦ 기타 준전문가, ⑧ 생명과학 및 보건 준전문가).

자료: Goos et al(2014).

비스를 제공해주는 로봇의 발전은 오히려 사무직을 대체하는 인공지능보다 더딜 수 있다. 〈표 2.1〉로 정리되어 있는 1993~2010년까지 일자리 변화를 보면 저임금 직업과 고임금 직업이 증가한 반면에 중간임금 직업이 대폭 감소했다는 사실을 알 수 있다.

하지만 앞선 경제학적 논의에서 주목하고 있지 않은 혁신은 디지털 플랫폼을 중심으로 일어나고 있는 노동 거래의 혁신이다. 즉, 온디맨드 플랫폼 on-demand platform이나 크라우드 워크 플랫폼crowd-work platform을 기반으로 움직이는 독립노동자independent workers 혹은 종속 자영업자dependent self-employed에 대한 부분이다. 긱 경제 형태의 고용 확산은 단기적인 관점으로 봤을 때는 일자리의 유연화를 통해서 더 많은 노동자에게 일할 기회를 주는 것처럼 보인다. 그러나 장기적인 관점을 적용하면, 늘어난 유연성만큼 정규직으로 누릴 수 있는 보호에서도 누락되는 새로운 형태의 일자리를 양산해내는 문제가 있다. 로버트 라이시(Reich, 2015)는 정규직이 아닌 임시직, 독립계약자의 양산은 노동자의 지위를 약화해 노동시장을 19세기로 퇴보시킬 것이며 위험을 노동자에게 전가할 것이라고 주장했다. 긱 경제에서 노사관계와 단체교섭은 전통 산업과는 근본적으로 다르며 사실 대부분의 경우 존재하지 않는다. 이 플랫폼에서 사람들은 그들의 역량을 제공받는 사람들과 연결된다(European Economic & Social Committee, 2017). 즉, 플랫폼 노동에 관해서는 일자리의 감소나 증가의 양적 논의가 아니라 기존 고용관계에 대한 근본적인 질적 변화를 논의해야 한다.

맥킨지 등(Manyika et al., 2016)이 미국과 유럽 15개국을 대상으로 조사한 연구에 따르면, 독립노동자가 전체 생산가능인구의 20~30%(1억 6200만 명)를 점유할 정도로 확대되었다. 독립노동자는 크게 네 가지 유형으로 나뉜다. 먼저, 독립노동을 적극적으로 선택해 기본 소득을 유지하는 'free agents'가 30%(4900만 명), 부가 수입을 위해 독립노동을 하는 'casual earners'가 40%(6400만 명), 독립노동이 주 수입원이지만 전통적인 일을 선호하는 'reluctants'는 14%(2300만 명), 부가 수입을 위해 필요할 때 일을 하는 'financially strapped'는 16%(2600만 명)다. 각국의 독립노동자 비율은 조금씩 다르지만 평균적으로 독립노동자 가운데 전일제와 파트타임이 각각 30%와 40% 비중

**표 2.2  미국과 유럽 15개국의 독립노동자 현황**

| 고용 특성 | | 대표적 예 | 플랫폼 이용 여부 |
|---|---|---|---|
| 특수 고용 | 전통적 특수 고용 | 보험설계사, 카드모집인 | 이용 안 함 |
| | 온디맨드 플랫폼 노동자 | 대리운전기사, 택배기사, 퀵서비스, 띵동, 우버 | 이용 |
| | 크라우드 워크형 플랫폼 노동자 | 아마존 메커니컬 터크 | |
| 자영업 | 판매 | 이베이(eBay) | |
| | 자산 임대 | 에어비앤비(Airbnb) | |

자료: Manyika et al(2016), 장지연(2017) 재인용 및 일부 수정.

으로 유사한 모습이다. 많은 사람이 가까운 미래에 이러한 고용이 급속도로 증가할 것이라고 전망한다.

미국과 유럽의 디지털 플랫폼 독립노동자는 전체 독립노동자의 약 15%로, 약 2400만 명으로 추정된다. 그중 900만 명은 노동력을 제공하고(예컨대 Freelance Physician, Deliveroo, TaskRabbit, Uber, Upwork), 130만 명은 상품을 판매하고(예컨대 Etsy, eBay, DaWanda), 300만 명(예컨대 Airbnb, Boatbound, Getaround, BlaBlaCar) 정도는 자산을 빌려주고 받는 일의 형태에 속해 있다. 플랫폼 독립노동자의 경제적 토대인 아웃소싱 산업의 경제 규모도 해가 다르게 커가고 있어 독립노동 형태의 일은 지속적으로 성장할 가능성이 높다. 세계은행 보고서에 따르면(Kuek et al., 2015), 아웃소싱 산업은 2013년 48만 명이 가입(그중에 10% 정도인 4만 8천 명 정도가 적극적으로 활동)해 20억 달러를 벌어들였으나 2020년에는 150~250억 달러 규모까지 성장할 것으로 보인다. 플랫폼 독립노동자의 급증은 기술혁명 시기에도 여전히 고숙련 일자리보다 저숙련 일자리가 많이 발생하면서 사회보장에 대한 도전과 함께 불평등을 심화할 수 있다는 암시를 준다는 점에서 주목할 필요가 있다. 그렇다면 이러한 플랫폼 일자리가 새로운 저숙련 일자리가 될 것인가?

다음 절에서는 대표적인 온디맨드 플랫폼인 우버와 크라우드 워크의 대표적인 사례인 아마존 메커니컬 터크를 통해 거래 혁신으로 파생된 플랫폼 노동의 구체적인 양상을 살펴본다. 이 두 사례가 플랫폼 경제를 대표한다면, 독일의 인더스트리 4.0과 함께 제시된 일 4.0은 앞서 논의했던 제조과정 혁신으로 인한 고용 변화와 사회 변화를 볼 수 있는 사례다. 이들 사례를 통해 기술 발전으로 인한 고용과 사회의 변화, 그리고 이러한 변화 과정에서의 주요한 쟁점들을 검토해본다.

## 3. 사례 분석

### 1) 우버

우버는 2009년 3월 미국 샌프란시스코에서 설립되었으며, 스마트폰의 애플리케이션을 플랫폼으로 활용해 운전사와 승객을 필요에 의해 연결해주는 서비스를 제공하는 기업이다. 우버의 사업형태는 오프라인에서 필요한 서비스를 디지털 플랫폼을 통해 연결한다는 점에서 4차 산업혁명을 상징하는 사례로 주목받아왔다. 하지만 우버가 어느 사회에 진출을 시도할 때 가장 먼저 부딪히는 문제는 기존의 경쟁체제와 질서가 깨질 것이라는 우려로 인해 야기되는 다양한 갈등이다. 이러한 갈등이 지나치게 크거나 사회적 제도가 변화에 유연하게 반응하지 못한다면 새로운 기술 혹은 시스템에 대한 사회적 수용성은 떨어질 수밖에 없다. 2014년 10월 미국의 수도 워싱턴 D. C.에서는 차량공유서비스 우버를 적법한 것으로 인정하는 법안이 의회를 통과하면서 처음으로 합법적인 사업으로 인정받았다. 하지만 한국에서는 2013년 8월 우버코리아가 출범해 운수사업이 아닌 기술기업으로 서비스를 제공했으나 2015년 3월 기존 택시업계의 반발과 규제에 막혀 영업을 종료했다(강상욱 외,

2015). 더욱이 우버가 도입됨으로써 경쟁 환경에 놓이는 기존 영역은 택시 사업으로, 저숙련노동에 속하기 때문에 사회적으로 더욱 민감하게 받아들여졌다. 기술의 혁신으로 인해 기존의 노동자 중에서도 하위 계층의 설 자리를 빼앗는 사례로 다가오기 때문이다.[2]

일단 우버가 합법화되면 우버는 기사를 직접 고용하는 대신 그들과 드라이브 파트너로 계약하고, 기사들은 독립계약자 형태로 서비스를 제공하는 형태를 취한다(강서진, 2016). 이러한 계약으로 인해 운전사들은 정해진 노동 시간이 없기 때문에 상당한 유연성을 얻을 수 있다. 따라서 주 수입원을 가진 사람이 부 수입원으로 활용할 수도 있고, 여러 여건상의 이유로 풀타임의 노동이 불가능한 사람들을 노동시장으로 끌어들일 수 있게 되었다. 어떤 조직에 속하지 않고 필요한 때 필요한 만큼 일하는 일자리는 과거에도 일용직, 파트타임, 아르바이트 등의 형태로 존재했지만 긱 경제가 이들과 다른 점은 노동력을 중개하는 방식이 스마트폰 애플리케이션 같은 디지털 플랫폼 기반이라는 점이다. 이런 디지털 플랫폼을 활용하면 일감과 노동력을 손쉽게 연결할 수 있다(박현영, 2017).

그러나 문제는 유연성이 커진 만큼 노동자로서 보호받을 수 있는 권리는 작아졌다는 것이다. 라이시(Reich, 2015)는 긱 경제로 벌어들이는 큰돈은 결국 소프트웨어를 소유한 기업에 돌아가고 노동자에게는 소액만이 남을 것이라고 지적하며, 임금이 깎인 노동자는 자금력이 줄어든 소비자가 되는 악순환으로 이어질 것이라고 주장했다(Reich, 2015). 또한 유연화로 인해 노동시장에서 양극화가 발생할 수 있음을 지적하고 실제로 정규직과 비정규직이라는

---

2   브린욜프슨과 맥아피(Brynjolfsson & McAfee, 2014)는 혁신적 기술로 인해 가장 위협받는 이들은 기술이 없거나 중간 정도의 기술을 지닌 노동자들로, 결국은 이러한 그룹이 불균형적으로 더욱 큰 타격을 받고 있다고 분석했다.

고용형태, 상용직 및 임시직과 일용직 사이, 임금의 지급형태 등에 따라 유의미한 임금격차가 존재함을 밝힌 연구도 있다(이성균, 2007). 반면, 일부에서는 긱 경제로 인해 계약직이 늘어나는 것은 사실이나 노동자가 과거보다 독립적으로 일할 수 있고 개인 능력에 따라 더 많은 돈을 벌 수 있기 때문에 노동자에게도 좋은 형태라고 주장하기도 한다.

우버가 진출한 도시 곳곳에서 이와 관련된 소송이 벌어지고 있는 현상이 이러한 이해관계 대립이 반영된 결과다. 우버 운전자들의 법적 지위 논쟁이 중요한 이유는 그들이 근로자 지위를 인정받을 경우 독립계약자에게는 보장되지 않는 단체교섭권, 의료보험, 초과근로수당, 최저임금 등 법적인 보호와 연결되기 때문이다(한주희, 2016). 우버 운전사를 전통적인 근로자가 아니라 새로운 형태인 독립근로자로 봐야 한다고 주장하는 측의 근거는 우버 프로그램을 이용하는 동안 비슷한 프로그램을 동시에 이용해서 일을 구할 수 있다는 점, 대기 시간을 자유롭게 사용할 수 있다는 점 등이다. 이러한 특성들은 우버 운전사들에게 시간당 임금 같은 전통적인 근로 개념을 적용할 수 없도록 한다. 따라서 별도로 새로운 범위의 보호체계가 마련되어야 한다고 주장한다. 반면에 전통적인 근로자로 분류해야 한다는 입장에서는 우버 앱을 켜놓았을 경우에 승차 승인률이 80% 아래로 떨어지면 회사에서 우버 앱을 사용하지 못하도록 차단할 수 있다는 점을 근거로 내세운다. 즉, 실질적인 해고가 가능한 시스템이라는 의미다. 고용주가 근로시간을 실질적으로 통제하고 있고 해고의 권한까지 가지고 있으므로 전통적인 근로자로 간주되어야 한다고 주장한다.

현대사회에서 차지하는 우버의 상징성을 고려해볼 때, 정부와 우버의 결정은 플랫폼 서비스 형태를 가진 기업들 전체에 영향을 줄 것이다. 더욱이 근로자성에 대한 판단은 다른 권리들과 연결되어 있어 매우 민감한 문제이므로(Huws & Joyce, 2016) 다양한 사례를 살펴볼 필요가 있다. 〈표 2.3〉에서 보는

표 2.3  우버의 고용자성 인정 사례

| 국가 | | 시기 | 주요 내용 |
|---|---|---|---|
| 미국 | 샌프란시스코 | 2015년 6월 | 우버가 운영의 모든 측면에 관여하고 있기 때문에 법적으로 운전사들의 고용주로 봐야 한다고 판단 |
| | 시애틀 | 2015년 12월 | 우버 운전자들에게 단체협상권을 주어야 한다는 조례 마련 |
| 프랑스 | | 2016년 8월 | 플랫폼 노동자의 산재보험료·직업훈련비용 등을 플랫폼 제공자가 부담하도록 하고, 노동자들에게 사실상 파업권과 단결권·단체교섭권을 부여 |
| 스위스 | | 2017년 1월 | 스위스재해보험공단은 우버 측이 기사들을 위해 사회보험부담금을 내야 한다고 결정 |
| 영국 | | 2017년 11월 | 고용재판소는 우버 운전사를 자영업자가 아니라 법적 보호를 받아야 하는 종업원이라고 판결 |

자료: McBride & Levine(2015), 뉴스위크(2016), 류란(2017) 참조.

바와 같이 미국의 샌프란시스코, 프랑스, 스위스, 영국 등 많은 국가에서 우버 운전자의 노동자성과 우버의 고용자성이 지속적으로 인정되었다. 가장 최근에는 스위스재해보험공단Suva이 우버 측이 기사들을 위해 사회보험부담금을 내야 한다는 결정을 내렸다. 우버 기사들이 규정을 어기면 상응하는 처분을 받는 데다 요금이나 급여 조건을 독립적으로 결정할 수 없다는 점을 근거로 근로자에 해당한다고 판단했다(연합뉴스, 2017).

반면에 플로리다에서는 우버 운전자를 독립노동자라고 선언한 바 있다. 하지만 독립노동자가 될 경우 출퇴근 시간에 가격을 동일하게 높게 받는 것은 '담합'에 해당한다는 판결이 동시에 존재한다(이수민, 2017). 이른바 '디지털 카르텔'이라는 판결이 주어진 것이다. 결과적으로 우버는 운전자들의 근로자성을 인정해도 혹은 인정하지 않아도 문제에 봉착하는 딜레마에 빠지게 된 것이다.

주목할 만한 점은 최근 들어서는 소송에 의해서가 아니라 우버 스스로 운전자에게 더 많은 혜택을 제공하려는 움직임도 나타나고 있다는 사실이다. 기존에는 우버 측에서 철저하게 금지한 조항이었던 팁을 허용하기도 했고,

고객이 예약 2분 후 취소하면 운전자에게 보상하도록 하는 방책도 내놨다. 또한 보험사 에이온Aon과 협력해 운전자가 사고를 냈을 때 지원하기도 한다. 이러한 움직임은 긱 경제가 성숙 단계에 접어들면서 오히려 긱 근로자들을 구하기 어려워졌기 때문에 생겨난 현상으로 해석된다. J. P. 모건 체이스J. P. Morgan Chase의 분석에 의하면, 긱 경제는 아직까지는 지속적인 상승세를 유지하고 있지만 이미 성숙 단계로 접어들었기 때문에 그 증가율은 급격히 떨어지고 있다(김현석, 2017). 더욱이 근로자들의 고용형태가 유연해지면서 충성심의 문제가 대두되었고, 홀과 조너선, 크루거(Hall, Jonathan and Krueger, 2015)의 분석에 따르면 실제로 우버와 계약한 신규 운전자들의 거의 절반이 첫해에 그만둔다. 따라서 긱 경제에서 원활한 노동자 모집을 위해 어느 정도 노동자의 지위를 보장해주려는 시도가 자연스럽게 형성되고 있는 것으로 보인다. 다만 플랫폼 노동이 현재 법 체계 내로 들어오면서 지속적인 진통을 겪고 있고, 앞으로도 더 많은 이슈를 만들 것이라는 예측은 어렵지 않다.

우버는 현재의 사업형태에서 멈추지 않고 2021년까지 완전 자율주행차를 개발한 다음 이를 활용한 무인택시 및 무인트럭 사업 운영 계획을 가지고 있다. 자율주행차autonomous vehicle란 운전자의 개입 없이 주변 환경을 인식하고 주행 상황을 판단해 차량을 제어함으로써 스스로 주어진 목적지까지 주행하는 자동차를 말한다. 기존 자동차에 ICT 기술을 도입해 스스로 주행 환경을 인식, 위험을 판단, 경로를 계획하는 등 운전자 조작을 최소화하는 방식으로 발전해오고 있다(박푸르뫼, 2017). 자율주행차 개발은 우버뿐만 아니라 세계적으로 여러 기업에서 이루어지고 있는 시도다. 예를 들어 구글은 2015년 10월 세계 최초로 일반 도로에서 자율주행에 성공했고 국내의 여러 기업도 자율주행차를 개발하기 위한 연구를 진행하고 있다.

만약 우버가 계획대로 이러한 미래에 도달한다면 우버와 관련된 일자리 논란은 기존과는 전혀 다른 양상으로 진행될 것이다. 즉, 노동자들 사이의 경

표 2.4  미국도로교통안전국의 자율주행차 단계

| 0단계 | 1단계 | 2단계 | 3단계 | 4단계 |
|---|---|---|---|---|
| 비자동<br>(No<br>Automation) | 기능 제한 자동<br>(Function<br>Specific<br>Automation) | 조합 기능 자동<br>(Combined<br>Function<br>Automation) | 제한된 자율주행<br>(Limited Self-driving<br>Automation) | 완전 자율주행<br>(Full Self-driving<br>Automation) |
| ·운전자가 항상 수동으로 조작 | ·자동 브레이크와 같이 운전자를 돕는 특정한 자동제어기술이 적용 | ·두 가지 이상의 자동제어기술 적용<br>·운전자가 모니터링과 안전 책임 | ·특정 교통 환경에서 자동차가 모든 안전 기능 제어<br>·자동차가 모니터링 권한을 갖지만 돌발 상황에서 운전자 개입 필요 | ·운전자가 목적지와 주행 경로만 입력하면 모든 기능을 스스로 제어<br>·자율주행시스템이 안전 운행 책임 |

자료: 강선준·김민지(2017) 일부 수정 및 재인용.

쟁 혹은 고용주와 고용인 사이의 논란이 아니라 자동화로 인해 발생하는 일자리 양의 감소에 어떻게 대처할 것인가에 대한 논의다. 이는 앞서 논의한 자동화가 저숙련 일자리를 없앨 것이라는 논의와 맥이 닿는다. 미국 도로교통안전국NHTSA은 자율주행차 개발 단계를 0~4단계로 구분하고 있는데(〈표 2.4〉), 이러한 구분이 의미 있는 이유는 단계별로 운전자가 해야 하는 일 혹은 책임의 주체가 달라지기 때문이다. 3단계까지는 직업의 대체보다는 업무의 대체로, 운전사가 관여해야 할 부분이 바뀔 뿐이고 여전히 관련 직업은 존재할 것이다. 그러나 우버가 추구하는 4단계, 즉 완전 자율주행차가 상용화된다면 관련 일자리는 많은 영향을 받을 것이라고 예측할 수 있다.

한편, 자율주행차와 관련해서는 사회적 수용성이 핵심적인 이슈다. 현재 무인자동차가 도로에서 운행하는 것이 합법적인지의 여부는 각 국가 및 주에서 정한 법에 따라 다르다. 미국의 경우 캘리포니아, 네바다, 애리조나, 플로리다, 콜롬비아 등에서는 공공도로에서 자율주행자동차 테스트를 허용하고 있으나 샌프란시스코에서는 자율주행 택시 영업이 규제로 인해 일주일 만에 금지되었다(법률신문, 2017). 자율주행자동차에 대한 논의는 안전의 영역과 연결될 때 더욱 복잡한 문제로 이어진다. 자율주행차가 상용화된 다음 사고가 발생할 경우 그 책임 소재를 누구에게 물을지에 대한 공방이 빈번하게 벌어질 것으로 예상할 수 있다(Mearian, 2017). 따라서 혼란을 줄이기 위해서는 명확한 법적 체계가 마련되어야 할 것이다. 예를 들어, 미국 캘리포니아주에서는 레벨 4 자율주행차가 사고를 일으켰을 경우 제조사에 책임을 묻고 운전자에게는 별도의 면허를 취득하게 하는 방안을 추진하고 있다. 독일은 자율주행 수준과 상관없이 사고 책임의 대부분을 운전자가 지도록 법이 개정되었다. 즉, 기술적으로 안전하다고 검증하는 것과는 별도로 자율주행차가 안전한 장치라는 인식이 사회적으로 통용되어야지만 관련 기술이 사회에 수용될 수 있을 것이다.

우버가 겪고 있는 많은 논란은 기술혁신이 노동시장에 어떤 방식으로 변화를 야기할지에 대해 시사점을 제공한다. 첫째, 새로운 기술혁명의 발전은 국내의 제도적·정치적 지형을 거쳐서 영향을 미친다. 새로운 기술혁명이 한 사회에 내재되는 방식은 그 사회의 규범과 가치를 따른다는 것이다. 우버의 경우에 초기에는 긱 경제 형태로 고용이 이루어지면서 기존의 제도적 장치로 노동자를 전혀 보호할 수 없는 형태였으나 시간의 흐름에 따라 일부분은 법적 보호체계 안으로 자연스럽게 이동했다. 하지만 이러한 변화들이 반드시 정부나 법과 같은 공적 체계를 통해서만 이루어지는 것은 아니다. 노동자의 충성심 부재, 신규 노동자 유입의 감소 등으로 인해 문제의식을 자각한 우버가 초기에는 전혀 고려하지 않았던 근로자의 권리를 어느 정도 보장함으로써 문제를 해결하려고 한 것처럼 자발적 노력 역시 중요한 변화 요소다. 기술혁명은 국민과 국가를 포함한 공공 영역과의 소통을 통해서 사회에 내재되는embedded 과정을 겪게 될 것이다.

둘째, 플랫폼 노동이 미래의 주요한 노동이 될지 또는 자동화를 통해 사라질 일자리의 중간 단계가 될지는 좀 더 지켜볼 필요가 있다. 현재까지의 기술은 완벽한 무인시스템을 갖추지 못한 상태이고, 따라서 미래에 자동화가 어느 수준까지 가능할지에 대해 명확한 답을 내릴 수 없다. 하지만 기술의 발전이 매년 놀랍게 변하는 것을 목도하고 있으며, 인공지능의 역할에 대해서도 마치 1980년대의 세계화 논의처럼 '부정적일 수 있지만 피할 수는 없는' 논의로 가고 있는 것 같다. 그렇다면 현재 급증하고 있는 온디맨드 플랫폼에 기반한 고용은 한시적일 가능성이 있다. 물론 자율주행차가 직무만 대체하고 여전히 사람이 '차'가 제공하지 못하는 서비스를 추가로 제공할 수도 있다. 앞서 말한 두 가지 지점처럼 한 사회가 인공지능을 어떻게 수용하고 변화시킬지에 대해서는 그 사회의 사회경제 수준과 제도가 상당한 영향을 미칠 것이다.

### 2) 아마존 메커니컬 터크AMT

플랫폼 노동은 '온라인 플랫폼을 이용하는 불특정 다수의 개인이나 조직이 직무를 수행하고 그에 따라 보상을 받는 일'로 정의된다. 이 때문에 플랫폼 노동자는 일반적인 직장 기반의 노동자의 계약관계와 다른 형태의 '독립 노동자'로 불린다. AMT는 크라우드 소싱 기반의 온라인 플랫폼으로, 플랫폼 노동으로 운영되는 대표적인 사례다. AMT는 IT 기업 아마존Amazon이 2005년에 만들어 운영하고 있는 사이트다. 아마존의 CEO인 제프 베조스Jeff Bezos는 컴퓨터나 인공지능 로봇이 해내기 어려운, 사람이 수행할 수 있는 일을 통해 사람과 기업을 연결하는 데 의의를 두고 AMT를 창안했다(Ipeirotis, 2010). 따라서 AMT 사례는 로봇이나 인공지능 기술이 기존 일을 대체할 수 있다는 논의와는 다른 방향에서 주목받고 있다. 디지털 플랫폼을 기반으로 새로운 일의 형태가 현실화되면서 일의 방식과 시간, 유형, 임금 등에 많은 변화를 가져오고 있다.

그림 2.1  AMT의 운영 체계

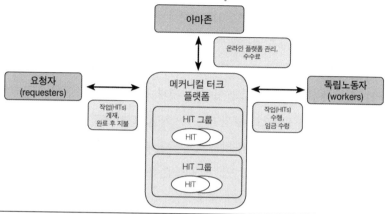

자료: Hitlin(2016).

AMT는 고용주인 '요청자Requesters'가 온라인 플랫폼에 일을 올리면 'HITs Human Intelligence Tasks'라는 업무가 요청되고, 온라인 사용자인 '독립노동자 workers'가 소액의 HITs 업무를 골라 일을 완수하는 체계로 이루어진다. HITs로 나뉜 업무는 설문조사, 오디오 파일 복사부터 사진 묘사에 이르기까지 다양한 작업으로 구성된다[AMT 홈페이지(https:// www. mturk.com/) 〈그림 1〉 참고].

AMT 온라인 플랫폼을 이용하는 요청자와 독립노동자의 특징은 뚜렷하게 나타난다. 최근 AMT 플랫폼 이용 현황 조사에 따르면, 먼저 AMT 고용주와 관련한 특징으로 2015년 기준 하루 평균 1278명의 고용주들이 적극적으로 활동하고 있다. 이들은 개인과 단체 모두를 포함하고 있으며, 주로 학문 (36%)과 비즈니스(31%) 목적에서 AMT를 활용하고 있다. 고용주가 주로 요청하는 일을 살펴보면 전체 일의 61%가 몇 분 안에 완료할 수 있는, 10센트 미만의 보상을 주는 단기의 반복적인 업무다(Hitlin, 2016).

이 같은 일을 수행하는 AMT 독립노동자의 특징은 첫째, 미국 평균 노동자보다 더 젊고 학력이 더 높다. 이들의 특성을 조사해본 결과, 응답자의 51%

가 대학 학위 소지자(미국 평균은 36%)이고 이용자의 88%가 50세 미만(미국 평균은 66%)이다. 둘째, 노동자 평균 시간당 임금은 5달러 미만으로, 이들은 최저임금 이하의 보상을 받는다. 연방정부의 최저임금은 시간당 7.25달러이나 조사 대상 응답자의 52%가 시간당 5달러 미만을 받고 있고 응답자의 8%만이 시간당 8달러 이상 번다고 답했다. 셋째, 응답자의 63%가 매일 직무를 수행하고 있다. 마지막으로, 응답자의 53%가 AMT 외에도 다른 소득이 있어 AMT에 대한 경제적 의존도가 낮다고 답했다. 그러나 응답자의 25%는 AMT 소득에 절대적으로 의존하고 있는데, 이들은 주로 더 어린 연령대에 교육 수준이 낮고 가계 소득도 낮은 계층에 속한다.

그동안 AMT는 디지털이 수행하기 어려운 작업을 인간이 할 수 있다는 취지로 만들어져 2005년부터 10여 년 이상 온라인 플랫폼으로 급성장해왔다. 그러나 AMT가 활성화되면서 불거진 문제가 최근에 공론화되기 시작했다. 그중 하나는 AMT 노동자로 불리는 터커Turker들의 처우 개선 문제다. 2010년 AMT 터커들의 시간당 평균 임금을 조사한 결과는 2달러 미만이었다(Ross et al., 2010). 최근 실태조사를 보더라도 절반 이상의 터커들이 시간당 5달러 미만을 받고 있는 상황으로, 이전과 크게 달라지지 않았다.

이에 대한 불만은 새로운 움직임으로 나타나고 있다. '우리는 인간이지 알고리즘이 아니다I am a human being, not an algorithm'라는 공개편지를 아마존 CEO에게 보내는 캠페인이 대표적이다. 이는 AMT 터커인 캐나다의 한 청년이 제시한 아이디어에서 시작되었다. 지난 10여 년 동안 개선되지 못한 AMT의 처우를 바꿔보자는 문제의식에서 전 세계 약 190개국에서 50만 명이 넘는 터커들이 직접 나섰다. 그들은 시간당 2달러 미만의 임금을 받으면서 아마존은 작업당 10%의 수수료를 받아가고, 때로는 별다른 해명을 듣지 못하고 계정이 비활성화되는 처우를 감내해왔다. 현재 스탠포드대학교의 마이클 번스타인 교수가 터커들과 함께 다이나모Dynamo(http://www. wearedynamo.org/)라는 사이트를 만들어 공개편지 캠페인을 진행하고 있다. 이 사이트를 통해 누구나 140자의 아이디어를 내며 변화를 촉구하고 있다(Harris, 2014).

다른 쟁점은 AMT와 같은 크라우드 소싱 플랫폼에서 작업하는 연구자 및 개인의 프라이버시 침해 문제다. 그동안 온라인 플랫폼 노동자들의 개인정보 보호에 대한 윤리적인 문제는 잘 알려지지 않았으나, 최근 연구를 보면 상당수의 노동자가 사생활 침해를 받고 있는 것으로 나타났다. 435명의 터커를 대상으로 온라인 설문조사를 실시한 개인정보 보호 관련 연구(Xia et al., 2017)는 전 세계 터커들이 개인정보 보호 문제(데이터 집계, 프로파일링, 사기 등), 개인정보 유출(피싱, 악성코드, 스토킹, 타기팅 광고) 등에서 피해를 입은 사실에 큰 우려를 나타내고 있다. 설문조사에 따르면, 터커들이 가장 걱정하고 있는 프라이버시 침해 부문은 정보 처리(비익명화, 데이터 집계, 프로파일링, 불안정) 30.1%이며, 그다음으로 정보 수집(민감한 정보 문의, 무료로 정보 제공, 타깃 광고) 23.7%, 정보 보급(무단 공유) 14.5%, 침입(스토킹, 스팸) 14.5%, 사기 사례(피싱, 악성코드, 사기) 9.7% 등의 순이다. 아직까지도 온라인 플랫폼에서 발생하는 프라이버시 침해 문제가 폭넓게 인식되고 있지 못하는 상황이다. 이는 향후 온라인 플랫폼이 풀어야 할 중요한 도전 과제이기도 하다.

이처럼 AMT가 성장하면서 동시에 여러 쟁점이 드러나고 있다. 이는 기존의 노동과 여러 면에서 다르기 때문에 제기되는 문제들이며 보완해가야 할 과제이기도 하다. 먼저 차별화된 특징을 살펴보면, AMT는 온라인 기반이다 보니 국가의 경계를 넘어 전 세계 무대에서 정해진 시간 없이 24시간 실시간으로 일이 요청되고 수행되는 특징을 보인다. 이러한 특징으로 독립노동자들은 정해진 직장에 얽매이지 않고 2~3개 이상의 일을 하고 있다. 그러나 업무의 난이도가 높지 않은 데다 업무당 보상액이 낮아 상당수가 최저임금 이하의 소득을 벌고 있다. 오늘날 노동시장에서는 회사와 노동자 혹은 고용주와 고용인이 고용계약을 체결해 최저임금을 지키도록 법으로 정하고 있으나

그림 2.2 플랫폼 노동의 영향(AMT 사례)

자료 : Ross et al(2010), Ipeirotis(2010), Hitlin(2016) 참고.

AMT 고용주와 노동자 사이에는 이러한 법률적 계약이 성립하고 있지 않다. 게다가 기존 직장에서는 수행한 업무의 질과 성과를 중시하고 있으나 AMT를 통해 이루어지는 일은 사람에 따라 결과물의 수준이 달라 이에 대한 기업의 만족도도 편차가 크다(〈그림 2.2〉).

크라우드 워크와 유사하게 교육에서도 새로운 혁신이 시도되고 있다. 미네르바 스쿨Minerva Schools과 같이 물리적인 학교 캠퍼스 없이 온라인 플랫폼에서 학·석사 교육과정을 제공하는 대학도 주목을 받으며 급속히 성장하고 있다. 새로운 고등교육의 스타트업 모델로 2011년에 설립되고 2014년에 신입생 28명으로 시작된 미네르바 스쿨은 2017년 초 입학 경쟁률이 무려 100 대 1에 이르러 하버드대학교보다 들어가기 어려운 혁신 대학으로 성장했다(주선영, 2017).

향후 크라우드 워크 방식으로 일하는 이들은 계속 증가할 것으로 예상되고 있다. 이러한 변화들을 통해 국민국가라는 공간과 규제를 넘어서 교육과 고용이 이루어지면 혁신적 차원에서 긍정적일 수 있지만 노동에 대한 보호, 사회보장, 조세 등에 대해서 근본적인 도전이 될 수 있다. 하지만 구체적으로 AMT나 미네르바 스쿨과 같은 플랫폼 노동과 교육이 어떤 방식으로 얼마나 확대될지는 아직 불확실하다. AMT의 확산이 그렇게 빠른 편이 아니며 여전히 일반적으로 보조적 직업으로서 이용된다는 점을 주목할 필요가 있다.

### 3) 독일의 인더스트리 4.0과 일 4.0

독일의 인더스트리 4.0은 제조업 기반의 4차 산업 전략으로, 전통 산업의 생산성을 높이고 고용을 창출한 성공 사례로 주목받고 있다. 전 세계 산업의 무게 중심이 금융과 서비스업으로 옮겨가는 흐름에서 독일은 오히려 위기의 제조업에 4차 산업혁명의 기술을 투입해 사양산업을 살리는 동시에 새로운 일자리를 만들면서 교육을 통해 직무 변화에도 대비한 사례로 의의가 높다. 2008년 미국발 금융위기의 영향으로 유럽 경제에 불어닥친 위기를 경험한 독일은 강력한 제조업의 강점을 살려 변화하는 시장에 적응할 수 있는 새로운 모델로 독일 인더스트리 4.0을 시작하게 된다(이재원, 2016). 이러한 신제조업 전략은 2011년 1월에 공식적으로 발의되었으나, 독일이 2006년부터 4년 주기로 추진해오던 하이테크 전략High Tech Strategie의 발전 과정에서 구체화된 실행계획이기도 하다. 독일 인더스트리 4.0이 발의되어 2015년 구현 전략이 발표되는 과정에서 정부 위원회인 연구연합Forschungsunion: FU, 독일공학아카데미Acatech, 정보통신미디어협회BITKOM, 기계협회VDMA, 전기전자협회ZVEI 등 민간의 역할이 주도적이었다. 장기간 프로젝트를 주도한 전 SAP 회장인 H. 카거만H. Kagermann은 ICT의 융합을 고려해 현재 인더스트리 4.0의 모습을 만들어냈다(김은, 2017). 초상기의 인더스트리 4.0은 독일의 내표적인 산학연 전문가들이 모인 플랫폼이라는 새로운 틀로 옮겨가고 있다. 독일 250여 개 이상의 사업장이 이 플랫폼에 소속되어 연구와 논의를 이어가면서 새로운 제조업의 가치사슬을 발전시키고 있다(문선우, 2016).

인더스트리 4.0 모델은 전통적인 제조 산업과 ICT를 결합한 '스마트 팩토리' 운영을 핵심으로 한다. 스마트 팩토리는 자재와 기계 및 설비가 중앙 통제 방식으로 움직이지 않고 서로 직접 소통하면서 자율적으로 움직여 제품을 완성하는 분권화된 체계로 운영된다. 이러한 공정 과정의 혁신이 기존의 대량생산 체제가 지향해온 저렴하고 동일한 제품 생산방식에 일대 변화를 가져왔다. 다양한 고객의 요구를 반영한 다양한 형태의 조합이 '스마트 팩토리' 과정을 통해 개인 맞춤형 제품으로 재탄생됨으로써 가격 경쟁력과 구매력을 동시에 확보하면서 그 진가를 높여가고 있다(김은, 2017).

기존의 제조 산업에 기술혁신을 더해 생산성을 높이는 과정 혁신은 높은 숙련을 지닌 전문적인 일자리를 만드는 방향으로 이어지고 있다. 물론 독일 정부도 인공지능 같은 기술혁신에 주목하고 있으나, 미국의 논의와 달리 '사람-기술-과정'의 상호관계에서 새로운 일자리와 일의 형태에 따른 사회안전망 설립을 중시하고 있다(〈그림 2.3〉). 최근 연방 노동사회부가 펴낸 『일 4.0 백서Weißbuch Arbeiten 4.0』는 노동자들이 어떻게 제조과정에서 새로운 직무와 역할을 부여받고 기술을 활용할지에 대한 모델을 제시한다. 즉, 단순한 기술 발전을 통한 직업 대체보다는 노동과 제조과정에서 기술을 적극적으로 활용해 생산성을 높이는 것을 목표하고 있다.

또한 『일 4.0 백서』에는 급변하는 디지털 사회에서 기업과 노동자가 어떻게 상생의 관계로 나아가야 할지에 대해 일정한 해법을 제시하고 있다. 바로 노사의 공동 결정과 참여다. 이는 사회적 동반자 관계에서 사회 변화에 대응하려는 전략이기도 하다. 사실 이것의 근본 아이디어는 연방 노동사회부에

**그림 2.3  독일 기술혁명의 영향 관계**

디지털화로 사회-기술 시스템의 전환

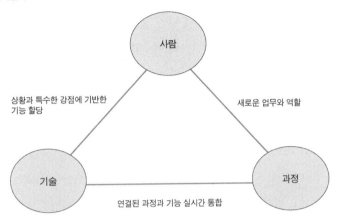

자료: Federal Ministry of Labour and Social Affairs(2017).

서 발간한 『일 4.0 녹서Green Paper on Work 4.0』에서 제시된 바 있다. 이 문헌에
서는 미래의 직업 세계를 성공적으로 이끄는 데 근로자의 참여가 핵심적인
요소임을 강조하고 있다. 무엇보다도 노사 협상을 통해 합의를 도출하려는
의지와 능력이 중요하다. 이를 위한 조건과 타협 능력 등을 배우려는 노력이
뒤따라야 하며, 개별 단위의 민주적 참여와 제도적 공동 결정을 통해 전체적
으로 참여의 기회를 높일 수 있기를 기대하고 있다. 특히 ICT 산업 같은 새로
운 영역에는 사회적 파트너십 전통이 없기 때문에 보다 많은 근로자들이 직
접 참여하는 조직에 대한 기대가 크다. 연방 노동사회부는 일 4.0에서 향후
수년 동안 사회적 파트너와 유연한 합의를 가능하게 하는 핵심적인 요인을
다음과 같이 제시했다. 첫째, 독일의 단체교섭 구조의 안정화와 강화, 둘째,
근로자 참여 기반 확대, 셋째, 디지털 시대에 공동 결정을 위한 충분한 권리
와 자원 보호, 마지막으로 유럽을 포함한 기업 공동 결정이다. 특히, 디지털

시대에 일을 수행하는 과정에서 보다 신속한 대응이 가능하도록 노동자 협의체works council를 적극적으로 활용할 계획이다.

기본적으로 독일의 노동 백서에 담긴 일 4.0은 네트워크화, 디지털화, 유연화를 특징으로 한다. 그렇지만 사람과 기계가 소통하는 과정에서 경제뿐만 아니라 사회문화적 변화를 수반하는 노동환경의 변화와 사회보장체계에 대한 준비가 무엇보다도 강조되고 있다. 일 4.0에서는 단순한 안전망을 넘어 근로시간의 유연화 및 단축, 직업교육과 평생교육이 인더스트리 4.0을 유지하는 데 핵심적인 논점으로 제안된다(문선우, 2016). 예를 들어, 독일은 일·가족 양립 등을 이유로 전일제와 시간제 사이의 자유로운 이동을 사회적 합의를 통해 추진하고 있다. 이는 폭넓은 전문 인력 교육제도를 바탕으로 다른 국가와 차별되는 고부가가치 제품에 대한 전문화가 가능하고 학습 및 연구능력을 갖춘 중소기업과 꾸준히 진화하는 직업훈련 시스템이 뒷받침하고 있다. 인더스트리 4.0의 단계적 시행은 독일 사회가 충분히 수용할 수 있도록 시간을 확보할 수 있게 한다. 일부 파괴적인 변화에 대해서는 적극적 노동시장정책의 역할을 활용하고 있다. 이처럼 독일은 인더스트리 4.0과 일 4.0을 통해 기술과 고용 그리고 사회제도와의 관계를 동시에 고민하고 있다. 또한 기술혁신으로 인한 고용의 유연화 문제에 직면할 수밖에 없음을 인지하고 있다.

독일이 기존의 피고용인을 중심으로 한 전략에만 초점을 두고 있는 것은 아니다. 독일은 그동안 소외되어왔던 자영업자를 보호하고 사회안전망을 마련하는 데 신경을 쓰고 있다. 자영업자의 안정적인 생활을 위한 전제조건은 적절한 소득이다. 그들은 법정 최저임금도 적용받지 못하는 경우도 많고, 향후 디지털 플랫폼에서 발생할 가격 경쟁의 위험에서 자유롭지 못하다. 따라서 연방정부는 자영업자들이 개인이기는 하지만 단체교섭권을 지원하고, 직원의 개념으로 접근해 보호와 조정의 혜택을 받을 수 있는 장치를 마련할 계획이다. 이러한 제도를 통해 고용과 자영업의 경계선에 놓인 수많은 노동자들이 좋은 노동조건으로 보호받고 양질의 복지서비스를 받을 수 있도록 할 계획이다. 여기에는 기존의 독일 사회보장체계를 유지하면서 대처하려는 의도가 엿보인다. 종합적으로 일 4.0은 계획에 가깝지만 독일이 지금까지 유지해왔던 사회적 제도인 합의체제 및 사회보장, 숙련 시스템을 적극적으로 활용해 기술혁명을 맞이하려고 하는 특징이 발견된다.

## 4. 기술혁명, 고용 그리고 사회보장

### 1) 기술혁명과 고용의 미래: 요약과 변수

앞선 문헌연구와 세 가지 사례연구를 통해서 본 기술혁명과 고용의 미래는 다음과 같이 정리될 수 있다. 첫째, 기술 발전이 일자리에 위협적 요소라는 사실에는 큰 이견이 없지만 '고용의 종말'을 논하기에는 너무 이르다. 선진국의 경우 기술혁명은 이미 시작되었으며 고용의 변화도 시작되었지만, 고용률이 줄어드는 증거를 찾기는 어렵다. 〈그림 2.4〉에서 보는 바와 같이 대부분의 국가에서 고용은 오히려 증가하고 있으며, 영국의 경우 통계청이 공식 고용 통계 이후 최근 고용이 최대치를 기록하고 있다고 보고했다. 그만큼 사라지는 직업도 있지만 그 이상의 새로운 직업들이 계속 나타나고 있다는 것이다.

둘째, 비반복적 일자리나 숙련도가 높은 일자리가 증가하거나 생존할 것이다. 특히, 반복적 업무나 일상적인 직업이 사라질 가능성이 제일 높다고 보고되고 있다. 한국에서도 무인 스토어의 증가나 핸즈페이(손바닥 결제) 등의 기술 발전으로 인해 상당수의 반복적 업무를 하는 직업이 곧 사라질 것으로 보인다. 하지만 반복적 업무가 많은 직업이 단순히 저소득층 일자리가 아닐

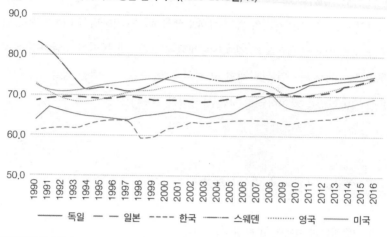

그림 2.4   OECD 주요국 고용률 변화 추이(1990~2016년, %)

90.0

80.0

70.0

60.0

50.0

1990 1991 1992 1993 1994 1995 1996 1997 1998 1999 2000 2001 2002 2003 2004 2005 2006 2007 2008 2009 2010 2011 2012 2013 2014 2015 2016

―― 독일   ― ― 일본   ---- 한국   ―·―· 스웨덴   ········· 영국   ―― 미국

자료: OECD Labor Force Statistics.

수 있으며 중산층 일자리일 가능성도 높다는 주장이 제기된 바 있다. 오히려 비반복적이거나 신체 노동을 필요로 하는 저소득 직업은 기술로 쉽게 대체되지 않을 수 있다. 플랫폼 일자리 역시 이러한 패턴에서 벗어나지 않을 것이다. 반면 반복적이고 단순한 일은 대체될 가능성이 높다. 우버가 그리는 장기적 비전처럼 자율주행차로 운행하는 시대가 도래할 경우 현재 온디맨드 일자리로서 가장 일반적인 배달이나 운송에 관련된 일자리는 상당 부분 대체될 가능성이 높다.

셋째, 자동화나 기술혁명이 직업job 자체를 당장 대체하고 없애기보다는 직무task를 대체하면서 고용 자체를 줄이지 않을 수 있다. 이 논의에서는 두 가지 변수가 있다. 먼저, 직무를 대체할 때 인간이 비숙련 보조 역할을 할지 혹은 여전히 숙련 주도적 역할을 할지에 관한 것이다. 이에 따라서 일자리의 질에 차이가 날 것으로 보인다. 독일의 사례가 후자에 가깝다면 자율주행차를 보조해서 일을 하는 경우는 전자에 해당할 것이다. 또 다른 변수는 초지능화의 진행 속도다. 빅데이터, 알고리즘 등 방대한 정보를 처리하는 초지능화가 이루어지면 중간 일자리뿐만 아니라 다양한 기술의 융합으로 인해 의료, 법률 등 기존에는 대체될 수 없다고 예상되던 업무들까지 영향을 받을 것으로 보인다(오석현, 2017). 이 경우에도 인간이 여전히 직업을 유지할 가능성은 높지만 어떤 위치를 점하느냐에 따라 일자리의 질에 차이가 나타날 것이다.

넷째, 디지털 플랫폼의 발전은 새로운 형태의 고용을 창출할 것이다. 특히 전통적인 고용관계가 아닌 플랫폼을 기반으로 하는 독립노동자가 증가할 것이라고 다양한 보고서들이 예측하고 있다. 단순한 일자리를 넘어서 크라우드 워크를 통해 한 나라를 벗어나 새로운 독립적 고용관계를 창출할 수 있으며, 개인들은 프리랜서로 여러 가지의 미니 직업들을 수행할 가능성도 있다. 이러한 변화들은 전통적 고용관계에 기반한 여러 사회경제적 제도와 사회보장제도에 근본적인 도전 요인이 될 것이다. 다만 앞서 논의한 바와 같이 AMT 같은 일이 단순 업무를 넘어서 숙련도가 높은 직무까지 포괄하는 일반적 형태가 될지는 여전히 의문이다.

다섯째, 기술혁신이 고용에 미치는 영향으로 인해 현재의 직업 및 소득의 양극화와 불평등은 더욱 심각해질 가능성이 높다. 현재 미국 사회에서 상위 5%가 전체 부의 80%를 차지하고 상위 1%가 전체 부의 절반을 차지한다는 통계가 분배의 문제에 경종을 울리고 있다. 중위소득은 1975년 이래로 거의 증가하지 않은 반면에 전체 1인당 GDP는 거의 두 배 가까이 증가했다. 이는 한편으로는 불평등의 증가를 보여주고, 다른 한편으로는 낮은 GDP나 생산성이 아니라 성장 혜택의 수혜자 문제와 연관된다. 한 연구에 따르면, 1947~2000년에는 GDP 내 노동점유율이 평균 64.3%였으나 2010년 3분기의 몫은 57.8%로 하락했다(Brynjolfsson & McAfee, 2014). 앞으로도 재분배 문제는 지속적으로 중요한 이슈가 될 가능성이 크다.

마지막으로 기술의 영향력은 나라마다 상이하게 나타나고 있으며, 고용에 대한 영향력이나 양극화 현상도 국가들 사이에 수렴되지 않을 것이다. 이는 다양한 차원에서 설명되고 있다. 먼저, 국가별 산업, 직업, 교육 수준에 따른 자동화의 영향으로 설명되는 부분이다. 예를 들어, ICT 발전과 자동화가 이미 민감하게 상당 부분 추진된 한국 같은 국가에서는 자동화로 인한 일자리 대체 위험이 상대적으로 낮을 수 있다는 주장이 제기될 수 있다. 한국의 이른 자동화는 한국의 기존 숙련체제를 반영한 결과이기도 하다. 기술혁명이 국가 간 수렴보다는 분화를 초래할 가능성에 대해서는 과거의 산업혁명이나 탈산업화 등을 복기해보면 알 수 있다. 유사한 기술 발전과 산업구조 변화에 대한 압력에 놓여 있었고 그때마다 복지국가가 일정 방향으로 유사하게 움직일 것이라고 예상된 바 있다. 하지만 여전히 복지체제별 논의나 제도의 중요성을 강조하는 신제도주의 이론은 그 위력을 잃지 않고 있다. 그만큼 국가마다 고용체제의 차이, 불평등의 차이, 사회보장제도의 다양성이 지속적으로 유지되고 있는 것이다.

그런 점에서 기술혁명이 고용과 사회보장에 어떤 결과를 가져올지는 사회에 따라서 상당히 차이가 존재할 수 있음을 알 수 있다. 어떤 요인이 기술혁명의 차이를 가져오는 주요한 변수가 될까? 첫째로 가장 중요한 변수는 현재 존재하는 제도 자체다. 고용에 미치는 영향과 관련해서 해당 사회의 가치와 규범을 반영하는 제도의 중요성은 분명하다. 미국의 논의에서 찾아볼 수 없었던 독일 '일 4.0'에서 발견된 노사 합의의 중요성이나 사회보장에 대한 강조는 미국과 다른 독일 사회의 제도를 반영한 결과다. 반면에 혁신으로 인한 위험 요인보다 혜택 요인에 주목하고 탈규제에 익숙한 미국은 AMT나 우버 등에 대한 사회적 논의가 제도적 차원으로는 이루어지지 않고 있다. 노사 합의나 정치를 통해서 이루어지지 않고 법원의 판례를 통해서 정책이 형성되는 미국의 방식이 우버 등에 대한 규제에서도 동일하게 발견되고 있다. 이처럼 현재의 제도는 미래 기술혁명의 영향을 가늠하는 잣대다.

둘째, 각 정부의 규제다. 우버 사례나 최근 가상화폐의 사례에서 보듯이 기술혁명과 플랫폼 고용 등의 영향 범위는 국가정책에 따라서 상당히 달라질 수 있다. 자동화의 속도나 일자리 변화의 영향이 크지 않을 것이라고 예상하는 입장에서는 신기술의 상용화 과정에서 경제적 고려나 법적 절차를 거치게 되면서 그 속도가 빠르게 진행되기 어려운 현실의 여건을 지적한다. 특히, 보네폴 등(Bonnefon et al., 2016)은 새로운 기술을 적용하는 과정에서 윤리적인 문제와 법제도의 한계에 부딪힐 수 있다고 말한다. 자율주행차에서 사고가 발생했을 때 누가 책임을 져야 하는지, 노인 돌봄이 노동집약적인 서비스 분야이기는 하나 단순히 기술적인 자동화로 대체될 수 있는지에 대한 사회적 가치societal value 측면에서 논란이 남아 있기 때문이다. 그렇기 때문에 자율주행차를 허가할 수는 있지만 운전자가 아예 타지 않은 무인 자율주행차의 상용화에 대해서는 회의적인 시선이 존재한다. 무인 자율주행차의 상용화 여부는 분명 국가의 선택에 달려 있다.

셋째, 고용 관련 문헌에서 가장 강조되는 또 다른 변수는 사회투자다. 숙련과 비반복적 업무의 핵심 요소는 미래로 갈수록 창의성과 관련된다. 유연하게 새로운 업무를 만들어내고 자동화가 들어온 자리에 새로운 인간의 업무를 발견해 노동을 개발하면 노동의 종말은 쉽게 오지 않을 것이다. 즉, 신기술이 도입되더라도 노동자는 직무를 바꿔 적응해가므로 대량의 기술 실업을 미연에 방지할 수 있다는 관점에서 보면 교육은 중요한 요소다. 아우터 등(Autor et al., 2003)은 기술을 보완할 수도 있고 다른 영역에서 인간의 역할이 필요하다고 지적했으며, 중간층 일자리가 없어질 가능성이 높아도 새로운 직무와 결합하면 단순히 사라지지는 않을 것이라고 지적했다. 하지만 아우터(Autor, 2015)는 노동자들이 그러한 역할을 수행할 수 있게 하는 교육제도와 직업훈련제도가 미국에 갖추어져 있는지에 대해서는 의문을 제기했다.

## 2) 복지국가에서 기술혁명으로

현재 기술혁명과 복지국가에 대한 논의는 과도하게 기본소득이냐 아니냐에 대한 논의로 환원되는 경향이 있다(김교성, 2016; 김영순, 2017; 백승호, 2017; 조남경, 2017). 기본소득을 주장하는 이유는 이 제도가 주창하는 자유에 대한 가치, 현 복지국가의 문제점, 노동의 종말 등 다양하다. 자유에 대한 가치나 오늘날 한국 복지국가의 문제점은 충분히 공유할 수 있는 지적이지만, 앞서 살펴보았듯이 아직 노동의 종말을 언급할 단계는 아니다. 기본소득은 중요한 선택지이지만, 기술혁명을 대응하는 복지국가의 개혁 논점이 기본소득 논쟁으로 모아지는 것은 문제가 있다. 왜냐하면 기술혁명이 고용과 계층구조에 미치는 영향은 복합적이고 부분적으로 불확실하기 때문이다. 일부 학자들은 여전히 고용에 방점을 두기도 한다. 최희선(2017)은 일자리보장정책이 기본소득 정책보다 선행되어야 하며, 4차 산업혁명으로 인해 일자리의 전면적 파괴가 이루어질 경우를 대비해 기본소득도 논의해야 한다고 주장했다. 박가열 등(2016)은 기술 변화에 따라 한국의 일자리가 어떤 영향을 받을지를 세분화해 분석한 다음 단기적으로는 미래 일자리를 예측하고 전직을 유도하는 방안을, 장기적으로는 고용과 노동에 연관된 교육정책 및 복지정책과 연계되는 해결책을 도입해야 한다고 주장했다.

지금까지의 논의들을 종합하면 사회보장제도까지 이르는 경로를 〈그림 2.5〉와 같이 정리할 수 있다. 기술혁명은 직업 대체 혹은/그리고 직무 대체를 할 수 있다. 직무를 대체할 경우 노동자가 숙련의 위치에 있는 비중이 높다면 중산층으로 남을 가능성이 높지만, 기술이 숙련을 대체해 비숙련 일자리로 전락하는 비중이 높아지면 양극화 시나리오로 갈 가능성이 높다. 직업을 대체할 경우에도 그만큼 새로운 고숙련 창의적 일자리가 증가하면 중산층이 유지되거나 강화될 수 있지만, 새로운 일자리 성장이 더디면 양극화로

그림 2.5 기술혁명을 중심으로 한 기존 논의

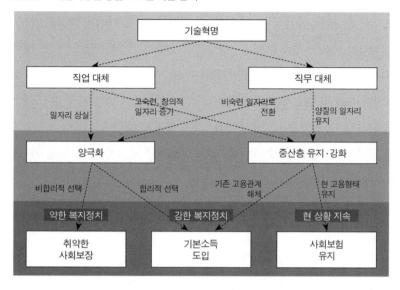

그림 2.5 기술혁명을 중심으로 한 기존 논의

이어질 가능성이 높다. 상대적으로 중산층의 유지가 가능해질 경우 기존 고용관계가 유지되면 기본소득이라는 거대한 전환 없이 사회보험을 유지하거나 발전시키는 것이 바람직할 수 있다. 우버 등의 플랫폼 노동자가 지속적으로 노동자성을 인정받는 경우도 이 시나리오에 해당될 수 있다. 반면에 기존의 고용관계가 해체되는 시나리오에서는 사회보험이 더 이상 유효하지 않고 기본소득이 바람직할 수 있다. 양극화 시나리오에서는 사회보험이 제대로 작동되기가 쉽지 않기 때문에 사회적 합의를 통해서 기본소득으로 이행하거나 취약한 사회보험을 내버려두는 선택이 가능하다.

이러한 사고실험은 복지국가제도를 종속변수로 보고, 기술혁명의 속성과 고용에 미치는 영향에 따라서 복지국가 개혁의 방향성에 대한 입장을 가진다. 하지만 이 사고실험에서는 기술이 고용에 미치는 영향, 어떤 형태의 고용이 생존하고 없어질지, 어떤 정치적 요인에 의해서 제도의 변화가 일어날지에 대한 불확실성이 너무 높다. 또한, 한 시나리오만을 가정해 그것을 미래라고 상정한 다음 사회보장제도의 방향을 주장하는 것 역시 합리적이지 않다. 예를 들어, 기술혁명으로 인해 발생하는 노동시장의 '양극화'는 극복할 수 없겠지만 복지 정치가 잘 작동해 기본소득이 도입될 것이라는 가정이다. 이 가정에서는 기본소득을 도입할 수 있는 복지 정치가 왜 양극화를 해소할 수 있는 정치로는 작동하지 않았는지를 먼저 고민해볼 필요가 있다. 또한 이러한 논의에서는 '기술혁명'이 얼마나 친-노동 성격으로 진행될지, 사회투자제도들이 숙련과 창의적 일자리를 유지하는 데 얼마나 기여할지 등에 대해서는 상당히 무관심하다.

'기술혁명→고용→복지국가'로 진행되는 사고실험은 복지국가 개혁 입장에서는 불확실성의 한계가 있기 때문에 새로운 사고가 필요하다. 〈그림 2.6〉에서 제시하는 사고실험은 복지국가를 종속변수로 두지 않고 기술혁명을 이끄는 적극적인 독립변수로 가정한다. 인적자본에 대한 적극적인 사회투자, 창의적인 인력들이 자유롭게 활동할 수 있는 노동시장 개혁, 그리고 노동시장에서의 도전을 지지해주는 두터운 사회보호가 복지국가의 핵심이다. 여기에서는 보편성과 탈상품화의 적정한 수준을 가정하고 있다.

이러한 복지국가는 세 가지 차원에서 기술혁명에 긍정적이다. 첫째, 더 많은 창의적 인재를 양성할 수 있다. 벨 등(Bell et al., 2017)의 미국에 대한 연구를 보면 경제적으로 안정적인 삶을 누린 사람들이 혁신가가 될 가능성이 훨씬 높음을 보여준다. 'Lost Einsteins'이라고 알려진 이 연구 결과는 어릴 때 똑같이 수학성적이 높았어도 경제적 상황이 좋았던 아이들이 그렇지 않은 아이들에 비해서 혁신가가 될 확률이 훨씬 높음을 알 수 있다. 심지어 성적이 좋지 않았던 아이들 중에서도 부모의 소득이 높을 경우 특허를 내는 비율이 높음을 알 수 있다. 다시 말해, 안정적인 배경과 혁신과 창의를 지원해줄 수 있

그림 2.6  복지국가를 중심에 둔 새로운 사고실험

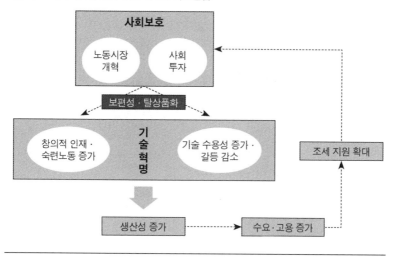

는 배경을 가진 아이들이 미래에 더욱 성공적이고, 혁신성과 창의성을 가진 아이들이더라도 경제적 배경이나 젠더 효과 때문에 그렇게 되지 못하는 경우가 많다는 것이다. 이러한 인적자본 손실은 노령화나 고용의 미래를 생각하면 심각한 이슈가 될 수 있다. 이와 유사한 결과를 국가 단위의 연구에서도 찾아볼 수 있다. OECD 국가에서 복지와 혁신(특허출원율)의 관계를 검토한 구교준 등(2017)의 연구를 보면 복지지출이 높은 국가에서 혁신이 더 높게 나타났다는 것을 증명하고 있다. 그 원리를 이론적으로 설명하면 행복한 개인일수록 일상생활에서 접하는 문제에 대해 창의적인 해결책을 보다 잘 만들어내고, 이와 유사하게 부정적인 기분을 나타내는 사람일수록 새로운 아이디어에 대한 저항이 강하다는 것이다(MacLeod, 1973; Gasper, 2004; 구교준 외, 2017 재인용).

둘째, 다양한 평생교육과 숙련을 유지하거나 새로운 기술을 습득할 수 있는 국가학습체제를 만들면 기술이 직무를 대체하더라도 노동이 보조적 역할보다는 주도적 역할을 할 가능성이 높아진다. 셋째, 안정된 사회보호체계는 기술 변화에 대한 수용성을 높여줄 수 있다. 두터운 사회보장이 없는 국가에서는 노동을 유연화하거나 새로운 기술을 바탕으로 한 산업이나 서비스가 들어오려고 할 때 국민들이 저항할 수밖에 없다. 자신들의 생계와 직결되기 때문이다. 한국의 경우 매번 새로운 기술이 기존의 일자리를 위협할 때마다 저항에 부딪힐 가능성이 높다. 이는 단순히 노동시장 개혁의 문제가 아니며 사회보호 수준이 낮기 때문에 오는 문제이기도 하다. 북유럽의 사례는 정확히 한국과 반대의 모습을 보여준다. 기술의 수용성을 높이는 개혁을 하면 생산성이 증가하는 동시에 수요와 고용이 증가할 가능성도 높아진다. 수요와 고용이 증가하면 조세수입이 증가할 수 있고, 이는 다시 튼튼한 복지국가의 재원으로 활용될 수 있다. 그런 점에서 복지국가와 분배체계의 혁신에서 출발하는 것이 기술혁명과 고용에도 긍정적일 수 있다.

### 3) 복지국가 개혁의 핵심 쟁점

이 장은 구체적인 복지국가 개혁의 로드맵을 제시하기보다는 개혁 방향과 핵심 과제에 대해 논의하는 것을 목적으로 하고 있다. 앞서 논의했듯이 혁신과 숙련을 가능하게 하는 사회투자와 노동시장 개혁, 기술혁명을 인간적으로 변모시키기 위한 더욱 복지 친화적인 제도 구축, 이를 위한 사회 합의 체계 구축 등이 모두 중요하다.

첫째, 기술혁명 시기에도 새롭게 일자리를 만들어내고 또 사람들이 새로운 일자리에 적응할 수 있도록 지원할 수 있는 사회투자정책과 체계가 필요하다. 최근 한국은 사회투자 가운데 중요한 정책인 가족정책에서 괄목할 만한 성장을 이루었다. 무상보육과 더불어 최근의 아동수당 도입 논의까지 이 분야의 정책은 빠르게 확장되고 있다. 이와 함께 관련 지출도 지속적으로 증가해 2000년 GDP 대비 0.1%에서 2014년 1.1%로 급격히 증가했다. 하지만 노동시장에서 개인들이 숙련 수준을 유지하고 생애 주기적으로 질 좋은 고용을 찾는 데 필요한 정책은 매우 미비하다. 적극적 노동시장정책의 지출은 같은 기간 0.4%에서 0.5%로 거의 상승하지 않았다(OECD). 교육지출은 꾸준히 증가했지만 여전히 사교육에 의존하는 비중은 OECD에서 제일 높은 편에 속한다. 사회투자에 대한 대대적인 투자가 필요한 시점이다.

하지만 단순히 양적인 확충이 아니라 질적인 변화와 개혁이 필요하다. 여전히 한국은 'know-how' 교육보다는 'know-what' 교육에 집중되어 있고, 숙련과 인적자본을 확충하기보다는 지위 경쟁positional competition에 매몰된 경향을 보인다. 대학이나 취업 같은 '관문'을 위한 투자에 집중하고 안정을 위한 지위 경쟁에 매몰될 경우 비반복적 업무에 대처하고 적응할 수 있는 창의성을 기대하기는 어렵게 된다. 노동시장에서 생산적이고 비반복적 업무를 대처하고 생산할 능력이 없어지면 고용의 총량은 줄어들 가능성이 커진다. PIAAC 자료를 활용해 인적자본 감가상각률을 계산한 반가운(2018)에 따르면, 한국은 여타 OECD 국가들과 달리 고용자의 경우 실업자보다 감가상각률이 더 높다. 즉, 일을 할수록 숙련도가 더 떨어지는 것이다.

여기에서는 현재 진전이 이루어지고 있는 가족정책보다 교육정책에 관련해 몇 가지 제언을 하고자 한다. 교육의 경우 변화하는 노동시장에서의 적응력과 창의력을 어떻게 키우는지가 핵심적인 주제가 될 것이다. 이러한 능력이 있어야 배움으로 얻어진 숙련을 활용하고 응용해 비반복적이고 창의적인 노동이 가능해질 것이기 때문이다. 초·중·고등학교의 경우 더욱 수평적이고 프로젝트에 기반한 교육이나 자유학기제 등을 통해서 좀 더 실질적으로 본인이 원하는 진로를 탐색할 수 있도록 하는 일이 중요할 것이다. 입시 역시 현재 공정성 시비가 있는 학생종합평가를 폐지하기보다는 효과적인 중장기보완책을 마련해 입시에 매달리지 않고 자신의 능력에 따라 투명하게 원하는 공부를 할 수 있도록 지원하는 일이 필요하다.

성인을 위한 교육체계는 더욱 중요하다. 숙련이 더욱 빨리 줄어들기 때문에 실질적인 재교육을 받을 수 있는 기회가 의무교육처럼 도입될 필요가 있다. 전 국민이 생애 주기 동안 1년은 일정 정도 생활수당을 받으면서 재교육을 받을 수 있는 시스템을 구축해야 한다. 중고령자층에 이르러 비숙련 상태로 자영업에 진입하는 것을 최대한 막고, 재직한 상태에서 숙련을 개발해서 같은 직렬이나 다른 직장으로 옮길 수 있도록 부분 실업급여의 제공도 고려해볼 만하다. 즉, 직장을 다니면서도 숙련 저하로 재교육을 받게 될 때 임금 손실 일부를 보존하기 위해 실업급여를 받을 수 있는 체계를 도입하는 방안이다. 이와 관련해서 교육제도의 지속적인 개편이 필요하다. 하지만 그 자체에 대한 개혁으로 교육 문제가 해결되지는 않을 것이다. 노동시장에서의 격차를 줄여주고 충분한 사회보호 시스템이 마련되어야 지위 경쟁이 약화되기 시작할 것이다.

둘째, 노동시장 개혁은 기술혁명의 긍정적 효과를 증가시키는 데 핵심적인 요인이다. 숙련을 아무리 높여도 권위적이고 서열을 중시하는 노동시장에서는 그다지 효과가 없을 수 있다. 한국의 노동시장은 여전히 일하는 사람들에게 재량이 없고 수직적 명령에 의해 움직이는 위계적 문화와 오랜 근무시간 등으로 대표된다. 실제로 2012년 세계가치관조사World Value Survey에 따르면, 한국은 반복적 업무보다 창의적 업무를 하고 있다고 응답한 비중이 스페인을 제외하고 가장 낮은 30% 수준이다(스웨덴, 네덜란드, 뉴질랜드가 50% 이상). 이러한 속성이 일을 할수록 숙련도가 떨어지는 현상에 기여한다. 자신이 직접 업무를 파악하고 재량을 가지고 발전해나갈 수 있는 여지가 없으면 주어진 대로 일할 수밖에 없다. 이처럼 주어진 대로 일하는 능력은 사람보다 인공지능이 더 잘 할 수 있는 영역이다. OECD 국가들 중에서 한국이 미국과 멕시코 등과 함께 저임금 근로자 비중, 노동시장 임금 불평등, 근로시간이 가장 높은 국가라는 사실은 잘 알려진 사실이다. 이러한 구조는 노동비용을 줄임으로써 단기적 이익을 기업들에게 줄 수 있을지 모르나 일·가족 양립에 매우 부정적이다. 일·가족 양립의 어려움은 경력 단절로 이어지고, 이는 다시 높은 성별 임금격차로 연결되어 여성의 노동시장 진출을 가로막는다. 또한 창의적이고 비반복적 업무에 대처하는 능력을 높이기 어려울 것이다. 현재 한국의 저출산 현상이나 지난 10년 동안 가족정책의 급속한 확충에도 불구하고 여성 고용에서 큰 변화가 일어나지 않는 것은 이러한 노동시장에 근본적 원인이 존재한다고 할 수 있다. 기술혁명이 고용을 줄이려는 압력을 이겨 내기 위해서는 노동시장 내에 있는 행위자들 사이에서, 즉 기업-기업, 기업-개인, 개인-개인이 수직적 관계보다는 수평적 관계가 될 수 있도록 변화의 노력이 필요하다.

노동시장의 문화를 변화시키기 위해서는 기업의 역할이 중요하고 노사정의 합의가 중요하다. 정부의 정책으로 개입하기에는 한계가 있는 영역이다. 기업의 입장에서는 권위와 서열에 의존하는 것이 개인에게는 좋지 않지만 단기적으로 기업에게 유리할 수 있기 때문이다. 그럼에도 공공 부문이나 관련 영역부터 변화가 필요하다. 우선, 과도한 성과 관리 시스템을 변화시키는 행정 개혁이 필요하다. 이 시스템은 일면 자유주의적 행정 개혁에 기원을 두고 있지만 개인의 재량을 줄이고 권위적 시스템에 종속시키는 역할도 한다. 직무 중심의 직제 개편 같은 수평적 조직을 만들기 위한 별도의 행정 개혁이 필요하고, 한국 사회에 '난무'하고 있는 평가 시스템도 체계적으로 줄여나가야 한다. 또한 노동시장의 '시간'과 관련된 유연화 개혁을 지속적으로 추진할 필요가 있다. '계약'만 유연하고 '시간'의 유연성이 보장되지 못하는 노동시장은 일·가족 양립에 장벽이 된다. 또 계약의 불안정성은 개인의 창의성과 자율성 발휘를 제한할 것이다. 하지만 혁신적 경제로 이행되는 과정에서는 장기적으로 계약의 유연성이 불가피한 측면도 있다. 소규모 스타트업 기업들에게 '정규직화'를 강요하기는 어렵다. 오히려 노동의 외주화가 강화될 수 있기 때문이다. 하지만 계약의 유연성은 노동시장 차별에 대한 엄격한 규제와 튼튼한 사회보호, 적극적 노동시장정책 위에서 진행되어야 할 것이다. 나아가 플랫폼 노동과 관련해 '노동자성'을 적극적으로 해석하면서 '책임 회피'성 노동관계 해체에 대해서는 적극적 단속이 필요하다.

셋째, 여전히 사회보호, 즉 사회보장제도는 중요하다. 사회보장제도는 기본적 사회권을 제공하는 차원에서도 중요하지만 기술혁명 시기에 창의적 인재를 만들어내는 데도 결정적인 역할을 할 수 있다. 한국은 혁신을 위한 조건이 여러모로 좋지 않다. 알다시피 OECD 국가들 중에서 한국의 행복 수준은 매우 낮다. 불안정성이 높다 보니 개인들은 새로움이나 혁신보다는 반복적이지만 안정된 것을 찾는 데 몰두하는 경향이 있다. 최근 2017년 사회조사에서 중학생과 고등학생 모두 최고 선호하는 직업은 공무원이었고, 대학생은 공기업이 공무원보다 살짝 높았으며 둘을 합하면 거의 50%에 육박한다(통계청, 2017). 문과는 공무원, 이과는 과학자보다 의사를 선호하는 불안정한 사회에서 새로운 직업을 창출하고 자신의 일을 변화시키려는 혁신을 기대하기는 매우 어려울 것이다. 그런 점에서 한국의 사회보호는 혁신적으로 강화될 필요가 있다.

그렇다면 어떤 사회보호제도를 구축해야 하는가? 미래에는 전통적 고용관계에 해당되지 않는 새로운 고용과 일이 생겨날 것이고, 하나의 일보다는 하나 이상의 일을 하는 사람들이 증가하며, 한 직장에서의 평생 고용보다는 유연화된 노동시장에서의 고용이 증가할 것으로 보인다. 이러한 변화들은 새로운 현상이 아니다. 이미 시작된 변화이며 탈산업화를 경험하면서 대응을 고심해온 부분이기도 하다. 그럼에도 앞서 논의한 바와 같이 여전히 미래 노동시장의 변화를 예측하는 것은 쉬운 일이 아니다. 하지만 제도와 정치는 생각보다 변화의 폭과 속도를 낮출 수 있다. 핵심은 미래의 변화와 관계없이 개인들이 변화에 창의적으로 적응할 수 있도록 돕는 폭넓고(보편성) 두터운 (탈상품화) 사회보호 시스템을 갖추는 일이다. 미래 삶의 불확실성 때문에 창의성의 발현이나 도전에 주저해서는 안 된다. 이는 의료비나 노후에 대한 걱정을 모두 포괄한다.

변화에 대처하기 위해서 복지국가들은 자산조사형 복지제도를 확충하면서 맞춤형 사회보장제도도 확충했다. 그 결과 더욱 많은 사람이 공공부조 같은 자산조사형 사회보장제도에 편입되었고, 이들을 '활성화activation'하기 위해 다양한 근로연계복지제도도 동시에 발전했다. 한국의 사회보장제도의 사각지대가 기본소득을 불러온 중요한 배경이었다면, 유럽의 경우 자유를 억압하는 조건부 급여가 기본소득의 배경이었다. 그런 점에서 소득에 관계없이 모두에게 적정한 소득을 제공하는 기본소득은 분명한 대안이 될 수 있다. 그럼에도 지금 바로 기본소득이 사회보호의 대안이 되기는 쉽지 않다. 아직 GDP의 10% 정도만 복지에 지출하고 있는 한국 현실에서 충분한 기본소득을 논하기는 사실상 불가능하며, 동시에 사회적 협의와 합의를 거치는 길도 험난하다. 또한, 1인당 30만 원 정도의 기본소득이 주어진다면 빈곤선에 미치지 못하는 사람들에게는 여전히 자산조사를 통한 조건부 급여와 근로연계복지가 그대로 남게 된다. 그렇다면 기본소득이 이전의 제도에 비해 어떤 장점이 있는지 파악하기 어려워진다. '기본소득' 자체가 사회보호의 목적이 아니라 수단이기 때문에 기본소득이 충분한 탈상품화를 제공할 수 있는 수준이 될 수 있을지의 여부가 보편성만큼 중요하다. 그 정도의 복지 정치 여력이 없다면 기본소득은 위험한 결과물이 될 수 있다.

그런 의미에서 모두에게 두터운 사회보장을 만들어가면서 장기적인 고용변화에 대비하는 일이 바람직하다. 구체적인 첫 방향으로 아동수당이나 기초연금 같은 보편적 수당제도를 확충할 필요가 있다. 현재와 같이 선별적으로 제공하기보다는 보편적으로 제공하면서 수당을 과세 범위 안으로 가져오는 것이 더욱 적당하다. 또한 기초연금과 같이 국민연금 기여 기간에 비례해 감액하는 방안보다는 기초연금의 사회권적 성격을 분명히 하고 국민연금으로부터 독립시킬 필요가 있다. 기초연금은 빈곤선에 초점을 맞춰 보편적으로 제공하면 한국의 노인 빈곤 문제를 크게 해소할 수 있다(현재 약 50만 원 수준). 국민연금은 급여 수준을 올리기보다는 보험적 성격을 분명히 하고 보편적 성격을 강화하는 방향으로 이동하고, 특수직역연금도 장기적으로 통합되는 방향으로 이동해야 한다.

아동수당은 일하지 않는 아이들에게 권리로서 주어질 필요가 있다. 현재 0~5세까지로 제한되어 있는 아동수당을 전 아동에게 확대할 필요가 있다. 적정한 아동수당이 주어지면 아동이 있는 가족에게는 안정적인 사회보호 수단으로도 작용할 것이다. 청년에 대한 수당도 고려할 필요가 있다. 청년들 상당수가 여전히 대학에서 교육을 받고 있는 현실을 고려할 때 그 시기의 지원을 고려해볼 수 있다. 또한 대학을 가지 않은 학생들이 있을 수 있기 때문에 형평성을 고려해 대학교육 연령까지 모두에게 수당을 제공하는 방안을 중장기적으로 계획할 필요가 있다. 다만 청년 시기에 수당의 형태가 좋을지 아동발달계좌child development account와 같이 자산 형성을 도와 청년 시기를 시작할 수 있게 하는 것이 좋을지는 연구가 필요하다. 이 외에도 현 '문재인 케어'가 추구하는 바와 같이 의료비 내 본인부담금의 실질적 감소와 재난적 의료비에 대한 적극적인 대책 역시 탈상품화 수준을 높이는 사회보호 개혁이 될 것이다.

## 5. 새 술은 헌 부대에?

40여 년 전 세계화의 물결이 다시 지구적으로 빠르게 다가올 때 지구화의 영향력이 복지국가를 얼마나 변화시킬지에 대한 논쟁이 진행된 바 있다. 많은 사람이 복지국가가 수렴될 것이라고 예상했고, 복지국가가 더 이상 지속되지 못하고 해체될 것이라고 예상한 사람들도 있었다. 그 논쟁에서 얻은 교훈은 무엇인가? 첫째, 복지국가가 해체될 것이라는 우려는 과도했다는 점이다. 둘째, 복지국가는 수렴되지 않았으며, 그 당시 그 사회의 정치 및 제도적인 '체질'에 따라서 세계화의 영향은 다르게 구현되었다는 점이다. 셋째, 하지만 장기적으로 신자유주의적 세계화, 탈산업화, 고령화 등의 영향으로 인해 모든 국가에서 어느 정도의 복지 감축이 일어났고 대부분의 나라에서 불평등이 증대했다는 점이다.

기술혁명은 확실하지만 우버와 AMT 사례에서 나타난 바와 같이 기술혁명 자체와 그 영향에 대해서는 여전히 변수가 많다. 독일에서도 일 4.0이 어떻게 구현될지 장담하기 어렵다. 그럼에도 기술혁명의 여파 역시 세계화에 대한 논쟁에서 크게 벗어나지 않을 것으로 예측된다. 술은 새 것으로 바뀌었지만 사회적 위험과 당면한 핵심 이슈들은 여전히 새롭지 않다. 장기적인 방향에서 고용이 불안정해지고, 불평등이 증가하며, 전통적 고용관계가 해체될 수 있을 것이다. 하지만 미래는 단순히 주어지는 것given이 아니고 정치와 제도를 통해서 끊임없이 만들어가는 것이다. 그렇기 때문에 예상되는 방향predicted path이 미래가 아니고, 예상되는 방향을 바람직한 방향desirable path으로 바꿀 수 있다면 그것이 미래인 것이다. 이러한 맥락에서 사회보장제도는 단순히 기술혁명과 고용 변화의 종속변수가 아니다. 오히려 여기에 영향을 주고 기술혁명의 성격과 고용 변화의 질을 결정지을 수 있는 중요한 토대이자 독립변수가 될 수 있다. 바람직한 미래를 원한다면 지금 가장 이상적인 복지국가제도를 만들면서 미래를 맞이할 필요가 있다. 든든한 복지국가가 기술혁명의 혜택을 확대하면서도 이를 사회적으로 바람직하게 변화시킬 수 있다.

# 제 3 장

# 보편적 복지국가는 한국의 미래인가?

강욱모

## 1. 들어가는 말

2010년 지방선거에서 무상급식이 주요 쟁점으로 부각된 것을 계기로 한국에서도 보편적 복지국가론이 복지 논쟁의 핵심 의제로 부상했다. 한편에서는 보편적 복지국가야 말로 현재 한국이 당면한 사회적 위기를 해소할 수 있는 유일한 길이라고 주장하는 반면에 다른 한편에서는 보편적 복지국가는 가능하지도, 바람직하지도 않다고 주장한다. 정치권에서 선거 전략의 일환으로 시작된 보편적 복지국가 논쟁은 '복지국가 소사이어티'를 비롯한 시민사회단체가 이어받아 '보편적 복지체계의 확립'을 한국 사회복지의 나아갈 방향으로 설정하기에 이르렀다. 또한, 논의는 사회복지학계로 이어져 심도 있는 연구 결과들이 제시되기도 했는데(윤홍식, 2011a, 2011b; 김연명, 2011; 김영순, 2012), 이들 연구는 다의적으로 해석되고 있는 보편주의에 대한 개념 고찰과 함께 보편적 복지국가가 한국의 미래 전략으로 이어질 가능성을 탐색하는 데 역점을 두었다.

한국에서 복지 논쟁의 핵심 의제로서 보편적 복지국가론의 등장은 '보편적'이라는 용어의 의미가 단지 복지 프로그램의 포괄범위coverage 혹은 접근의 자격 조건entitlement을 가리키는 복지공여의 방법론적 원칙을 넘어서 한국 사회가 나아가야 할 일종의 대안체제를 염두에 둔 결과로 볼 수 있다(김연명, 2011). 만약 보편적 복지국가론을 미래의 대안체제로 상정하고 있다면, 기존 체제와 비교해 한국 사회가 당면하고 있는 경제적·사회적 문제들에 대응하는 최선의 전략이 될 수 있다는 논리적 근거뿐만 아니라 실행 가능한 대안이라는 점이 부각되어야 할 것이다. 물론 보다 많은 자원이 사회적 욕구 해결에 투입되고(Korpi & Palme, 1998), 표적화된 접근에서 문제시되는 수치심을 피하고, 사회경제적 보장을 증가하고, 보다 역동적인 경제에 기여한다는 점(Mkandawire, 2006) 등을 감안할 때 어느 누구도 보편적 복지가 한국 사회의 미래 전략이 될 수 있다는 점을 부인할 수 없을 것이다. 하지만 보편적 복지국가 체제의 구축은 말로는 쉬울 수 있지만 불충분한 자원, 만연한 비공식 경제, 높은 불평등, 높은 권력집중 및 취약한 제도 등 한국 사회에 산적해 있는 장애물들을 극복할 수 있는 방안을 함께 마련하지 못한다면 실현 불가능할 것이다.

이 장의 논의는 기존 논의들이 당위론적으로 보편적 복지국가론을 한국의 미래 복지 전략으로 설정한 것에 대한 비판적 시각에서 시작되었다. 물론 보편적 복지국가론이 한국 사회가 나아가야 할 지향점이라는 시각에는 이론이 없지만, 오늘날 한국의 정치적·경제적·사회적 현실과 기존에 구축된 복지체제 등을 감안할 때 이론적 차원에서 '만병통치약'이 되기에는 한계가 있을 뿐만 아니라 실현 가능성 차원에서도 단기적 목표가 아니라 먼 미래를 향한 전략으로 고려되어야 함을 강조하고자 한다. 따라서 이 장에서는 먼저 이론적 측면에서 복지 제공의 원칙으로서 '보편적' 복지의 의미를 다른 할당원칙들과 비교해 그 한계점들을 제시하고자 한다. 그리고 이러한 이론적 고찰을 바탕으로 한국 사회에서 보편적 복지국가의 실현 과정에서 예상되는 장애물이 무엇인지를 검토한다. 오늘날 한국 사회는 보편적 복지국가체제를 구축할 수 있는 전제조건들이 미비한 상태다. 또한 안토넨과 쉬필라(Anttonen & Sipilä, 2008)가 지적한 것처럼 "보편주의는 만병통치약이 아니다". 보편주의 자체만으로는 한국 사회가 당면한 문제들을 해결하는 데 한계가 있기 때문이다. 따라서 보편주의 내 선별주의, 그리고 공적 복지와 사적 복지의 합리적인 연계 체계 구축이 보다 적합한 전략이 될 수 있음을 제시할 것이다.

## 2. 이론적 논의

티트머스(Titmuss, 1987)가 언급한 바와 같이, 사회복지 영역의 주요 논쟁점 가운데 하나는 가난한 사람들에게 급여와 서비스를 제공하는 방법과 관련된다. 이에 대해 대체로 세 가지 접근방안이 전략적으로 제시되고 있다. 첫 번째 방안은 선별주의selectivism로서, 누가 가난하고 가난하지 않은지를 파악하기 위해 자산조사 내지 욕구조사라는 방법을 통해 표적화된 사람들을 대상으로 급여와 서비스를 제공하는 것이다. 하지만 이런 접근법은 타운센드(Townsend, 1976)가 지적한 바와 같이 "사회에서 우등과 열등이라는 위계적 관계를 구축해 가난한 사람들의 지위를 향상하기보다는 오히려 약화하며, 사회적 불평등을 완화하기보다는 오히려 심화하는 역효과를 가져올 뿐만 아니라 …… 불가피하게 수치심을 유발하는 사회를 구축"하는 한계를 가진다.

두 번째 접근방안은 연대solidarity로서, 사회에서 사람들 대부분은 가족, 공동체, 근로, 교육, 정부공여 등에 기초한 일련의 복잡한 사회적 관계의 일원이기 때문에 사회통합은 이들 사회적 관계에서 연결된 상호 책임과 지원의 네트워크에 의존한다는 것이다. 특히, 대륙 유럽의 사회정책은 사회적 관계의 일부가 되지 못해 배제된 사람들을 포함하는 연대의 점진적 확대에 의해 확립되었다는 것이다(Baldwin, 1990). 이러한 접근법의 한계는 가난한 사람들이 연대 및 상호 지원에 포함될 수 있지만 배세될 가능성도 있을 뿐만 아니라 (Paugam, 2004; Danson et al., 2012 재인용) 선별주의의 문제점으로 지적되는 사회적 분할social divisions이 아직도 상존한다는 것이다.

세 번째 접근방안은 보편주의universalism로서, 모든 사람에게 권리로서 급여와 서비스를 제공하는 것이다. 이는 소득과 관계없이 모든 사람에게 급여를 제공한다는 점에서 수치심을 유발하지 않을 뿐만 아니라 무엇보다도 포함적 inclusive이고 사회적 분할을 야기하지 않는다는 점에서 선호되는 방안이다. 하지만 보편주의는 매우 논쟁적이다. 이는 특히 부자들에게 급여를 제공하는 것과 관련된다. 부자들에게 급여를 제공하지 말아야 한다는 주장은 주로 정치적 우파 진영에서 제기되는데, 제도 실행에 많은 재정이 투입되기 때문에 단지 사회안전망을 제공하는 데 한정되어야 한다는 것이다. 또 다른 측면에서 좌파 신영은 부자로부터 가난한 사람들에게 보다 강력한 재분배를 결과할 수 있는 정책의 필요성을 주장하면서 보편주의를 비판한다(Danson et al., 2012). 이 장에서는 다의적으로 이해되는 보편주의의 개념을 다차원적으로 살펴봄으로써 보편주의에 대한 주요 논점과 그 한계점을 제시한다.


## 3. 복지정책에서 보편주의의 의미

### 1) 보편주의의 개념

복지정책에서 보편주의는 19세기 이래 분배적 원리로 논의되고 있음에도 불구하고 심지어 오늘날까지도 특정 사회정책 혹은 급여들이 보편주의로 간주될 수 있을지 여부에 대해 합의를 도출하지 못하고 있다. 그 이유는 가장 중요하게는 '보편적'이라는 용어가 상이한 준거 틀, 상이한 시대, 상이한 목적에서 사용된다는 사실에 기인한다(Kildal & Kuhnle, 2005). 안데르센(Andersen, 2012)은 보편주의에 대한 상이한 개념들은 다음의 특징들을 포함하는 계층구조로 배열될 수 있다고 제시한다.

① 자격 및 자격조건eligibility and entitlements은 문제 혹은 자유재량matter or discretion 이 아니라 권리들로 분명히 규정된다.

② 규칙은 관련 수혜자가 될 수 있는 모든 시민/거주자에게 적용된다.

③ 급여의 재원은 일반조세에 의해 조달되며, 매우 드물게는 기여에 의해 조달된다.

④ 급여는 모든 시민에게 거의 균등하며, 어느 누구도 자산조사에 의해 배제되지 않는다.

⑤ 급여는 충분하다.

보편주의 대한 안데르센의 개념은 대체로 '대상'과 '급여'라는 두 가지 조건으로 정의되었는데, 다양한 논쟁점을 내재하고 있기 때문에 보다 구체적으로 살펴볼 필요가 있다.

(1) 대상

안데르센의 보편주의 정의에서 "자격 및 자격조건은 권리로 규정되고, 관련 수혜자가 될 수 있는 모든 시민/거주자에게 적용된다"는 문장에서 알 수 있듯이 보편주의는 그 대상으로 '모든 시민'을 포괄한다고 이해할 수 있다. 이를 통해 보편주의는 시민들 사이의 차별을 제도화하지 않으며, 빈자를 포함한 욕구가 있는 사람을 다른 시민과 분리하지 않는다(Titmuss, 1968a). 하지만 이러한 보편주의 개념 정의에 대해서 다음과 같은 몇몇 논란이 제기된다.

첫째, 대상자 선정 기준이 문제시된다. 쿠넬(Kuhnle, 1990: 15; Kildal & Kuhnle, 2002 재인용)과 핫랜드(Hatland, 1992: 23; Kildal & Kuhnle, 2002 재인용)는 '시민권'을, 팔메

(Palme, 1999: 9)는 '거주권'을 대상자 선정의 기준으로 보고 있다. 이처럼 보편적 복지국가에서 대상자 선정 기준의 차이는 개념적 혼란을 불러일으킬 수 있다. 특히 증가하는 이주자를 고려할 때 문제의 심각성이 클 것이다.

둘째, '모든 시민'을 포괄하는 보편주의적 복지 프로그램이 현실 사회에 거의 존재하지 않는다는 점을 감안할 때,[1] 보편주의를 단순히 대상의 포괄범위라는 기준으로 규정하는 것은 문제시된다. 예를 들어, 한국에서 실시되고 있는 기초연금제도는 65세 이상 노인의 70퍼센트를 대상으로 한다는 점에서, 그리고 2018년 9월부터 시행되는 아동수당은 소득인정액이 선정 기준액 이하인 소득가구의 만 6세 미만 아동을 대상으로 한다는 점에서 보편주의적 복지 프로그램이 아닐 것이다. 또한, 고용보험의 실업급여는 기여금을 내고 고용보험의 적용을 받는 노동자만이 수급할 수 있다는 점에서 보편적 복지 프로그램이 아니다. 나아가 경제적으로 활동적인 인구를 위한 보험에 기반한 정책들 또한 지불능력이 있는 사람을 대상으로 한다는 측면에서 볼 때 사실상 선별적이다. 이처럼 보편주의를 단순히 대상의 포괄범위로 규정하면 선별주의와의 구분이 모호해진다. 윤홍식(2011b: 171)은 "정책대상으로서 보편주의를 고정된 개념이 아닌 인구집단의 포괄범위에 따른 연속적 개념"으로 볼 필요성을 제시하면서, 인구사회학적 특성과 기여 여부에 따라 대상을 선별하는 복지정책을 넓은 의미에서 보편주의 복지정책으로 보아야 한다고 지적했다. 이러한 점에서 테르보른(Therborn, 1995: 97)은 보편적 권리를 "인간의 생의 주기에서 '그들이 처한 상황position에 의해 주로 구체화'된 사회적 서비스나 소득보장에 대해 모든 시민 혹은 거주자에게 자격을 주는" 것이라고 정의함으

---

1    모든 시민을 포괄하는 보편주의 복지정책은 반 빠레이스(Van Parijs, 2010)가 제안한, 어떤 조건도 없으며 모든 구성원에게 제공되는 기본소득이 거의 유일하다(윤홍식, 2011a: 59 재인용).

로써 보편주의에 선별주의 요소(즉, '그들이 처한 상황에 의해 구체화'된)를 부가했다. 이렇게 볼 때, 대상으로서 보편주의는 선별주의와 구분되는 개념이 아니라 선별주의에 의해 보완되는 개념이다.

끝으로, 보편주의는 선별주의의 특징으로 간주되는 '자유재량권'과 관련된다. 보편적 복지국가 또한 전문직, 지역행정관 등 복지국가의 문지기 역할을 하는 사람들에게 급여대상자를 결정할 수 있는 재량권을 부여하지 않고서는 관리될 수 없다. 이렇게 볼 때 보편주의와 선별주의를 이분법적으로 구분하기란 쉽지 않을 것이다.

### (2) 급여

안데르센의 보편주의 정의에서 급여는 "모든 시민에게 거의 균등하며, 급여 수준은 충분"해야 한다고 주장하는데, 이 또한 몇몇 논란을 내재한다. 먼저, 급여 수준과 관련해 규정된 기준을 충족하는 모든 시민에 대해 개별적 욕구와 무관하게 균등급여flat-rate benefits를 지급해야 하는지 아니면 개별 욕구에 따라 상이한 급여를 지급해야 하는지가 논란이 된다. 베버리지 방식의 균등급여는 노동계층에게 사회안전망을 제공하기 위한 것이고 중산층의 생활 유지 욕구를 충족시킬 수 없다는 점에서 중산층의 이해를 노동계층과 빈곤층으로 분리하는 문제를 야기했다(Korpi & Palme, 1998). 시장에서 소득 수준과 연동된 소득 비례 할당원리가 도입된 것은 이러한 변화된 시민들의 요구를 반영한 것이다. 이 원리는 사실상 상이한 소득계층 간에 존재하는 차별적 욕구를 인정할 뿐만 아니라 차별적 욕구에 근거해 차별적 자원 할당을 전제하고 있다는 점에서 일면 특수주의particularism 할당원리와 유사하다고 볼 수 있다. 만약 보편주의가 욕구와 무관하게 균등한 사회적 급여 혹은 서비스를 이용할 수 있다는 것을 의미한다면, 소득 비례 할당원리는 보편주의 개념을 벗어난 특수주의 할당원리로 보아야 하기 때문에 논란이 된다.

둘째, 급여 수준과 관련해 보편주의적 균등급여는 '급여의 충분성'을 보장하는 데 한계가 있다. 티트머스(Titmuss, 1968b: 134~135)도 이 점을 지적하고 있는데, 그는 "보편주의는 그것 자체만으로는 충분하지 않은데 특히 의료보호, 사회보장, 교육 등에서 그러하다. 이는 우리가 지난 20년 동안 소득과 부의 분배에서 불평등에 관한 사실로부터 배웠던 많은 것이다"라고 말했다. 따라서 그는 소득 유지, 주거, 의료보호, 교육 등에 '긍정적 선별적 차별positive selective discrimination'을 통합한 보편적 정책들의 특정 하부구조, 예컨대 복잡하고 전문적인 자유재량적 욕구 사정을 주창했다. 이러한 측면에서, 선별주의의 특징으로 간주되는 자유재량적 평가는 보편적 복지제도에서도 공평한 대우를 위한 전제조건이 될 수 있다.[2]

셋째, 대체로 보편주의는 단지 연금, 아동수당 혹은 기본소득 프로그램 같은 현금급여와 관련해 논의되는데, 사회서비스에서도 보편주의 할당원리가 적용될 수 있는지가 논란이 된다. 사회서비스 또한 시민들의 평등, 참여 그리고 사회권을 증진하기 위한 중요한 기제들이지만(Sen, 1995), 사회서비스 공여에서 보편주의는 금전적 급여에서의 보편주의와 다르기 때문이다(Anttonen, Häikiö and Stefánsson, 2012). 따라서 안토넨과 쉬필라(Anttonen & Sipilä, 2012)는 단지 초등교육primary education과 의료보호health care 범주에서 보편주의 원리를 적용하는 것은 가능하지만, 이 범주를 넘어서는 사회서비스 형태에서는 보다 덜한 동의가 있을 것이라고 주장한다. 사회서비스에서 보편주의는 차이를 조장할 수 있는데, 예를 들어 부모들이 학교 통학 혹은 교복에 대해 비용을 지

---

2  규범적 측면에서, 객관적·표준적 기준에 기반한 급여할당과 개별적 욕구에 대한 전문적 자유재량권에 기반한 복지할당 사이에는 상당한 차이가 있다. 즉, 급여의 공정한 할당은 모든 사람에 대해 공평한 취급이 요구되는 반면에 임의적 요소, 예측 불가능성, 불확실성 등과 관련되는 개별적 욕구는 할당 과정에서 전문직의 자유재량권이 요구된다.

불할 수 없다면 무상교육은 혜택이 될 수 없을 것이기 때문이다. 이러한 이유로 보편적 서비스는 온정주의적이고 욕구의 다양성과 생활 상황을 고려하지 않는다는 비판을 받는다.

## 2) 보편주의와 비보편주의 할당원리의 관련성

앞에서 살펴본 바와 같이, 보편주의 개념은 여러 측면에서 논란의 대상이 되고 있다. 근본적인 이유 가운데 하나는 보편주의 할당원리와 비보편주의적 할당원리를 명확히 구분하기 어렵다는 점이다. 따라서 보편주의 개념을 보다 명확하게 파악하기 위해서는 무엇이 보편주의가 아닌지를 보여주는 선별주의, 잔여주의 등 이른바 비보편주의 할당원리와의 관련성을 파악할 필요가 있다. 물론 보편주의에 대한 이해와 유사하게 선별주의, 잔여주의 등 비보편주의 할당원리에 대한 개념 또한 매우 혼란스럽게 사용되고 있는 것이 현실이다(Korpi & Palme, 1998).

보편주의 할당원리와 대비되는 선별주의 할당원리는 사회정책 영역에서 두 가지 의미로 사용되고 있다. 먼저, 정치적 우파 사상가들은 선별주의를 잔여주의 할당원리와 동일시했는데, 자산조사를 통해 파악된 대상으로서 가장 욕구 불충족 상태에 있거나 지불능력이 떨어지는 사람들에 한정해 국가급여를 제공하기 위한 전략의 일부로 간주한다(Williams, 1992: 209). 반면에 티트머스(Titmuss, 1968b: 135)는 선별주의를 '낙인 위험의 최소화minimum risk of stigma'로 보았는데, 기존의 보편적 서비스로는 욕구가 충분히 충족되지 않기 때문에 추가적인 서비스 혹은 급여가 선별적으로 제공되어야 한다는 것이다. 이렇게 볼 때, 선별주의 할당원리는 어떤 의도로 대상을 선별하는지에 따라 잔여주의 정책의 대상을 결정하는 기준이 되기도 하고, 보편주의 정책의 대상을 결정하는 준거가 되기도 한다.

만약 티트머스의 개념을 수용한다면, 선별주의를 보편주의에 대립되는 할당원리가 아니라 오히려 상호보완적 기능을 수행하는 것으로 보아야 할 것이다. 이른바 보편주의의 불충분성을 보완하기 위해 보편주의 원칙 내에 '긍정적인 선별적 차별'이라는 선별주의적 특성을 통합한 것이기 때문이다. 또 다른 측면에서, 가난한 사람들에 대한 표적화는 그것이 보편주의자 맥락에서 전개되었을 때만 단지 빈곤을 완화하기 때문이다(Ferrarini, Nelson and Palme, 2016). 이런 측면에서 보편주의는 선별주의 없이 존재할 수 없으며, 보편주의에 대립되는 할당원리는 선별주의가 아니라 자산조사에 근거해 빈자와 부자를 구분하는 잔여주의가 되어야 할 것이다. 이러한 이유로 티트머스는 복지국가가 직면한 도전의 본질은 보편주의와 선별주의를 구별하는 것이 아니라 가장 필요한 사람에게 자원을 배분하기 위해 긍정적 차별이 가능한 사회 기반을 만드는 것이라고 언급하고 있다.

## 4. 보편적 복지정책의 발달 과정

### 1) 발달 배경

티트머스(Titmuss, 1968b: 129)에 의하면, 복지 정치에서 사회권과 보편주의라는 쌍둥이 개념이 채택된 역사적이고 근원적인 배경은 "프로그램과 자격 부여로부터 배제되어 지위와 존엄성 그리고 자존심 상실을 제거"하는 것이었다. 또한 베버리지 전기 작가 해리스(Harris, 1994; Kildal & Kuhnle, 2002 재인용)에 따르면, "베버리지 제안들 역시 주로 구빈법, 선별주의, 모든 형태의 자산조사 급여에 대한 그의 장기간의 혐오의 결과"였다.

역사적으로 선별주의 내지 잔여주의로부터 보편주의 복지정책으로 이행은 서구 사회가 직면했던 제2차 세계대전이라는 공통의 위험이 그 계기가 되었다고 볼 수 있다. 이는 티트머스(Titmuss, 1968b)가 "우리 모두는 한배를 타고 있다"라고 논평한 것에서 유추할 수 있다. 세계대전은 국가의 이용 가능한 모든 인적·물적 자원을 동원하게 했으며(Sipilä, 2009), 「베버리지 보고서Beveridge Report」가 제2차 세계대전의 절정기였던 1942년에 발간된 것에서 알 수 있듯이 국가는 시민들에게 전쟁 이후의 새로운 사회 비전을 제시해줄 필요가 있었다. 세계대전이 끝난 후 서구 국가들은 시민들에게 제시했던 복지국가의 전망을 실천에 옮겨야 했는데, 전후 높은 경제성장과 고용률은 보편주의 복지국가를 실현할 수 있는 용이한 조건이 되었다. 보편주의 원리는 「베버리지 보고서」에 기반해 영국에서 처음 시작되었지만 노르딕 복지국가들이 추진한 노령연금제도, 질병보험, 산재보험, 아동수당, 육아휴직제도에서 포괄적으로 실시되었다.[3]

제2차 세계대전 이후 서구 복지국가를 지배한 보편주의 원리는 「베버리지 보고서」에서 제시된 보편주의 원리, 즉 고용형태를 불문하고 모든 인구를 대상으로 한 정액기여·정액급여 형태였다. 이러한 원리는 산업사회 초기에 존재했던 노동자들 간 그리고 노동자와 자영업자 간의 사회적 격차를 줄이기 위한 수단으로 제창된 것이었다. 하지만 1960년대와 1970년대를 거치면서 보편주의 급여방식으로서 균등급여 방식은 중대한 도전에 직면했다. 티트머스(Titmuss, 1968b: 134~135)가 지적한 바와 같이,[4] 보편주의 복지는 당시 시민들의

---

3   다만 실업보험은 노르웨이에서만 원칙적으로 보편적·강제적이었고, 다른 국가들에서는 노동조합 회원을 대상으로 선별적으로 적용되었다(Kuhnle, 2000: 388; Kildal & Kuhnle, 2002 재인용).

4   티트머스는 보편주의는 그것 자체만으로는 충분하지 않기 때문에 소득 유지, 주거, 의료보호, 교육 등에서 '긍정적인 선별적 차별'이 필요하다고 역설했다.

필요를 충족하기에는 충분하지 않았기 때문이다. 또한, 앞서 말했듯이 베버리지 방식의 균등급여는 노동계층에게 사회안전망을 제공하기 위한 것이고 중산층의 생활 유지 욕구를 충족할 수 없다는 점에서 중산층의 이해를 노동계층과 빈곤층으로 분리하는 문제를 야기했다(Korpi & Palme, 1998). 이렇게 볼 때, 전후 보편적 복지국가는 여전히 잔여주의 내지 선별주의 복지를 필요로 했다고 볼 수 있다. 더욱이 복지국가의 우선적 기능이 사회적 위험에 대응해 시민을 보호하는 것임을 전제할 때 실업, 질병 등 기존의 사회적 위험뿐만 아니라 새롭게 대두되는 위험을 공적 책임의 문제로 인식하는 일이 중요했다. 이러한 인식에 기반해 기존의 보편적 제도에 포괄하지 못하는 새로운 사회적 위험은 공공부조 같은 잔여적 사회보호 기제로 보호해야 했다. 다만 완전고용이 실현되고 있는 상황에서 공공부조 같은 잔여주의 제도의 대상이 되는 시민이 매우 제한적이었기 때문에 잔여주의 복지정책의 존재는 사회적으로 중요한 문제가 되지는 않았다(Langan, 1988; Anttonen & Sipilä, 2008 재인용).

새로운 보편주의 복지 할당원리는 영국이 아니라 노르딕 복지국가에서 등장했는데(Anttonen & Sipilä, 2008), 국가가 시민의 기본욕구를 결정하는 방식이 아니라 개인의 다양한 욕구에 조응하는 방식으로 재편되었다. 대상을 선정할 때 보편주의의 포괄성은 유지되지만 급여방식은 균등급여에서 노동시장에서의 성취를 반영하는 소득비례급여로 전환된 것이었다(Kildal & Kuhnle, 2002). 노르딕 국가에서 발현된 소득비례급여는 사실상 상이한 소득계층 간에 존재하는 차별적인 욕구를 인정하는 것이고, 이러한 차별적 욕구에 근거해 차별적인 자원 할당을 정당화한 것이다. 소득비례급여는 1976년 영국의 연금개혁에 수용되어 1978년부터 실시되었다.

## 2) 발달 과정: 보편주의에서 선별주의로?

1990년대에 들어 노르딕 복지국가들은 보편적 급여할당에서 선별주의 원리를 강화함으로써 보편주의 모델에서 잔여주의(자산조사에 근거한 선별주의) 모델로 나아가고 있다. 1994년 덴마크가 기본노령연금을 초과하는 '연금보충pension-supplement' 부문에 부분적인 자산조사를 도입함으로써 선별주의로 이행하는 변화의 계기가 되었다. 선별주의로의 이행은 1998년 스웨덴에서 새로운 연금개혁의 일부가 되었으며, 핀란드도 1996~1997년 개혁을 통해 선별주의를 도입했다. 노르딕 복지국가들이 보편적 급여할당에서 선별주의 원리를 도입하는 방향으로 이행한 것은 흥미로운 사례인데, 소득 피라미드의 최상층을 급여에서 배제했기 때문이다. 동시에 스웨덴과 핀란드의 연금개혁의 경우 기여와 급여를 밀접히 연계함으로써 보험 혹은 상호주의 원칙을 강화했다. 노르웨이 국가연금제도의 경우 1990년대 동안 이러한 연계는 약화되었지만 사적 보험에서 받을 수 있는 인센티브를 유지함으로써 보험원리를 강화했다(Kildal & Kuhnle, 2002).

이처럼 보편주의 복지국가의 전형으로 간주되는 노르딕 복지국가에서 보편주의 원리는 비보편주의 원리로 이행하고 있는 것이 분명해 보인다. 더욱이 이러한 현상은 북유럽 복지국가에 한정되지 않고 대부분 서구 복지국가에서 나타나고 있다는 주장도 있다(Mkandawire, 2005). 가장 광범위한 개혁들은 영어권 국가들에서 수행되었는데, "복지를 보다 조건 부여적으로, 보다 표적화되고, 보다 시장논리로의 지향으로 만드는 방법으로 이끌었다"(Clarke, 2010: 384). 사회복지 영역에서 이러한 변화가 가장 급속히 단행된 부문은 고용정책과 관련된다. 고용 개혁의 일반적 특징은 소극적 고용정책보다는 적극적 고용정책, 인센티브보다는 부정적 제재, 권리보다는 의무, 보편주의보다는 선별주의로 이행하는 추세다(Ferrera & Rhodes, 2000: 4-5).

이러한 추이는 사회정책 맥락에서 반보편주의anti-universalism로 언급된다. 보편주의에서 반보편주의로의 전환은 어떤 의미를 함축하고 있는가? 일면 전후 복지정책의 와해로도 볼 수 있는데, '내가 받지 못하는 것에 대해 나에게 세금을 거두지 말라'는 재분배 개념의 분명한 거부로 나타나기 때문이다. 선별주의는 모두가 부자가 되는 것을 허용하는 수단으로서 표현되지만, 선별주의로의 전환 이후 불평등이 심화되고 있다는 사실에서 오히려 단지 소수만이 부자가 되는 것을 허용하는 수단이다. 선별주의로의 전환으로 인한 공백을 민영화를 통해 메웠기 때문에 혜택을 보는 사람은 약간 줄어든 세금 고지서를 받은 사람이 아니라 기업이기 때문이다. 이렇게 볼 때 선별주의는 개인으로부터 기업으로 부를 이전하기 위한 목적으로 모든 가능한 생활 측면에 시장을 개입시키려는 신자유주의 경제원리와 맥을 같이한다고 볼 수 있다(Danson et al., 2012).

## 5. 보편적 복지국가를 둘러싼 주요 논점

### 1) 보편적 복지국가에 대한 옹호적 논점

안데르센(Andersen, 1999; Kildal & Kuhnle, 2002 재인용)은 보편적 프로그램을 선호하는 논지들로 ① 시장 적합성(저축, 고용 등에 대한 부정적 인센티브를 줄인다는 의미에서), ② 행정적 간편성, ③ 남용에 대한 동기 제거, ④ 보다 큰 사회적 평등 창출, ⑤ 수치심 제거, ⑥ 공동체적 일체감과 사회적 응집력 창출 및 지지, ⑦ 시민의 자원을 지원하고 증가시켜 시민의 자율성 강화 등을 들고 있다. 이러한 옹호적 논지들 가운데 몇 가지를 보다 구체적으로 살펴보면 다음과 같다.

첫째, 부유층을 배제하는 데 소요되는 행정비용이 오히려 이들의 배제를 통해 절감되는 비용을 능가한다는 점이다. 예를 들어, 1950년대 노르웨이에서 보수당과 다른 비사회주의 정당들이 전체 노인들의 75~80퍼센트가 수혜하고 있는 자산조사적 노령연금을 보편적 연금으로 개혁할 것을 주장했던 가장 큰 이유는 행정비용을 절약하기 위함이었다(Kildal & Kuhnle, 2002).

둘째, 보편적 급여에 대한 비판 중 하나가 부자와 중산층이 필요로 하지 않는 급여를 받는 것과 관련되는데, 만약 부자 혹은 중산층을 배제한다면 그들은 혜택을 볼 수 없음에도 불구하고 비용을 지불한다는 이유에서 보편적 복지정책의 핵심 수단인 누진세에 대한 지지를 약화할 것이라는 점이다. 또한 부자를 배제하는 것은 결국 이원화된 서비스 체계 구축을 전제하는데, 이 경우에 가난한 사람을 위한 서비스는 한층 더 취약해질 것이라는 점이다(Horton & Gregory, 2009). 결국 주요 프로그램에서 부자와 중산층을 포함할 경우에 한해 보편적 복지국가의 탄력성을 기대할 수 있다.

셋째, 콜피와 팔메(Korpi & Palme, 1998)가 '재분배의 역설paradox of redistribution'이라고 언급한 바와 같이, 가난한 사람을 대상으로 자산조사에 근거한 표적화 정책보다는 오히려 보편주의적 정책 아래에서 저소득자가 보다 큰 혜택을 누릴 수 있을 뿐만 아니라 빈곤도 완화될 수 있다는 것이다.

끝으로, 보편주의 복지는 비용이 너무 많이 들어 경제적 효율성을 저해한다는 주장이 지속적으로 제기되지만(Kidal & Kuhnle, 2002), '시카고 학파Chicago School'의 연구 결과에서 볼 수 있듯이 높은 세금 및 급여와 낮은 경제적 효율성 사이에는 뚜렷한 상관관계가 없다는 것이다(Esping-Andersen, 1996). 따라서 경제적 효율성을 위해 높은 공적 지출과 높은 세금을 피해야 한다는 것은 근본적인 이유가 될 수 없을 뿐만 아니라 보편주의 복지가 사회적 평등 실현에 비효율적이라는 비판 또한 정당하지 않다.

## 2) 보편적 복지국가에 대한 비판적 논점

보편적 복지는 경제적 비효율성을 야기하지 않으면서 빈곤 문제를 해결할 수 있다는 점에서 정책적으로 옹호된다. 하지만 보편적 복지 프로그램은 과도한 비용, 높은 조세부담, 과도한 기대감 창출 등으로 인해 비판의 대상이 되고 있다(Andersen, 1999; Kildal & Kuhnle, 2002 재인용). 이러한 일반론적인 비판을 넘어 보다 근본적·실질적 측면에서 보편적 복지는 다음과 같은 비판을 받고 있다.

### (1) 포스트모더니즘과의 정합성 문제

사회적·문화적 측면에서 포스트모더니즘 관점은 획일성보다는 다양성을 강조할 뿐 아니라 나아가 복지공여의 다양한 형태(혹은 차별화된 산출물의 소비)를 통해 선택권을 행사하고 소비자로서의 정체성을 추구하는 것을 특징으로 하는 이른바 특수주의particularism에 강조점을 둔다. 반면, 보편주의의 일반적 개념은 공평성을 획일성과 혼동하고 취급의 평등을 취급의 일률성과 혼동함으로써 사회적 다양성을 훼손한다는 것이다(Thompson & Hoggett, 1996: 22). 이러한 관점에서 테일러구비(Taylor-Gooby, 1994: 387; Thompson & Hoggett, 1996: 22 재인용)는 "보편주의적 사회정책의 관념은 다양성과 다원주의를 강조하는 포스트모더니즘과 양립되지 않는다"라고 주장한다.

실제 사회복지에서 보편주의는 특정 개인이나 집단 간 차이를 간과하거나 은폐하는 공익적 가정에 기반한다고 주장된다. 윌리엄스(Williams, 1992: 206)는 전후 보편적 복지국가는 "백인, 남성, 근로능력이 있는, 이성애적 규범, 지지적 핵가족 형태 내에서의 삶을 중심으로 구축되어, 지역사회 장막 배후의 사회적 다양성으로 인해 '거짓 보편주의false universalism'에 노출되었다"라고 비판한다. 실제로 이러한 동질성의 가정은 특정 집단의 특정 욕구를 충족하기 위해 지원하는 것을 부정하는 데 활용되었는데, "모든 사람을 균등하게 취급해야 한다는 견해는 이미 존재하는 불평등을 무시하고 …… 인종주의자 복지 실행들에 대한 방어로서 일조했다"는 것이다(Williams, 1989: 132).

### (2) 조세·복지 중첩의 문제

동일한 가계에 세금을 부과하는 동시에 복지급여나 보조금을 지급하는 이른바 '조세·복지 중첩tax·welfare churning' 현상은 세금을 거의 납부하지 않는 저소득층에서는 거의 발생하지 않고 주로 중산층과 고소득층에서 발생한다는 점에서 비용 측면과 관련해 보편적 복지체제의 문제점으로도 볼 수 있다. 조세·복지 중첩 현상은 현금급여보다는 서비스에서 규모 면이 더 큰 것으로 알려지고 있다.[5]

조세·복지 중첩이 수반하는 경제적 비용은 두 가지 측면에서 살펴볼 수 있다. 우선 조세제도와 복지제도를 운영하는 과정에서 행정비용이 발생하고, 또한 납세 및 복지 수혜와 관련한 시민들의 협력비용을 야기한다는 점이다. 다음으로 시민들의 경제행위를 왜곡함으로써 경제 내에서 효율성 비용을 초래한다는 점이다(최광·이성규, 2010: 87). OECD(1998)가 주요 회원국의 조세·복지 중첩 규모를 연구한 결과를 보면, 최종소득 대비 중첩 비율로 호주와 미국은 각각 6.5퍼센트와 9.0퍼센트로 낮은 편이지만, 덴마크와 스웨덴은 각각 28.0퍼센트와 34.2퍼센트로 높게 나타나 보편주의 복지국가들에서 상대적으로 중첩 현상이 심한 것을 알 수 있다.

---

5  예를 들어, 호주의 경우 소득세의 약 13퍼센트 정도는 현금 형태로 이전되고, 42퍼센트 정도는 서비스 형태로 이전되고 있다(Buddelmeyer, Herault and Kalb, 2008; 최광·이성규, 2010: 81 재인용).

(3) 사회서비스 영역에서 적용상의 한계

보편주의 원칙을 사회서비스 영역에 적용하는 데는 두 가지 측면에서 한계가 있다. 먼저, 소득보장정책에서 적용되는 균등급여 방식이나 소득비례급여를 사회서비스 영역에 적용하는 것은 불가능할 뿐만 아니라 적절하지도 않을 것이다. 현금과 달리 사회서비스에서 균등분배는 의미가 없으며, 사회서비스와 관련된 욕구는 소득 수준에 따라 비례적으로 배분되는 것이 아니라 사회서비스가 필요한 사람에게 배분되어야 하기 때문이다(Attonen & Aipilä, 2008). 또 다른 측면에서, 소득보장에서 보편주의는 수급 자격을 갖는 것과 실제 급여를 받는 것이 대부분 일치하지만 사회서비스의 경우 급여 대상에 포괄되는 것과 실제 급여를 받는 것이 일치하지 않는다. 예를 들어, 건강서비스(특히, 치료와 관련)에서 서비스 제공은 수급 자격에 달려 있는 것이 아니라 전문가인 의사에 의해 욕구가 있다고 인정되는 경우에 한해서 이루어진다. 이러한 특성을 감안할 때, 사회서비스의 경우 대상과 관련해서는 보편주의 소득보장정책과 유사한 원리를 적용할 수 있지만, 급여 제공은 선별적 원칙을 따른다고 할 수 있다. 다만 보편적 사회서비스가 잔여주의 사회서비스와 구분되는 점은 자산조사에 근거해 서비스 제공 여부를 결정하지 않는다는 점이다.

(4) 보편적 실행에 대한 의구심

보편주의 원리들이 진정한 보편적 실행을 증진하는지에 대한 의구심이 존재한다. 보편적 복지 프로그램의 수혜 정도에서 도움을 가장 필요로 하는 저소득층에 비해 오히려 중·상층이 주요 수혜자가 되는 이른바 '소득계층 간 불균등'이 야기된다는 것이다. 예를 들어, 줄리안 르 그랜드(Le Grand, 1982)에 의하면, 무상 대학교육의 경우 부자들의 자녀가 주 수혜자이고, 공공주택 거주자의 모두가 가난한 사람이 아니며, 국민보건서비스NHS는 의료보호의 접근에서 불평등을 제거하지 않았다.

### (5) 지속 가능성의 문제

보편적 복지정책들이 성공적으로 실행되더라도 지속 가능성의 여부는 다음과 같은 몇 가지 점에서 분명하지 않다. 먼저, 보편적 복지 프로그램은 계급 간 연대 또는 계급 갈등의 완화를 위한 방안으로 확대되었는데(Marshall, 1950), 만약 이들에 우선해 다른 사회적 긴장들이 정치 공간을 차지할 뿐 아니라 공적 관심의 대상이 된다면 보편주의의 중요성은 상실될 것이다(Anttonen & Sipilä, 2014). 윌리엄스(Williams, 1992: 206)는 "계급정치의 파편화와 정체성 정치identity politics의 발달은 복지급여에 대한 요구demand가 모두의 욕구를 포함하는 보편적 급여에 대한 압력에 의한 것이라기보다는 특정 집단들의 특정 욕구들을 충족하기 위한 것임을 의미한다"라고 기술하면서, "거짓 보편주의false universalism"라는 용어를 사용해 전후 복지국가는 남성 근로자들의 이해관계에 우선적으로 기반했다는 점을 지적하고 있다. 또한, 이민자들의 급속한 증가로 인해 사회적 이질성이 커진다면 재분배의 기반에 영향을 미칠 수 있는데(Banting & Kymulicka, 2006), 인종적으로 이질적인 인구 구성은 상호 인식과 신뢰의 약화로 이어져 조세에 기반한 재분배와 보편적 할당을 통한 집합적 위험 보호의 확립 또는 유지에 대한 조건을 훼손할 것이기 때문이다(Alesina & Glaser, 2004).

둘째, 보편적 서비스는 상대적으로 낮은 수준에서 제공될 가능성이 높은데, 만약 서비스의 질이 매우 낮다면 보다 많은 자원을 가진 집단은 그들이 필요로 하는 서비스를 사적 대안을 통해 충족함으로써 보편주의를 위협할 것이다.

셋째, 중산층의 확대는 문화적 다양성, 참여, 선택의 자유 등의 이상들을 강화함으로써 결과적으로 보편적 사회권에 기반한 사회정책 담론을 약화할 것이다(Anttonen & Sipilä, 2014). 예를 들어, 개별화된 욕구와 사적 책임을 강조하는 적극적 시민이라는 정치적 아이디어가 등장할 때 상이한 욕구, 능력, 생활 습관, 가치를 가진 시민들을 대상으로 사회서비스의 보편적 할당이 적절한 사회정책적 해결책을 증진할 수 있을지, 그리고 사회서비스들이 보다 주문식으로 되어야 하는지 여부에 대한 의문들이 제기될 것이다.

끝으로, 기존의 사회보험제도들이 새로운 사회적 위험에 대처할 수 있도록 설계되지 않았을 뿐 아니라 이에 대처할 수 있도록 기존의 사회보험제도를 개편하기보다는 오히려 급여에 대한 자격요건을 까다롭게 한 결과로서 자산조사에 근거한 사회부조의 중요성이 점차 증대하고 있다(Oorschot & Schell, 1988: 19). 자산조사 역할의 증가는 기존 제도 혹은 새로운 제도 도입과 함께 새로운 자산조사 도입으로 이어졌는데, 네덜란드에서 실업·질병·폐질보험에서 최소 보장을 도입한 것과 노령보험제도Algemene Ouderdomswet에 자산조사를 도입한 것이 적절한 사례다(Oorschot & Schell, 1988: 21). 이러한 추이는 보편주의를 약화하는 요인이 될 수 있다.


# 6. 보편적 복지국가 구축을 위한 조건과 한국에서의 실현 가능성

## 1) 전제조건

앞에서 살펴본 바와 같이, 보편주의적 복지정책은 경제적 효율성을 저해하지 않고 빈곤을 완화할 수 있을 뿐만 아니라 개인적·사회적 자본과 모든 주체의 능력을 창출하는 데 탁월한 수단이다. 하지만 보편적 복지정책을 전면적으로 실시하는 데는 여러 어려움이 따를 뿐만 아니라 실시한다 해도 지속하기가 쉽지 않을 것이다. 이러한 이유로 오스트리아와 프랑스에서는 모든 사람에게 균등한 의료보호를 제공하는 데 40여 년 이상 걸렸으며, 독일은

1992년까지 이를 성취하지 못했다(Bachelet, 2011).

킨달과 쿠넬(Kildal & Kuhnle, 2002)은 노르딕 국가들이 보편주의 복지국가를 구축할 수 있었던 요인으로 역사적·제도적 전제조건, 산업화 이전의 평등주의적 사회, 문화적 동질성, 특별한 위기를 제시하고 있다. 하지만 이러한 요인들은 노르딕 국가들의 특이성으로 볼 수 있기 때문에 다른 사회나 국가에서 적용되기에는 용이하지 않을 것이다. 한편, 안토넨과 쉬필라(Anttonen & Sipilä, 2014)는 보편주의적 복지국가체제는 욕구, 자원, 추진자, 거버넌스라는 네 가지 조건을 충족해야 한다고 주장한다. 이 장에서는 사회복지정책에서의 경로 의존의 중요성을 감안해 이 네 가지 조건에 더해 '기존 정책들'을 함께 살펴본다.

먼저, 보편적 복지정책은 시민권에 근거해 모든 시민이 특정 급여와 서비스에 대해 자격을 가진다는 것을 의미하는데, 이는 욕구를 가진 사람들의 조건들이 사회적으로 야기되기 때문에 이를 해결하기 위해서는 사회가 상응한 집합적 책임을 져야 한다는 것과 복지급여 없이는 인간으로서 의미 있는 삶을 살 수 없을 것이라는 두 가지 사실에 기인한다. 여기에서 대두되는 문제는 모든 사회적 욕구를 공적 책임으로 할지, 아니면 가족 같은 다른 행위자들도 욕구 충족의 일부 혹은 전부를 책임지는 것을 허용할지에 관한 것이다. 공유재산public goods에 대한 수요는 무제한적이라는 사실에서 모든 복지제도 역시 잠재적으로 경쟁적 분배 결정과 관련되고(Lipsky, 1980; Thompson & Hoggett, 1996: 27 재인용), 심지어 보편주의 복지제도 내에서도 누가 무엇을 가질지와 관련해 끊임없는 판단이 이루어질 것이다. 물론 사회 변화가 급속하고 가족과 다른 복지 제공기관들이 점증하는 혹은 전혀 새로운 사회적 욕구를 포괄하는 데 어려움이 있을 경우 국가의 중요성은 보다 커질 것이다. 하지만 국가가 국민에게 신뢰를 받지 못하는 상태라면, 그리고 재정적 한계를 감안한다면 굳이 반드시 국가를 통해 사회적 욕구를 충족할 필요는 없다.

둘째, 포괄범위가 넓은 보편적 급여는 국가재정자원의 확대를 요구하는데, 이에 따라 충분한 재정자원을 확보하지 못한 프로그램은 인기가 없거나 세입 확대에 대한 요구를 촉발할 것이다. 그리고 재정자원을 충분히 보장받지 못하는 빈곤한 사회에서는 보편적 급여를 제공하는 데 한계가 있을 것이다. 또 다른 문제는 재정적 한계로 인해 급여 내지 서비스의 질이 매우 낮다면, 공적 복지 의존자와 시장을 통해 욕구를 충족하는 사람들 사이에 이원화된 체제가 구축됨으로써 보편주의를 위협할 것이라는 점이다.

셋째, 보편주의를 향한 개혁에는 반드시 정치적 추진자들political drivers이 필요한데, 민주주의 체제에서 보편주의는 다수 유권자들의 급여 개선 요구에 부응하기 위해 자발적으로 조직된 대규모 정치연합에 의해 종종 추진되었다. 하지만 보편적 복지체제의 구축은 정책 영역에서의 권력 분배, 즉 몇몇 집단에게는 이득을 주는 반면에 다른 집단들에게는 손해를 주는 체제를 형성할 것이다. 이로 인해 보편주의에 대한 열의는 다양할 수 있는데, 여성의 경우 그들의 선택과 자유를 신장한다는 측면에서 강력한 지지자가 되는 반면에 노동조합의 경우 조합원이 아닌 일반 시민도 급여 수혜자가 된다는 점에서 그들의 영향력 행사에 관심을 덜 가질 것이다(Anttonen & Sipilä, 2014). 또 다른 측면에서는 계급정치의 파편화와 정체성 정치의 발달로 인해 복지급여에 대한 요구가 모두의 욕구를 포함하는 보편적 급여에 대한 압력보다는 특정 집단의 특정 욕구를 충족하기 위한 것으로 전락할 수도 있을 것이다.

넷째, 보편주의를 실현하기 위해서는 사회와 시민들로부터 적법성을 인정받은 상당한 관리체제가 요구되는데, 국가의 행정능력과 공평성, 신뢰할 수 있는 데이터베이스의 적용 가능성 등 국가 거버넌스를 국민들이 신뢰하지 않는다면 정치적 지지를 보내지 않을 것이다(Rothstein, 1998). 사실 영국의 경우 보편주의는 전통적으로 페비안 복지국가와 강한 연계를 가지는데, 페비안주의자들은 국가가 사회의 모든 수준에서 권위 있는 결정을 내릴 수 있다고 믿는 '국가주의자statists'였으며, 직업적으로 자격을 가진 전문가만이 시민의 삶을 형성하는 복지와 관련한 결정을 내릴 수 있는 능력을 가졌다고 믿는다는 점에서 '엘리트주의자elitists'였다(Thompson & Hoggett, 1996: 25). 만약 보편주의 원리가 제도주의 형태를 통해 실행된다면 복지 수혜자들의 사회적 차이를 무시한 채 단지 공직자나 복지전문가들의 자유재량적 판단에 따라 급여를 제공함으로써 스스로의 권능을 약화할 것이다.

끝으로, 보편적 복지정책을 수립하는 데 경로 의존성path-dependency을 고려할 필요가 있는데, 기존의 복지국가체제는 정책행위자들이 추구할 수 있는 가능한 정책대안들의 범위를 한정할 것이기 때문이다. 예를 들어, 사적 영역에 크게 의존하고 있는 국가에서는 의료보호나 교육을 단기간에 완전히 보편주의 복지체제에 편입시키는 것은 가능하지 않기 때문에 장기적인 안목에서 추진할 필요가 있다.

### 2) 한국에서의 실현 가능성

한국에서 보편주의 논쟁은 단순히 누구에게 복지를 제공할 것인가 하는 복지자원의 할당원리가 아니라 한국 사회의 미래 모습과 밀접히 연관되어 의미가 부여되고 있다. 복지할당의 원리로서든 한국 복지의 미래상으로서든 보편적 복지국가를 부정하는 사람은 별로 없을 것이다. 문제는 한국에서 어떻게 보편적 복지국가를 실현할 수 있을지에 관한 것이다. 보편적 복지국가를 주장한다고 해서 보편적 복지국가가 우리 앞에 바로 펼쳐지는 것은 아니기 때문이다. 더욱이 보편주의 원리는 그 자체로 구조적 한계를 내재하고 있다. 따라서 앞에서 살펴본 보편주의 원리의 구조적 한계와 보편적 복지국가의 실현을 위한 전제조건을 한국 사회의 현실과 대비해 살펴볼 필요가 있다.

(1) 보편주의 할당원리의 적용상의 한계

보편주의는 모두를 균등하게 취급해야 한다는 입장을 취함으로써 이미 존재하는 불평등을 등한시한다는 점에서 한국 사회에 적용하기에는 분명한 한계를 가진다. 통계청(2017) 자료에 의하면, 한국의 소득 불평등 정도는 날로 심화되고 있는 실정이다. 지니계수는 2009년 0.314에서 2015년 0.295로 소폭 개선되었으나 2016년에는 0.304로 다시 악화되었다. 소득 5분위 배율도 2015년 5.11배에서 2016년 5.45배, 상대적 빈곤율도 2015년 13.8%에서 2016년 14.7%로 비슷한 추이다. 이처럼 소득 불평등이 심한 한국의 현실에서 모두를 균등하게 취급해야 한다는 보편주의 원리로는 빈곤 해소에 한계가 있을 것이다.

또한, 한국에서 보편주의 논란이 무상급식에서 시작되었을 뿐 아니라 보육서비스 같은 사회서비스 영역에서도 진행되고 있다는 점, 새로운 사회적 위험 대비와 관련해서 기존 사회보험제도의 한계점으로 인해 자산조사적 급여들이 증가하고 있다는 점 등을 감안할 때 오로지 보편주의적 원리를 고집하기보다는 보편주의 내 선별주의, 보편주의 내 특수주의 원리로 보완하지 않는다면 분명한 한계가 있을 것이다.

(2) 전제조건들의 충족에서의 한계

현재 한국에서 보편적 복지국가 실현을 위해 제시된 전제조건을 충족하기에는 다음과 같은 점에서 한계가 있다.

첫째, 보편적 복지국가 실현을 위한 전제조건의 하나인 재원 확보의 어려움이다. 한국에서 조세부담률과 사회보장기여금을 단시일에 증가시키기에는 다음과 같은 점에서 매우 어려운 실정이다. 먼저, 통계청 자료에 따르면, 한국의 전체 실업률은 최근 몇 년 동안 약 3%(청년실업률의 경우 약 9%) 수준을 유지하고 있지만, 비정규직 비율이 2008~2017년에 평균 32.9%를 차지해

고용의 질은 매우 취약한 실정이다. 특히, 비정규직은 안정적인 소득 유지의 어려움으로 인해 소득세와 사회보험료 재원 확보를 불안정하게 만들 것이다. 이러한 고용 상황과 함께 한국의 조세부담률은 2014년 기준 18.0%, 국민부담률은 24.6%로, OECD 회원국 35개국 평균 조세부담률(25.1%)과 국민부담률(34.2%)에 비해 매우 낮은 수준이다(OECD, 2016). 향후 조세부담률 상향조정도 실현 가능성이 매우 희박한데, 2018년 7월 30일 정부가 세제발전심의위원회를 통해 발표한 '2018년 세법개정안'에 따르면 집권 초 문재인 정부가 추진한 '부자 증세' 기조는 감세정책으로 회귀한 것으로 보인다. 세법 개정안이 시행되면 2019년 이후 5년 동안 2018년 대비 총 12조 6018억 원의 세수가 감소하게 되기 때문이다(기획재정부, 2018).[6] 더욱이 2018년 7월 30일, 야당인 자유한국당은 연 14조 원, 5년 동안 71조 원 규모의 법인세 및 소득세 감세안을 발표했다. 또 다른 측면에서, 조세에 기반해 복지재정을 마련할 경우세대 간의 불공정성이 야기된다. 고령 사회의 진전에 따라 복지재원 부담자와 복지제도 수혜자가 분리되는 경향, 즉 복지재원의 부담자는 현 근로 계층이지만 주요 복지 수혜자는 노인 계층이 되는 분리 현상이 심화될 것이다. 결국 현재 근로연령층이 그들의 전임자에 비해 복지재정에 보다 큰 부담을지는 반면에 보다 덜 관대한 급여를 받게 되면서 세대 간 갈등뿐만 아니라 나

---

6 세수 감소는 저소득 근로자와 자녀에게 지급하는 장려금인 근로장려세제(EITC)와 자녀장려금(CTC)을 인상한 것에 가장 기인한다. 근로장려세제의 경우 지급 대상이 2017년 166만 가구 1조 2천억 원에서 2019년에는 334만 가구 3조 8천억 원으로 확대되었고, 자녀장려금의 경우 2018년 106만 가구 5600억 원에서 2019년 111만 가구 9천억 원으로 늘어난다. 다만 종합부동산세 인상(연간 7400억 원), 주택임대소득 첫 과세(연간 737억 원) 정도가 눈에 띄는 증세안이다. 대신 혁신성장 투자자산에 대한 가속상각, 신성장기술 사업화시설투자 시 15~20%를 세액공제 해주는 요건 완화(매출에서 R&D 비용 비중 5%에서 2%이상으로 변경) 등을 통해 사실상 감세 효과를 볼 수 있도록 했다(기획재정부, 2018).

아가 조세 저항을 초래할 수 있다. 이러한 조건에서는 전통적인 조세에 기반한 보편적 복지국가를 실현하기 어려울 것이다.

둘째, 복지국가 실현을 위한 정치적 연대를 구축하는 데 어려움이 있다. 보편적 복지국가 실현을 위해서는 다양한 이해를 가진 계층·집단들 사이에 정치적 연대를 구축할 필요가 있다. 노르딕 국가들이 보편적 복지국가를 구축할 수 있었던 근본적인 이유는 노동조합을 비롯한 다양한 이익집단과 정당을 매개로 계급동맹을 형성할 수 있었기 때문이다. 하지만 한국에서 보편적 복지국가 실현을 위한 계급동맹의 구축은 쉽지 않을 것으로 보인다. 먼저, 고용노동부가 발표한 '2016년 전국 노동조합 조직 현황'에 따르면 2016년 말 기준 노동조합조직률은 10.3%로, 2015년 기준 OECD 회원국 평균 29.1%에 훨씬 미치지 못한다. 특히, 보편적 복지국가의 전형으로 보이는 노르딕 국가들의 경우에 핀란드(69%), 스웨덴(67%), 덴마크(67%) 등은 한국에 비해 6~7 배나 높은 수준이다. 더욱이 한국의 경우 가장 국가복지를 필요로 하는 비정규직이나 영세중소기업의 취약 노동자들은 조직화되어 있지 못하고, 조직화된 노동은 기업별 노조체제 아래에서 해당 사업장에서의 협애한 이익만을 추구하면서 연대주의적 복지국가 건설에 나서지 않고 있다(양재진, 2009; 김영순, 2012 재인용). 한편, 계급동맹의 또 다른 축인 진보 정당 역시 매우 취약해 가까운 시기에 급속한 외연 확장도 어려워 보인다. 이러한 상황은 보편적 복지국가 형성의 전제조건의 하나인 계층·집단들 사이의 정치 연대 또는 정책 연대 구축을 어렵게 할 것이다. 다만 노동조합의 역할을 대신할 수 있는 대안으로 '복지국가 소사이어티' 같은 사회운동단체를 염두에 둘 수 있겠지만, 현시점에서 볼 때 이들 단체 또한 외연 확장 없이는 그 역할을 기대하기 힘들다.

셋째, 사회복지정책에서는 기존에 구축된 정책이 장래의 발달에 상당히 영향을 미치는데(이른바 경로 의존적인데), 이에 따라 이미 구축된 한국 사회복지제도의 특성들이 보편적 복지국가 형성에 장애 요인으로 작용할 것이다. 먼저, 한국의 경우, 단기간에 급속한 확대를 도모하기 위해 재정은 정부가 부담하면서 공급은 민간이 맡는 분업 구조가 형성되어 있을 뿐 아니라 민간 생명보험과 민간 의료보험이 상당히 발달해 많은 사람이 이미 가입해 있다. 만약 한국에서 보편적 복지체제가 구축되려면 이미 구축된 민간 영역의 기능을 폐지하거나 축소해 공적 영역에 편입시키거나 민간 영역을 그대로 유지하면서 공적 영역을 확대해야 할 것이다. 그렇지만 두 방안 모두 문제점이 있다. 전자의 문제점은 공적 영역과 사적 영역의 갈등을 야기할 것이라는 점인데, 최근 문제인 케어를 둘러싸고 벌어진 정부와 대한의사협회의 충돌이 적절한 사례다. 그리고 민간 보험에 보험료를 계속 지불하면서 보편적 복지국가 구축을 위해 국가복지에 보다 많은 기여를 부담해야 하는 후자의 경우에는 과부담 또는 이중 부담의 문제가 제기될 것이다.

마지막으로, 현재 보육, 양로, 간병 등 사회서비스의 낮은 질적 수준으로 인해 중간층을 복지동맹의 한 축으로 포섭하는 데는 한계가 있다. 또한, 현재와 같이 사적 영역을 통해 사회서비스가 보편적으로 제공된다면 비용을 통제하는 데 어려움이 더욱 커질 뿐만 아니라 이로 인해 복지재원이 과다하게 소비될 가능성이 있다.

### (3) 보편적 복지국가 조성을 위한 전략 모색

한국에서 보편적 복지국가를 조성하기 위해 국가와 사회의 책임을 보다 높여나가야 한다는 점에는 대체로 동의할 것이다. 하지만 보편적 할당원리가 가진 한계점과 보편적 복지국가 조성을 위한 정치적·경제적·사회적 환경을 고려할 때 단기간에 이를 조성하는 데는 분명한 한계가 있다. 따라서 보다 장기적인 차원에서 보편적 복지국가 조성을 위한 기반 마련 전략을 우선 고려할 필요가 있다. 이를 위해 고려할 수 있는 몇 가지 전략을 제시하면 다음과 같다.

첫째, 한국 사회가 전제하는 보편주의 복지체제의 개념을 분명히 설정할 필요가 있다. 보편주의 내에서도 자원 배분의 크기가 다른 다양한 유형의 급여 형태가 존재할 수 있고, 공평한 복지의 할당원리가 되기 위해서는 일정 정도 적극적 선별주의 내지 특수주의를 허용하는 다양성에 민감해야 하기 때문이다. 물론 잔여주의 복지에 비해 보편주의 복지가 불평등과 빈곤 완화를 위한 수단임에는 분명하지만, 보편주의는 충분조건이 아니다. 보편적 복지국가에서 재분배와 빈곤 감소를 위한 충분조건은 보편주의 내에서의 표적화인데, 수치심을 주지 않으면서도 소외된 사람들에게 추가적인 급여와 서비스를 제공할 수 있는 효과적인 복지국가 전략이기 때문이다(Jacques & Noël, 2018). 그리고 보편주의 내 표적화에 따라 급여방식 또한 고려해야 한다. 우선, 기본적 복지 욕구basic welfare needs에 대해서는 균등급여로서 기본소득을 모든 시민에게 보장하는 방안을 고려할 수 있다. 기본소득은 소득조사 없이 모든 시민에게 정액의 급여를 제공하는 방식으로, 경제적 비보장을 줄일 수 있기 때문에 빈곤 방지뿐만 아니라 사회통합을 증진하는 데 도움이 될 것이기 때문이다. 물론 기본소득의 도입으로 인해 약화될 수 있는 근로 윤리나 사회적 책임을 유지할 수 있는 방안을 강구해야 하며, 국민기초생활보장제도를 포함한 다른 사회적 급여들과의 조정도 필요하다. 또한 환자, 학령아동 등 시민의 보편적 지위에 의해 결정되는 욕구에 관련 자원에 대한 자동적인 자격을 부여해야 한다. 끝으로, 전문가 또는 전문기관의 자유재량적 사정을 요구하는 욕구는 특수주의 원리를 따를 필요가 있다.

둘째, 보편적 복지국가 조성을 위한 사회적·경제적 조건을 어떻게 확보할지 고려해야 한다. 먼저 재원을 확보하기 위한 방안을 마련하는 일이 중요하다. 단기적으로는 정부예산의 효율화, 각종 조세감면 축소, 탈세 방지 등을 통해 보편주의 복지를 위한 재원을 마련할 필요가 있고, 장기적으로는 증세를 통해 재원을 마련해야 한다. 나아가 한정된 재원을 고려해 보편적 프로그램을 도입할 때 우선순위를 정할 필요가 있는데, 주거, 교육, 보육, 의료 등 기본적인 생활 보장을 우선으로 고려해야 한다. 다음으로, 보편적 복지국가 조성을 위해서는 호의적인 집단과의 정책 연대가 필수적인데, 이를 위해 중산층을 포섭할 수 있을 정도로 사회서비스 정책을 확대해야 한다. 현재 한국의 중산층은 그들이 필요로 하는 모든 서비스를 시장에서 충족할 경제력이 부족하다는 점을 감안해, 이들이 필요로 하는 서비스를 제공함으로써 보편적 복지주의에 대한 지지 계층으로 확보할 수 있기 때문이다. 물론 보편적 복지를 통해 제공되는 서비스는 중산층이 만족할 수 있는 질적 수준이어야 한다.

셋째, 보편적 복지국가 조성을 위해서는 제도적 복지의 특성인 국가주의와 엘리트주의에서 벗어나 국가, 시장, 시민사회 간 연계 체계를 구축해 서비스를 제공하는 방안을 모색해야 한다. 정부가 제공하는 복지서비스에 대한 생산과 투자는 정치적 판단에 의해 결정되기 때문에 정치적 우선순위에 따라 왜곡될 가능성도 있을 뿐만 아니라 정책 결정과 관련해 국민들의 선호를 충분히 파악한 다음 반영하기에는 한계가 존재할 수 있기 때문이다. 따라서 소비자 선택권과 공급자 경쟁, 서비스 차별화가 특징인 시장이 이 조건을 잘 충족하면 시장 주도로 서비스를 공급하고 서비스의 일률성과 무차별성, 안정성이 특징인 국가가 이 조건을 잘 만족시키면 국가 주도로 서비스를 공급하는 등 서비스 공급체계를 다원화할 필요가 있다. 특히, 복지서비스 공급 주체와 관련해서는 현재 한국에 구축되어 있는 사적 영역과 공적 영역의 역할 분담 문제 또한 충분히 고려해야 한다.

# 제 4 장

# 소득주도성장, 그리고 복지정책

김 태 일

## 1. 소득주도성장이 뭐길래

소득주도성장은 문재인 정부의 핵심적인 경제성장 전략이다. 이 전략은 처음 천명했을 때부터 실효성에 대한 논란이 많았는데, 문재인 정부 임기 중반인 2019년 현재도 논란이 진행 중이다. 소득주도성장의 핵심 처방으로서 2018년과 2019년의 최저임금이 대폭 상승되었다. 그러나 고용 실적은 저조하고 가계소득 양극화는 더 심해진 것으로 나타났다. 그래서 한편에서는 소득주도성장의 실효성이 없다고 하며, 다른 한편에서는 좀 더 시간이 지나야 본격적인 효과가 나타날 것이라고 한다. 소득주도성장은 경제학계에서 비주류로 분류되는 포스트 케인지언 계열에서 주장하는 것이며, 주류 경제학계는 이에 대해 비판적인 입장이다. 소득주도성장에 대한 검증 역시 아직까지 충분히 이루어졌다고 보기는 어렵다. 이는 세계적으로도 그렇고 한국에서도 마찬가지다.

이 장의 목적은 여전히 논쟁 중인 한국의 소득주도성장 정책을 평가하고 향후 방향을 제시하는 것이다. 이를 위해 먼저 소득주도성장론의 내용과 등장 배경, 한국 경제에서 이 이론이 갖는 의의를 논의한다. 그리고 소득주도성장론을 평가하고 향후 한국 경제에서 소득주도성장의 역할을 논의한다. 이 과정에서 특히 소득주도성장과 공정경제 그리고 복지정책의 관계를 명확히 하는 데 중점을 둔다.


## 2. 소득주도성장의 등장 배경과 내용

소득주도성장의 등장 배경을 이해하려면 우선 지난 수십 년 동안의 노동소득분배율 추세에 대한 논의가 필요하다.

### 1) 줄어드는 노동의 몫: 노동소득분배율 감소[1]

#### (1) 세계 추세

한 국가에서 창출한 모든 부가가치를 더한 것이 국민소득이다. 국민소득 창출에는 노동과 자본이 사용되고, 따라서 창출한 국민소득은 노동의 몫과 자본의 몫, 즉 노동소득과 자본소득으로 나눌 수 있다. 노동소득분배율은 국민소득 중에서 노동소득이 점유하는 비율을 의미한다. 근로자 규모가 고정되어 있을 때 경제성장률과 임금상승률이 같으면 노동소득분배율은 일정하게 유지된다. 예를 들어, 국민소득이 100일 때 노동소득분배율이 70%면 노동 몫은 70, 자본 몫은 30이다. 이후 경제성장률이 10%로서 국민소득이 110이 되었다고 하자. 이 경우 임금상승률이 10%로 경제성장률과 같으면 노동

---

1   여기에서의 논의를 위해서 김태일(2017), 이상헌(2014), ILO(2013)의 논의를 참조했다. 특히 한국의 노동소득분배율에 대한 논의는 김태일(2017)의 내용을 수정 인용했다.

몫은 77, 자본 몫은 33이 되고 노동소득분배율은 70%로 변하지 않는다.

경제가 성장함에 따라 혹은 시간이 지남에 따라 노동소득분배율이 어떻게 변하는가는 이론보다는 실증의 문제다. 20세기 초반 영국의 경제학자 보울리(Bowley, 1920)는 장기간에 거쳐 노동소득분배율이 일정하게 유지되고 있음을 발견했다. 노동소득분배율의 안정성은 경제원론 교과서에 대표적인 생산함수 모델로 등장하는 코브더글라스Cobb-Douglas 생산함수 모델로 표현되었다. 이후 노동소득분배율의 안정성은, 비록 몇몇 반론은 있었지만, 오랫동안 주류 경제학계의 정설로 받아들여졌다.[2] 실제로 20세기 중반부터 30년 정도, 이른바 (선진국) 자본주의의 황금기와 산업시대 전성기에는 노동소득분배율이 안정적이었기 때문이다.[3]

이에 대한 반론이 본격화된 시기는 2000년대부터다. 역시나 1970년대 후반부터 30여 년 동안 선진국 경제에서 노동소득분배율의 하락 추세가 뚜렷하게 나타났기 때문이다. 이는 〈그림 4.1〉을 보면 분명하다. 이 그림은 미국, 일본, 독일 그리고 선진 16개국의 1970~2010년의 노동소득분배율 변화를 보여준다. 그림을 보면 미국, 일본, 독일 그리고 16개국의 평균 모두 1970년대 후반부터 2010년까지 하락 추세가 뚜렷하다. 일본의 경우 1970년대 후반 80%에 달하던 노동소득분배율이 2010년에는 65% 이하로, 15%P 이상 낮아졌다. 다른 국가들도 1970년대 중후반 최고점에 달한 노동소득분배율이 2010년에는 10%P 이상 하락했다.[4]

---

2  예를 들면 솔로우(1958)는 노동소득분배율에 관한 실증연구들을 분석한 다음에 역시 노동 소득분배율의 안정성에 대해 의문을 제기했다(이상헌, 2014 재인용).

3  조절이론에서는 이 시기의 노동소득분배율이 안정적인 이유를 포디즘적인 자본과 노동의 타협으로 설명한다(Boyer, 1990 참조).

4  단, 미국의 경우는 10%P 미만으로 낮아진 것으로 나타나고 있는데, 이에 대해서 ILO

그림 4.1 선진국들의 노동소득분배율 변화(1970~2010년, %)

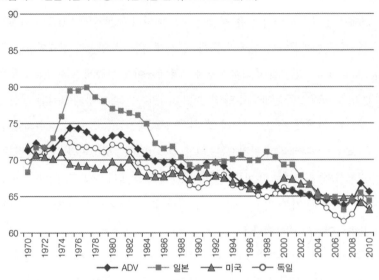

주: 'ADV는 선진 16개국(오스트레일리아, 오스트리아, 벨기에, 캐나다, 덴마크, 핀란드, 프랑스, 독일, 아일랜드, 이탈리아,
일본, 네덜란드, 스페인, 스웨덴, 영국, 미국)의 단순 평균임.
자료: ILO(2013: 43).

(2013)는 최상위 계층의 노동소득이 과대평가되었기 때문이라고 한다. 피케티(2014), 스티글리츠(2013) 등 여러 학자의 글을 통해 널리 알려졌듯이 미국의 최상위층(예컨대 상위 1%)의 소득은 다른 국가들에 비해 훨씬 높으며, 1970년대에 비해 나머지 99% 계층과의 격차가 1970년대에 비해 대폭 증가했다. 그런데 이 계층의 소득은 모두 노동소득으로 보기는 어려운 측면이 있다. 예를 들어 대기업 CEO의 보수 중에는 스톡옵션이 큰 부분을 차지하는데, 이는 자본소득의 측면도 함께 지니고 있다. 연예·스포츠 분야 톱스타의 소득 역시 모두 노동소득으로 간주하기 어려운 측면이 있다. 그래서 미국의 경우 상위 1%를 제외하고 나머지 99% 계층만을 대상으로 분석하면 10%P 이상 하락한 것으로 나타난다(ILO, 2013; 이상헌, 2014 참조).

그림 4.2 선진국들의 노동생산성과 임금증가율 격차(1999~2011년)

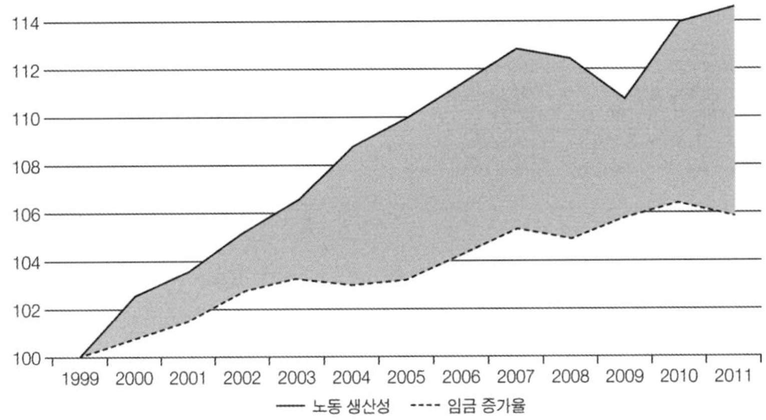

자료: ILO(2013: 48).

노동소득분배율, 즉 국민소득 중 노동 몫의 비중이 작아진다는 것은 국민소득증가율보다 노동소득(주로 임금)증가율이 낮다는 것을 의미한다. 전 국민의 노동참여율이 일정하다면, 1인당 국민소득 증가는 거의 노동생산성 향상에 비례한다. 따라서 노동소득분배율의 변동은 노동생산성증가율과 임금상승률의 크기에 좌우된다. 노동생산성증가율보다 임금상승률이 높으면 노동소득분배율은 높아지고, 그 반대면 낮아진다.

지난 수십 년 동안 선진국들의 노동소득분배율이 낮아졌다는 사실은 노동생산성증가율보다 노동소득(주로 임금)상승률이 그만큼 낮아졌다는 것을 의미한다. 이는 〈그림 4.2〉를 보면 명확하다. 〈그림 4.2〉는 1999~2011년의 선진 36개국의 노동생산성과 임금상승률 격차를 보여준다. 1999년의 노동생산성과 임금을 100으로 놓았을 때 2011년까지 연도별로 노동생산성과 임금이 어떻게 변했는지를 보여주는데, 노동생산성증가율이 임금상승률보다 높고 이 차이는 최근으로 올수록 더욱 벌어지고 있음을 알 수 있다. 2009년에 노

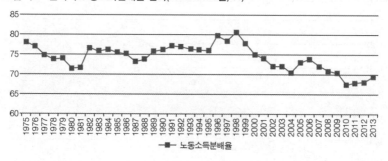

그림 4.3  한국의 노동소득분배율 변화(1975~2013년, %)

자료: 이병희 외(2014), 김태일(2017) 재인용.

동생산성이 낮아진 것은 글로벌 금융위기 때문이다.[5]

(2) 한국의 추세

노동소득분배율 하락 추세는 한국에서도 마찬가지다. 한국의 노동소득분배율 추세는 〈그림 4.3〉에 제시되어 있다. 한국의 노동소득분배율은 1980년대부터 1990년대 후반까지 상승 추세였다가 외환위기 이후 낮아지는 추세를 보인다. 외환위기 이후 10여 년 사이에 노동소득분배율은 10%P 이상 하락했다. 선진국들의 경우에 대략 1980년대부터 노동소득분배율 하락 추세가 뚜렷해진 데 비해 한국은 외환위기 이후부터 급속히 하락했으니 20년 남짓 시차가 존재하는 셈이다.

〈그림 4.4〉는 노동생산성증가율과 임금증가율 추이를 비교하고 있다. 1980년의 노동생산성과 임금수준을 100으로 놓았을 때 1975~2013년의 추이

5  노동생산성은 노동자 1인당 부가가치로 측정하므로 국민소득이 낮아지면 노동생산성도 낮아진다.

그림 4.4 노동생산성과 임금 변화(1975~2013년)

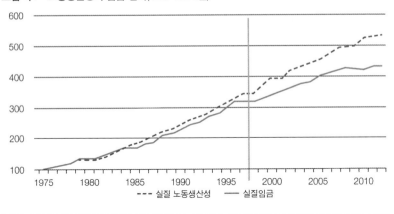

자료: 홍장표(2015: 6).

를 보여준다. 이 그래프는 〈그림 4.3〉의 노동소득분배율 변화와 동일한 추세를 나타낸다. 즉, 외환위기 때까지는 약간의 등락이 있지만 외환위기 이후에는 임금상승률이 노동생산성증가율보다 낮고 그 차이는 점점 더 벌어지고 있다.

지금까지의 논의를 정리하면 다음과 같다. 20세기 후반부터 선진국들에서는 노동소득분배율이 하락했는데, 이는 임금상승률이 노동생산성증가율보다 낮아졌기 때문이다. 한국은 외환위기 이후 선진국과 같은 경향, 즉 노동소득분배율 하락과 노동생산성 향상에 미치지 못하는 임금 상승 현상이 나타났다. 이러한 추세가 갖는 함의는 분명하다. 불평등 증가 혹은 소득분배 악화다. 자본소득은 대체로 고소득자에게 귀속된다. 그리고 중하위 계층의 소득은 대부분 노동소득이다. 따라서 국민소득 중 자본의 몫이 증가하고 노동의 몫이 감소한다는 것은 그만큼 분배가 악화한다는 것을 의미한다.

이처럼 노동소득분배율 하락을 분배 측면의 문제로 보는 것은 전통적인 견해다. 그런데 분배뿐만 아니라 성장 측면에서 노동소득분배율의 하락을 문제시하는 주장이 있다. 노동소득분배율 하락과 이로 인한 소득분배 악화는 성장에도 부정적인 영향을 미친다는 것이다. 이것이 바로 소득(임금)주도성장론의 주장이다.

## 2) 소득(임금)주도성장론

원래의 명칭은 소득주도성장이 아니라 임금주도성장wage led growth이다. 하지만 한국은 자영업자 비중이 크기 때문에 이들의 노동소득도 포함한다는 의미에서 임금주도성장 대신 소득주도성장이라고 부른다(따라서 이때의 소득은 자본소득을 제외한 노동소득을 지칭한다). 이 장에서는 소득주도성장과 임금주도성장을 같은 의미로, 서로 혼용해 사용한다.

### (1) 기본 내용과 실증 결과

임금주도성장론은 영국 경제학자 케인스를 계승하는 포스트 케인지언 계열에서 나온 이론이다. 케인스 학파는 경제의 수요와 공급 중에서 '수요'의 역할을 중시한다. 케인스는 '정부지출 확대→총수요 증가→경제성장'의 경로를 제시했다. 이에 비해 임금주도성장론은 정부지출은 논외로 하고, 민간 내의 자본과 노동소득분배율 변화를 통한 경제성장 경로를 제시한다. 기본 논리는 단순하다. 저소득층은 상대적으로 소비를 많이 하고 고소득층은 상대적으로 저축을 많이 한다. 즉, 소비성향(소득 중 소비 비중)은 저소득층이 고소득층보다 높다. 그런데 자본소득은 거의 고소득층에게 귀속되며 중하위층의 소득은 대부분 노동소득이다. 따라서 국민소득 중 자본소득을 줄이고 노동소득을 늘리면 전체 소비는 늘어난다. 그러면 '노동소득분배율 증가→소비 증가→총수요 증가→경제성장'의 경로로 이어진다는 것이다.

임금주도성장론의 아이디어는 칼레츠키(Kalecki 1939, 1971) 모형에서 비롯되었다. 칼레츠키 모형은 공급보다 수요가 부족해서 유휴설비가 존재하는 경제 상황을 전제한다. 이 경우에 노동소득분배율이 높아지면 투자는 어떻게 변할까? 두 가지 경로가 가능하다. 노동소득분배율이 높아지면 소비가 증가한다. 그러면 유휴설비를 가동하고 투자를 늘린다(경로 1). 그런데 노동소득분배율 상승은 자본소득분배율 하락, 즉 자본 투자에 대한 수익률 하락을 의미한다. 자본수익률이 낮아지면 투자는 줄어든다(경로 2). 이 두 경로 중에서 칼레츠키는 첫 번째 경로인 '소비 증가→투자 증가'만을 고려했다. 그래서 칼레츠키 모형에 따르면 노동소득분배율 상승(임금 상승)은 경제성장을 이끌게 된다.

현재 논의되는 임금주도성장론은, 기본 아이디어는 칼레츠키 모형에 근거하고 있지만, 이보다는 바두리와 마글린(Bhaduri & Marglin, 1990)의 모형을 따른다. 칼레츠키 모형이 노동소득분배율 상승에 의한 '소비 증가→투자 증가' 경로만을 고려한 데 비해 바두리와 마글린 모형은 '자본수익률 하락→투자 감소' 경로도 포함한다. 그리고 칼레츠키 모형이 폐쇄경제를 가정한 데 비해 이 모형은 수출입을 포함하는 개방경제를 가정한다.

개방경제에서 총수요는 가계 소비(C), 민간투자(I), 순수출(NX, 수출—수입), 정부지출(G)의 4개 항목으로 이루어진다(총수요=C+I+NX+G). 노동소득분배율 변화는 가계소득과 기업 이윤에 영향을 미치므로 소비(C)와 투자(I)는 노동소득분배율 변화에 따라 변한다. 또 노동소득분배율 변화는 수출품의 상대가격의 변화를 가져오므로 역시 순수출에 영향을 미친다. 정부지출도 노동소득과 자본소득의 상대적 크기 변화에 따라 영향을 받을 수 있겠지만, 그보다는 정부 판단에 따라 이루어지는 부분이 훨씬 크기 때문에 외생적인 것으로 간주해도 무리는 없다.

그렇다면 노동소득분배율이 높아질 때 소비, 투자, 순수출이 어떻게 변할지 따져보자. 소비는 가계소득에 의해 정해진다. 가계소득은 노동소득과 자본소득으로 이루어진다. 노동소득분배율이 높아지는 것은 가계소득에서 노동소득이 증가하는 것을 의미한다. 앞서 말했듯이 가계소득에서 노동소득 비중은 소득이 낮을수록 높다. 그리고 소비성향 역시 저소득 계층일수록 높다. 따라서 노동소득분배율이 높아지면 가계 소비는 늘어난다. 노동소득분배율 상승에 따른 소비 증가는 경로 1에 따라 간접적으로 투자를 늘릴 수 있다. 반면에 자본수익률(기업이윤율)이 하락함으로써 투자가 감소될 수 있다(경로 2). 한편 노동소득분배율 상승은 기업의 인건비 증가를 가져오는데, 이는 수출품의 상대가격을 높이고 수입품의 상대가격을 낮춘다. 따라서 순수출에는 부정적인 영향을 미친다.

정리하면 노동소득분배율 상승이 총수요를 구성하는 개별 항목들에 미치는 효과는 '+', '-', '0'이 모두 포함되어 있다. 따라서 이들을 모두 고려했을 때 총수요에 미치는 효과가 플러스일지 마이너스일지는 각 효과의 상대적 크기에 달려 있다. 바두리와 마글린은 노동소득분배율이 높아질 때 총수요가 증가하는 경우를 임금주도 수요체제, 총수요가 감소하는 경우를 이윤주도 수요체제라고 명명했다.

노동소득분배율의 변화가 총수요에 미치는 효과는 이론적으로는 둘 다 가능하므로, 이는 결국 실증의 문제가 된다. 그래서 바두리와 마글린(Bhaduri & Marglin, 1990) 이후, 각국의 수요체제가 어디에 해당하는지에 관해 다수의 실증연구가 이루어졌다. 그런데 실증 결과는 그다지 만족스럽지 못하다. 시기와 국가에 따라 임금주도와 이윤주도 수요체제로 갈리는 것은 원래 이론이 그러므로 당연하다. 하지만 사용한 계량 모델, 통제한 변수들 그리고 시계열의 길이에 따라 동일 기간 동일 국가에 대한 결과가 임금주도로 나오기도 하고 이윤주도로 나오기도 했기 때문이다.[6]

기존 실증연구 중에서 가장 널리 알려진 것이 오나란과 갈라니스(Onaran & Galanis, 2012)의 연구이므로 이 결과를 소개한다. 이 실증연구는 한국을 포함한

15개국이 임금주도와 이윤주도 수요체제 가운데 어디에 속하는지를 분석했다. 연구에 따르면, 8개국(미국, 터키, 이탈리아, 한국, 독일, 영국, 프랑스, 일본)은 임금주도 수요체제에 속하며 7개국(중국, 남아공, 오스트레일리아, 캐나다, 멕시코, 아르헨티나, 인도)은 이윤주도 수요체제에 속한다.[7]

### (2) 소득주도성장론과 생산성

일반적인 소득주도성장 모형은 수요 측면만을 고려한다. 그런데 임금(노동소득분배율) 상승은 수요뿐만 아니라 공급(생산성) 측면에도 영향을 준다. 앞서 논의한 칼레츠키 모형에서는 소득분배율 상승이 소비를 늘리면 설비가동률이 높아진다. 그리고 주어진 노동 공급에서 설비가동률이 높아지면 노동생산성은 높아진다. 일종의 규모 경제가 작용하는 것으로도 볼 수 있는데 이를 버둔 효과라고 한다. 또한 소비 증가는 설비가동률을 높일 뿐만 아니라 신규 투자도 촉진하는데, 신규 투자 증가는 성능이 개선된 기계 설비의 도입을 통해 노동생산성을 높인다. 이처럼 수요 증가가 투자를 촉진해 생산성을 높이는 것을 칼도 효과라고 한다. 그리고 이 둘을 합쳐서 칼도-버둔 효과라고 한다.[8] 또 임금 상승은 노동 절약적인 설비 투자 혹은 기술진보를 촉진함

---

6   다양한 실증연구 결과들은 스톡헤머(Stockhammer, 2017)에 잘 정리되어 있다. 이를 보면 대체로 임금주도 수요체제로 나온 경우가 많다. 이는 실제로 오늘날의 경제가 다수 국가에서 임금주도 수요체제적 성격을 갖기 때문일 수도 있지만, 어쩌면 주로 임금주도성장론을 지지하는 학자들이 실증연구를 수행했기 때문일 수도 있을 것 같다.

7   괄호 안의 국가 순서는 체제의 성격이 강한 국가 순서다. 즉, 대상 국가 중에서 미국은 가장 강한 임금주도체제, 일본은 가장 약한 임금주도체제, 중국은 가장 강한 이윤주도체제, 인도는 가장 약한 이윤주도체제에 속한다.

8   헤인과 타라소브(Hein & Tarassow, 2010)는 임금주도성장 모형에 따른 칼도-버둔 효과의 존재를 실증적으로 분석했다.

으로써 노동생산성을 증가시킬 수도 있다.[9] 이를 임금주도 기술진보 효과라고 한다(Naastepad, 2006; Storm & Naastepad, 2009b; 홍장표, 2014a 재인용). 그리고 효율임금 이론에 따르면 실질임금 상승은 해고의 기회비용을 높이므로 노동자들이 스스로 열심히 일하게 하는 동기를 부여하는데, 이는 곧 노동생산성 향상을 의미한다(Shapiro & Stiglitz, 1984; 홍장표 2014a).

이처럼 노동소득분배율 상승(임금 상승)이 다양한 경로를 통해 노동생산성을 높인다면 수요 증가뿐만 아니라 생산성 향상이 성장에 미치는 효과도 포함해야 한다. 생산성 향상 효과에 대한 실증분석도 다수 존재하는데, 한국의 경우 홍장표의 연구가 대표적이다. 홍장표의 연구는 문재인 정부가 소득주도성장 정책을 펼치는 데 중요한 역할을 했으므로 이 연구의 결과를 소개한다. 홍장표(2014b)는 1981~2012년의 한국 자료를 이용해 노동소득분배율 상승이 수요 및 생산성에 미치는 효과, 즉 한국 경제의 수요체제와 생산성체제를 분석했다. 이 연구에서는 임금근로자뿐만 아니라 자영업자를 포함한 노동소득을 분석했다. 수요체제 결과를 보면, 외환위기 이전 시기(1981~1997년)에는 자영업자를 제외하면 매우 약한 이윤주도체제이지만 자영업자를 포함하면 약한 소득주도체제가 된다. 이에 비해 외환위기 이후 시기(1981~1997년)에는 자영업자를 제외하거나 포함하는 경우 모두 소득주도체제다. 단, 자영업자를 포함했을 때 더 강한 소득주도체제가 된다.

생산성체제의 경우 한국 경제는 산출 증대가 노동생산성을 향상시키는 칼도-버둔 효과를 지닐 뿐만 아니라 산출을 통제한 상태에서도 임금 상승 자체가 노동생산성을 높이는 효과도 지닌 것으로 나타났다. 산출 증대가 노동생산성을 높이는 효과는 외환위기 이후가 이전보다 더 큰 데 비해, 임금 상승이

---

9  단, 이 경우에 노동 공급은 감소한다.

노동생산성을 높이는 효과는 외환위기 이전이 이후보다 더 큰 것으로 나타났다.

이와 같은 수요체제와 생산성체제를 종합해 최종적으로 노동소득분배율이 경제성장에 미치는 효과를 보면, 외환위기 이후 노동소득분배율 상승은 생산을 늘리고, 생산성도 높이고, 고용도 늘리는 것으로 나타났다. 이러한 결과를 토대로 홍장표(2014b)는 한국 경제의 특성에 대해 다음과 같은 결론을 내렸다.

① 투자는 기업의 이윤율에 거의 반응하지 않으며, 총수요로부터 큰 영향을 받는다. 실질임금 상승(노동소득분배율 증가)은 내수 시장을 회복시키고, 설비가동률을 높이며, 노동생산성 향상으로 투자를 촉진한다.

② 노동소득분배율 향상(소득분배 개선)은 수출경쟁력을 약화하지 않는다. 단기적으로는 노동소득 증가로 노동비용이 상승하면 수출경쟁력이 약화될 수 있다. 그러나 장기적으로는 노동소득 상승에 따른 노동생산성 향상으로 인해 수출경쟁력이 회복된다.

③ 1997년 외환위기 이후 한국 경제는 '임금 상승이 고용을 감소시킨다'라는 시장주의적 접근보다는 '임금 상승이 고용을 증가시킬 수 있다'라는 케인스적 접근이 타당하다. 노동소득이 증가하면, 자본소득보다 노동소득의 소비성향이 크기 때문에 소비가 늘어서 기업의 설비가동률을 높이고 투자를 유발함으로써 고용이 늘어날 수 있다.

④ 실질임금 상승과 소득분배 개선이 GDP, 노동생산성, 고용증가율에 미치는 효과는 자영업자를 포함하는 경우 더 크게 나타난다. 이는 한국 경제에서는 임금근로자의 임금 상승뿐만 아니라 자영업자를 포함한 저소득 계층의 실질 소득을 증가시키는 것이 경제성장에 더 효과적임을 의미한다.

이와 같은 홍장표의 진단에 따르면 한국 경제의 해법은 명확하다. 자영업자를 포함한 노동소득을 높이는 것이다. 이에 따라 홍장표(2014b)는 노동소득을 높이기 위한 정책 대안으로 최저임금제 강화, 생활임금제 도입, 생산성과 실질임금의 연계성 확립, 영세 자영업자 소득 안정 대책 등을 제시하고 있다.

## 3. 소득주도성장론 평가

### 1) 기존 연구의 소득주도성장론 쟁점

한국에서 소득주도성장론이 쟁점으로 떠오르면서 제기된 비판은 주로 두 가지다. 하나는 개방경제에서는 효과가 없다는 것이고, 또 하나는 단기적인 처방은 몰라도 장기적인 성장 전략이 될 수는 없다는 것이다.

#### (1) 개방경제에서의 효과

미국이나 일본 등 내수 비중이 높은 국가와는 달리 한국 경제는 대외의존도가 높다. 그래서 수출경쟁력 확보가 중요한데 소득주도성장론의 주장처럼 실질임금을 높이면 비용 증가로 수출경쟁력이 낮아져 성장에 부정적인 효과를 낳는다는 주장이다.

소득주도성장론을 지지하는 측에서 보면 이 주장은 타당하지 않다. 소득주도성장론에서는 이미 수출에 미치는 효과를 포함해 수요주도체제인지 이윤주도체제인지를 판별하기 때문이다. 앞서 언급한 바두리와 마글린(Bhaduri & Marglin, 1990)의 모형에서도 노동소득분배율 상승은 수출을 줄이고 수입을 늘리는 것으로 가정한다. 다만 소비 증대 효과가 이를 상쇄하고도 남으면 수요주도체제가 되는 것이다.[10] 즉, 개방경제에서는 소득주도성장론이 적용되지 않는다는 주장 자체는 소득주도성장론을 잘못 이해한 것이다. 하지만 소득주도성장론에 따른 정책 처방을 사용할 경우 대외의존도가 높은 경제는 내수 중심의 경제에 비해 효과가 떨어질 수 있다는 점은 유의해야 한다.[11]

오나란과 갈라니스(Onaran & Galanis, 2012)나 스톰과 나스테파드(Storm & Naastepad, 2011) 등 소득주도성장론을 지지하는 실증연구들도 전 세계적인 공급과잉 상황에서 전 세계가 공조하는 소득주도성장론의 처방(노동소득분배율 상승)은 대체로 각국의 경제성장에 긍정적인 효과를 가져오겠지만, 각국의 개별적인 소득주도성장론 처방은 각국의 경제체제에 따라 상이한 효과를 가져올 것이라고 말한다. 헤인과 문딧(Hein and Mundit, 2012)은 이를 전 세계적 케인지언 뉴딜Global Keynesian New Deal이라고 표현했다(표학길, 2016 재인용).

이런 면에서 보면 소득주도성장론의 처방은 토마 피케티가 『21세기 자본 Capital in the Twenty-First Century』(2014)에서 내린 처방과 유사하다. 피케티는 부가 부를 낳는 세습자본주의를 막기 위한 처방으로 각국이 공조하는 자본세 도입을 주장했다. 개방경제에서는 단지 한 나라에서 이루어지는 자본세 도입은 타국으로의 자본 유출만 가져올 뿐이고 효과가 없기 때문이다. 자본세 도입이나 실질임금의 인상은 자본의 이윤율을 낮춘다는 면에서 동일하다. 따

---

10  높은 수준의 개방경제라도 소득주도 수요체제가 가능하다는 실증연구 결과들은 홍장표의 연구 외에도 존재한다. 예를 들면 스톰과 나스테파드(Storm & Naastepad, 2011)는 스웨덴에 대한 분석에서 유사한 결과를 얻었다.

11  즉, 과거 시계열 자료를 통해 강한 소득주도체제라는 결과를 얻었다고 해도 실제 소득주도성장론의 처방을 사용한다면, 특히 대외의존도가 높은 개방경제에서는 예상보다 훨씬 낮은 결과가 나올 수 있다. 이는 근본적으로 과거 시계열 자료의 분석에서는 노동소득분배율이 거의 내생적으로 결정된 것과 달리, 소득주도성장론 처방을 사용한다는 것은 노동소득분배율이 외생적으로 결정된다는 것을 의미하기 때문이다. 이에 대해서는 뒤에서 더욱 상세히 논의한다.

라서 자본과 재화 이동이 자유로운 개방경제에서는 전 세계적인 공조가 아닌, 특정 국가만의 자본이윤율을 낮추거나 수출 재화의 가격을 높이는 정책은 효과가 떨어진다는 것은 분명하다.

물론 한국 경제에서 이런 효과의 크기가 얼마나 될지는 불분명하다. 법인세 인상으로 인한 자본 유출 효과의 크기를 알기 어려운 것과 마찬가지로 실질임금 인상으로 인한 자본 유출, 투자 감소, 수출경쟁력 약화의 크기도 알기 어렵다. 다만 그 효과가 크지는 않을 것 같다.[12]

### (2) 장기 성장 전략으로서의 유효성

경제성장 전략으로서 소득주도성장론의 가능성을 어느 정도 인정하는 주류 경제학자들도 이 이론이 단기적으로는 가능해도 장기적으로는 불가능하다고 말한다[(예를 들어 표학길(2016)]. 경제 침체기의 수요 확대 정책이 불황 타개책으로 유효하다는 점은 교조적인 합리적 기대론자가 아닌 한 대부분의 경제학자가 인정한다. 하지만 이는 단기 혹은 중기적인 경기변동에 대한 대응책이지 장기적인 성장 정책을 의미하지는 않는다.

장기적인 성장에는 혁신을 통한 생산성 향상이 필요하다는 것이 경제성장이론의 정설이며, 이 점은 소득주도성장론자들도 인정한다. 그래서 소득주도성장론에서는 노동소득분배율 향상(실질임금 증가)에 의한 총수요 증가가 설비가동률을 높이고 투자를 촉진함으로써 노동생산성을 높일 수 있다고 주장한다(칼도-버둔 효과). 또 임금 상승이 노동 절약적인 기술진보를 촉진함으로써 노동생산성을 높이는 효과도 있다고 주장한다(임금주도 기술진보 효과).

---

12  예를 들면 2018년에 이루어진 높은 수준의 최저임금 인상은 주로 서비스업종의 자영업자들에게 비용 증가를 가져왔다. 이에 비해 수출 대부분을 점유하는 제조업종 대기업의 비용 증가는 거의 없다. 따라서 수출경쟁력에도 별 영향을 미치지 않았다.

이론적으로만 보면 노동소득분배율 증가가 칼도-버둔 효과나 임금주도 기술진보 효과를 가질 수 있고, 그 경우 노동생산성은 높아질 수 있다.[13] 그러나 그 크기가 얼마나 될지는 의문이다. 기술진보와 투자를 통한 노동생산성 향상의 원천은 혁신이다. 그리고 혁신을 이끄는 동력은 혁신적인 기업가(발명가)의 혁신을 위한 노력이다. 이러한 노력을 끌어내는 인센티브로는 임금 상승에 따른 비용 절감 노력보다는 혁신을 통해 큰 이익을 얻을 수 있다는 기대가 훨씬 크게 작용할 것이다. 수요 증대 역시 그 자체가 혁신을 유발하는 인센티브가 되기보다는 수요 증대로 이윤 창출 기회가 늘어날 것이라는 기대가 인센티브 기능을 한다. 따지고 보면 임금 상승에 따른 비용 절감 노력 역시 비용을 절감함으로써 이윤을 늘리려는 것이므로 역시 이윤이 인센티브가 된다. 즉, 기업가의 혁신 유발의 동기는 '이윤'이다. 노동자의 노동에 대한 보상이 임금이듯이 기업가의 혁신에 대한 보상은 이윤이기 때문이다(Acemoglu, 2008).

정리하면, 소득주도성장론에 따른 노동소득분배율 증가가 생산성 향상에 긍정적인 영향을 미칠 수는 있다. 하지만 이것이 경제성장의 원천인 혁신 유발에 핵심적인 역할을 할 것으로 기대하기는 어렵다. 특히 장기적으로는 더욱 그렇다. 혁신 유발에 중요한 것은 이윤에 대한 기대이며, 그러한 이윤 획득 기회가 널리 개방된 경제제도다.

---

13 칼도-버둔 효과 자체는 소득주도성장론과 상관이 없다. 이는 단지 수요가 증대해서 투자가 증대하고 산출이 늘어나면 생산성이 높아진다는 것을 제시한 것뿐이다. 칼도-버둔 효과의 존재에 대해서는 그동안 다양한 실증분석이 있었다. 예를 들면 마르케티(Marquetti, 2004)는 100여 년(1869~1999년) 기간의 미국 경제에 대한 그랜저 인과성 검증 끝에 이 효과가 존재한다고 결론지었다. 그런데 수요가 늘고 투자가 증대하는 원인은 다양하며, 소득주도성장론적 처방뿐만 아니라 이윤주도성장론적 처방에서도 가능하다.

## 2) 추가적인 소득주도성장론 쟁점

앞서 기존 연구의 소득주도성장론에 대한 비판점(개방경제에서의 효과, 장기적인 성장 전략으로서의 한계)을 논의했다. 여기에서는 필자가 생각하는 소득주도성장론의 문제점을 논의한다. 이는 소득분배율 결정의 내생성과 정책시차에 대한 것이다. 이 두 가지가 앞서 제기한 기존 비판보다 더 중요한 문제라고 본다.

### (1) 소득분배율 결정의 내생성

노동소득분배율은 대체로 내생적으로 결정된다. 경제가 호황이면 노동 공급량이 늘거나 임금이 상승하거나 자영업자의 소득이 늘어나며, 불황이면 반대의 경우가 발생한다. 그리고 이에 따라 노동소득분배율이 변한다. 물론 최저임금 인상이나 노조의 임금 협상력 강화 등에 의해 외생적으로 임금 상승이 이루어지기도 하지만 내생적으로 결정되는 부분이 더 많을 것이다.

소득주도성장론에 관한 실증연구들은 과거 수십 년간의 시계열 자료를 이용한다. 그런데 분석 기간의 노동소득분배율 변화는 대체로 내생적으로 이루어진 부분이 외생적으로 이루어진 부분보다 클 것이다. 하지만 소득주도성장론 처방을 사용한다는 것은 노동소득분배율이 외생적으로 결정된다는 것을 의미한다. 그래서 실증연구에서 소득분배율 변화가 성장에 미치는 영향을 나타내는 계수값을 추정할 때도 소득분배율 변화는 외생적이라고 가정하고 추정하는 경우가 많다. 그런데 내생적으로 결정된 자료로부터 얻은 추정치를 두고, 외생적으로 결정했을 때 유사한 결과를 얻을 것이라고 주장하는 것은 타당성이 높다고 하기 어렵다.[14]

홍장표(2014b)가 외환위기 이후 한국 경제가 강한 소득주도 수요와 생산성 체제에 속한다는 결과를 얻었을 때도 분석 기간의 노동소득분배율은 외생적으로 결정되는 것으로 가정했다. 그런데 이 기간의 한국 경제는 경제구조 변화와 세계화 등의 영향으로 경제성장률은 낮아지고 대외의존도는 높아졌으며 실질임금상승률은 노동생산성증가율보다 낮아서 노동소득분배율이 떨어진 시기였다. 따라서 이 기간의 노동소득분배율 변화는 내생적으로 이루어진 측면이 더 많을 것이다. 그런데 내생적으로 이루어진 노동소득분배율 변화를 외생적이라고 가정하고 추정한 계수값이 노동소득분배율을 정책적으로(외생적으로) 변화시킬 때도 동일하게 유지될 것으로 기대하기는 어려울 것이다.

노동소득의 총량은 가격×양(임금수준×노동시장 참여 규모)으로 결정된다. 그래서 외생적으로 임금을 올린다고 해도 이로 인한 고용 감소 혹은 자영업자의 비용 증가(즉, 자영업자의 소득 감소)가 크다면 노동소득분배율이 얼마나 높아질지 알기 어렵다.[15] 그리고 외생적인 임금 인상이라도 최저임금 인상처럼 저임금 계층의 임금을 올리는지, 아니면 노조의 협상력 강화를 통해 중간 계층의 임금을 올리는지 등에 따라서도 효과는 달라진다. 최저임금 인상은 내수 중심인 서비스 부문 기업, 주로 자영업의 비용 상승을 가져온다. 이에 비해 노조의 협상력 강화를 통한 임금 인상은 주로 제조업 분야 대기업들의 비용 상승을 가져온다. 어느 계층의 소득이 상승하고 누가 비용을 부담하는지에 따라 소비와 투자에 미치는 효과는 달라진다.

지금까지의 논의가 갖는 함의는 두 가지다. 하나는 노동소득분배율 증가

---

14 내생적으로 결정되는 분배율 변화로부터 고용과 성장에 미치는 효과(외생적 영향)를 추정하면 계량경제학에서 말하는 모형 설정 오류(model specification error)를 범하기 쉽다. 이 오류가 있으면 추정계수에 편의(bias)가 발생한다.

15 특히 자영업자의 노동소득은 거의 전부 내생적으로 결정되기 때문에, 임금뿐만 아니라 자영업자의 노동소득을 포함할 때는 이 문제가 더욱 커진다.

가 성장에 미치는 효과를 추정한 실증연구 결과는 신중하게 해석해야 한다는 점이다. 또 하나는 노동소득분배율을 높이는 정책을 취할 때도 개개의 수단이 소비, 투자, 수출에 미치는 효과는 다르므로 이에 유의해서 신중하게 선택해야 한다는 점이다.

(2) 시차의 존재

소득주도성장의 성장 전략으로서의 가능성을 인정하는 주류 경제학자들도 이것이 단기에는 가능해도 장기적인 성장 전략이 되기는 어렵다고 주장했다. 하지만 필자는 반대로 소득주도성장이 단기적인 성장 전략으로서의 가능성에 대해서 회의적이다.

불황기에 수요를 진작하는 정책은 불황 타개책으로 효과적이다. 그래서 각국의 정부는 불황을 겪으면 수요 진작 정책을 펼친다. 그런데 수요 진작 정책은 거의 정부 재정지출 확대를 통해 이루어진다.[16] 불황 타개책으로 최저임금 인상 같은 민간 부문 내의 분배 변화 정책을 사용하는 사례는 찾기 어렵다. 이는 정부 재정지출 확대는 수요 진작 효과가 확실하지만, 민간 부문 내의 분배 변화는 그렇지 않기 때문이다. 불황기의 재정 확대는 적어도 단기적으로는 민간 수요에 거의 영향을 미치지 않으면서 총수요를 직접 늘린다. 그래서 수요 진작 효과가 확실하다. 하지만 민간 부문 내의 분배 변화는 총수요에 플러스와 마이너스 효과가 모두 존재할 뿐만 아니라 간접적으로 영향을 미친다. 그래서 설령 소득주도 수요체제 아래에서 총수요에 미치는 순효과가 플러스라고 해도 정부지출보다는 효과가 훨씬 늦게 나타난다.

---

16  직접적인 재정지출 확대뿐만 아니라 조세감면을 하기도 하는데, 조세감면 역시 조세지출로서 간접적인 재정지출 확대에 해당한다.

소득주도성장론의 처방이 효과가 있더라도 집행부터 효과까지의 정책 시차가 얼마나 될지는 알기 어렵다. 하지만 적어도 단기간은 아닐 것이며 중장기적으로 나타날 것이다.[17] 소득주도성장은 단기적인 성장 전략 혹은 불황 타개책이 될 수 없다. 그 대신 소득주도성장은 중장기적인 성장 전략이 되어야 한다. 여기에는 두 가지 이유가 있다. 첫째, 오늘날 경제에서 소득주도성장론의 처방은 시장경제의 시스템을 공고히 하는 정책이다. 둘째, 수요 부족은 일시적인 현상이 아니라 만성적인 것이 되었기 때문이다. 지금부터는 이에 대해 상세히 논의해본다.

### 3) 소득주도성장론 평가

앞서 논의했듯이 노동소득분배율 결정의 내생성과 기타 다양한 계량경제학적 어려움으로 인해 각국의 경제체제를 소득주도와 이윤주도로 판별한 실증연구들의 방법론적 타당성에 대해 다소 회의적이다.[18] 필자뿐만 아니라 스콧(Skott, 2016) 등이 지적했듯이 실증연구들의 방법론적 타당성은 아직 널리 인정받지는 못하고 있다.

한국의 경제체제가 강한 소득주도 수요체제와 생산성체제라는 실증 결과의 타당성을 확신하지는 못한다. 그렇지만 오늘날 한국 경제에 소득주도성

---

17  스콧(Skott, 2017)도 필자의 견해에 동조한다. 스콧은 원래 소득주도성장 이론은 중장기적인 모형인데, 종종 단기적인 경기 대응 목적으로 주장된다고 비판했다.

18  내생성 외에 대표적인 것으로 제외된 변수(omitted variable) 문제를 들 수 있다. 스톡해머(Stockhammer, 2017)가 수요체제를 판별한 기존 실증연구들의 모형을 보면 포함하고 있는 통제변수들이 다양하다. 포함해야 할 통제변수를 제외하면 내생성의 경우와 마찬가지로 추정 계수값에 편의가 발생한다.

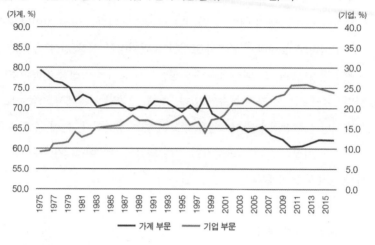

그림 4.5   국민소득 중 가계와 기업 부문의 비중 변화(1975~2015년, %)

자료: 한국은행 경제통계시스템( https://ecos.bok.or.kr).

장론은 중요한 의의를 지니고, 따라서 그에 입각한 정책 처방이 필요하다. 이
유는 명확하다. 노동소득분배율 감소와 그에 따른 양극화 추세의 지속은 한
국 경제에 심각하게 부정적인 영향을 미치기 때문이다. 이는 형평성 측면에
서는 물론이고 성장 측면에서도 그렇다.

(1) 불평등 심화는 장기적인 성장을 저해한다

〈그림 4.3〉에서 나타났듯이 한국의 노동소득분배율은 외환위기 이후부터
뚜렷한 감소 추세를 보인다. 이윤 몫은 늘어나고 소득(임금) 몫은 감소하고
있다. 이러한 경향은 국민소득 중 기업(법인) 몫과 가계(비영리 포함) 몫의 비
중 변화를 보여주는 〈그림 4.5〉를 보더라도 뚜렷하다. 〈그림 4.5〉를 보면
1970년대 중반부터 1980년대 초반까지 가계 부문의 본원소득 비중은 감소하
고 기업 부문의 비중은 증가했다. 이는 과거 개발연대 기간에 기업이 급성장

한 현상을 반영한다. 하지만 1980년대 중반부터 외환위기 이전까지는 가계와 기업 부문의 몫이 약간의 등락을 보이면서 비교적 일정하게 유지되었다.[19] 외환위기 당시 기업의 이윤이 대폭 감소하면서 상대적으로 가계 몫이 일시에 커졌지만, 이는 예외적인 상황이다.

중요한 것은 외환위기 이후 현재까지의 상황이다. 외환위기 당시 1998년도의 급격한 변동을 제거하더라도 외환위기 이후 2010년 무렵까지 가계 몫이 감소하고 기업 몫이 증가하는 뚜렷한 경향을 보인다. 2011년부터는 가계 몫이 다소 증가하고 기업 몫이 감소하는 경향을 보이지만 이러한 반등의 크기는 작은 편이고, 아직은 이것이 일시적인지 또는 추세 전환인지 판단하기 어렵다.

주상영(2017)은 OECD 주요 국가(미국, 일본, 프랑스, 독일, 영국)와 한국을 대상으로 국민소득 중 가계 몫과 기업 몫의 비중을 비교했다. 이에 따르면 한국은 가계 몫은 제일 작고 기업 몫은 제일 큰 것으로 나타났다. 한국 다음으로 가계 몫이 작고 기업 몫이 큰 국가는 일본이었다. 이러한 분석 결과를 바탕으로 주상영은 일본의 1990년대 초반 이후 20년간의 경기침체 원인으로 임금을 억제하고 저축을 늘리는 전략에 따른 비용의 역설을 지적했으며, 한국도 유사한 경로를 밟고 있다고 주장했다.[20]

한국은 내수 비중이 높은 일본과는 달리 대외의존도가 높은 개방경제다. 그래서 가계 부문의 소득 비중 감소가 총수요 부족에 미치는 효과가 일본과는 다를 것이다. 하지만 외환위기 이후 20년간 가계소득과 소비 비중이 줄어

---

19  정부 부문의 경우 해당 기간에 서서히 증가하는 추세이기는 하지만 11~15% 사이에 있어서 큰 변화는 없다.

20  이러한 일본의 전략(높은 저축, 낮은 소비·투자)이 일본 장기침체의 원인이라는 지적은 리처드 쿠(2013)의 '밸런스시트 불황'이라는 개념으로 널리 알려졌다.

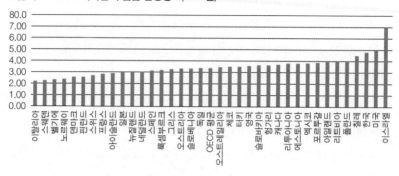

그림 4.6  OECD 국가들의 임금 불평등도(2014년)

주: 전일제 근로자 대상, 칠레와 스웨덴은 2013년 자료임.
자료: http://stats.oecd.org

든 반면에 대기업의 수출과 저축(사내유보) 비중은 늘었는데, 같은 기간 경제
성장률은 낮아졌다. 따라서 가계소득 증대를 통한 소비 확대 전략이 경제성
장으로 연결될 개연성은 존재한다. 최소한 '그동안 수출 확대 전략(혹은 이윤
주도 전략)이 썩 성공적이지 못했으니 이제 소득주도 전략을 실행해보자'라는
주장에도 나름의 일리는 있다. 그런데 이런 가능성보다 더 중요한 것은 이러
한 추세가 계속될 때 한국 경제는 어떤 모습을 갖게 될 것인가다.

앞서 말했듯이 한국 경제에서는 특히 외환위기 이후 소득분배율이 하락하
고 실질임금 상승과 노동생산성 향상 사이의 격차가 커졌다. 그뿐만 아니라
같은 임금(혹은 노동소득) 내에서도 고임금 계층과 저임금 계층의 격차는 더
욱 벌어졌다. 〈그림 4.6〉을 살펴보자. 이 그래프는 임금의 십분위 배율(D9/
D1), 즉 임금을 오름차순으로 나열했을 때 90% 지점(상위 10%)에 위치하는
임금이 하위 10% 지점에 위치하는 임금의 몇 배인지를 보여준다. 이를 보면
한국은 이스라엘과 미국 다음으로 임금 불평등도가 가장 심한 국가에 해당
한다.

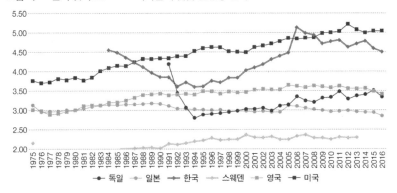

그림 4.7 한국 및 주요 OECD 국가들의 임금 불평등 변화

주: 전일제 근로자 대상.
자료: http://stats.oecd.org

〈그림 4.6〉이 2014년이라는 특정 시점의 임금 불평등(D9/D1) 수준을 보여주고 있는 데 비해 〈그림 4.7〉은 지난 수십 년간의 임금 불평등(D9/D1) 추이를 보여준다. 이 그래프에서 두드러지는 두 국가가 한국과 미국이다. 미국은 1970년대 후반부터 현재까지 임금격차가 계속 커졌다. 그리고 한국은 1990년대 초반까지는 임금격차가 급속히 줄었으나 그 이후부터 2007년까지는 미국보다 훨씬 빠른 속도로 늘었다. 따라서 1990년대 중반 이후 한국의 임금 불평등 심화는 다른 국가들에 비해 훨씬 급격하게 진행되었음을 알 수 있다.

수년 전 프랑스 경제학자 토마 피케티의 『21세기 자본』이 큰 반향을 일으켰다. 그의 주장의 핵심은 'r〉g', 즉 자본수익률이 경제성장률보다 높다는 데 있다. 'r〉g'는 자본 몫 증가와 노동 몫 감소를 가져오고, 그 결과 '빈익빈 부익부'는 심화해 부의 대물림이 이어지는 세습자본주의가 도래한다는 것이다.[21] 향후 노동소득분배율 감소(자본 몫 증가와 노동 몫 감소) 경향이 지속해 '빈익빈 부익부'가 심화하는 것을 그대로 놓아두어도 괜찮을까? 물론 아니다. 심화하는 분배 악화는 형평성 측면에서 바람직하지 않을 뿐 아니라 장기적인 성장에 부정적인 영향을 미친다. 이는 노벨 경제학상 수상자인 스티글리츠가 미국 사회의 불평등 심화에 대해 지적한 내용과 같은 맥락이다. 그는 자신의 책『불평등의 대가Price of Inequality』(2013)에서 다음과 같이 말했다.

> 우리는 지금 불평등 때문에 큰 대가를 치르고 있다. 경제 시스템은 안정성과 효율성이 떨어져 성장 둔화를 겪고 있고, 민주주의 역시 위기에 처해 있다. …… 미국은 더 이상 기회의 땅이 아니며, 오랫동안 칭찬받아온 법치주의와 사법 시스템마저도 흔들리고 있는 현실을 자각하면, 국민적 일체감 역시 무너질 우려가 있다(스티글리츠, 2013).

요컨대 극심한 불평등은 사회 불안정을 가져오고, 이는 경제성장에도 부정적인 영향을 끼친다는 것이다. 물론 정교한 경제 모형을 갖추고 엄밀한 실증분석을 한 끝에 나온 주장은 아니다. 그런데도 그의 주장에 많은 사람이 동의한 것은 체험으로 느끼기 때문일 것이다. 스티글리츠뿐만이 아니다. 다수의 학자가 유사한 주장을 했다.[22] 국내에서도 마찬가지다. 소득주도성장론자가 아니더라도 한국 사회의 심각한 불평등 문제가 사회통합을 저해하고 이는 견실한 경제성장을 위협한다는 데 많은 사람이 동의하고 있으며, 이를 논의한 다수의 논문과 저서도 출간되었다.[23] IMF와 세계은행처럼 보수적인

---

21  엄밀히 따지면 피케티가 지칭하는 '자본'은 생산요소로서의 자본보다는 넓은 개념이지만, 생산요소로서의 자본으로 간주해도 큰 무리는 없다.

22  이에 관한 연구들은 Dabla-Norris(2015)에 잘 정리되어 있다.

23  대중적으로 널리 알려진 책으로는 장하성 교수의『한국자본주의』(2013),『왜 분노해야 하는가』(2015)를 꼽을 수 있다.

경제기구에서도 불평등 심화가 경제성장을 저해한다는 연구 결과를 연이어 발표하고 있는 것을 보면 이는 거의 정설이 되었다고 할 수 있다.

정리하면, 노동소득분배율을 높이라는 소득주도성장론의 주장은 한국 경제의 장기적인 성장에 필요하다. 하지만 이는 한국이 소득주도 경제체제이기 때문이 아니다. 그보다는 노동소득분배율 하락이 지속되어 분배 악화가 심화하면 경제사회 시스템의 기반이 침식되고, 이는 경제성장에 부정적인 영향을 미칠 것이기 때문이다.[24]

(2) 시장경제의 효율적 작동을 위해서는 계약의 공정성이 보장되어야 한다

시장경제의 효율성은 자원을 적절히 배분하고, 경제주체가 경쟁에서 살아남기 위해 노력함으로써 이루어지는 투입으로 생산 혹은 사회효용을 극대화하는 것을 의미한다. 시장경제의 효율성은 완전경쟁이라는 시장 조건이 충족될 때 이루어진다. 즉, ① 진입과 탈퇴가 자유로우며, ② 개별 경제주체가 가격에 영향을 미칠 수 없고, ③ 정보 비대칭이 없으며, ④ 외부경제가 존재하지 않아야 한다. 물론 이러한 조건을 완벽하게 충족하는 상황은 거의 존재하지 않는다. 이 조건들이 충족되지 않으면 효율성이 달성되지 않는 시장 실패market failure가 발생한다. 시장 실패의 교정은 정부의 기본적인 경제 역할이다. 시장 실패의 발생 원인은 다양한데, 그중 하나가 경제활동 참여자들이 대등한 지위가 아닌 경우다. 다른 참여자들에 비해 우월한 지위에 놓인 참여자가 이를 이용해서 이득을 취하면 다른 참여자들은 손실을 본다. 완전경쟁이 아닌 상태에서 이루어진 것이므로 이득의 크기는 손실의 크기보다 작으며

---

24 오해의 소지가 있을지 몰라 덧붙이자면, 경제성장 여부와는 별개로 분배의 형평성은 그 자체로 중요하다. 다만 이 장의 주제는 성장이므로 형평성을 논외로 하고 단지 성장을 위해서도 불평등 완화는 중요하다는 것이다.

시장경제는 비효율적으로 된다.

시장경제는 참여자들의 자유로운 의사에 기반을 둔 계약으로 수행되는 것이 원칙이다. 자유로운 의사에 기반을 둔 계약은 '싫으면 거부하고 다른 대안을 찾을 수 있을 때' 이루어지며, 이 경우 참여자들은 대등한 지위에 놓인다. 참여자들이 대등하지 못한 상태에서 이루어진 계약은 불공정한 계약이며, 불공정한 계약으로 수행되는 시장경제는 역시 불공정하다. 즉, 시장경제 공정성의 기본은 계약의 공정성인데, 이를 위해서는 '참여자들의 대등한 입장'이라는 조건이 지켜져야 한다. 따라서 '참여자들의 대등한 입장'은 시장경제 공정성의 핵심인 동시에 시장경제의 효율성이 충족되기 위한 조건이다.

한국 경제의 불평등은 상당 부분 참여자들이 대등한 지위가 아니기 때문에 발생한다. 우월한 지위에 있는 참여자가 자신의 지위를 이용해 이득을 취함으로써 불평등이 발생한다. 원청과 하청, 대기업과 중소기업, 본사와 프랜차이즈 가맹점, 고용주와 피고용인, 임대인과 임차인 등 다양한 관계에서 참여자들은 대등한 지위가 아니며, 어느 한쪽이 우월적 지위를 이용해 이득을 취한다. 이는 시장경제의 공정성을 파괴하는 것이며 효율성도 훼손한다.

흔히 한국 경제의 문제점으로서 만연한 지대 추구rent seeking 행위를 지적한다. 본연의 기업 활동보다는 특권을 이용한 돈 벌기에 치중함으로써 혁신이 어려워지고 불평등이 심해진다. 이는 비단 한국만의 문제가 아니다. 앞서 언급한 스티글리츠 역시 미국 불평등 심화의 주원인으로서 지대 추구 행위로 인한 시장경제의 공정성 훼손을 지목했다. 지대 추구 행위는 경제 참여자들이 대등한 지위가 아니기 때문에 발생한다.[25]

---

25 이 부분의 논의(시장경제의 공정성과 경제성장)는 김태일(2017)의 논의를 바탕으로 이루어졌다.

소득주도성장론의 대표적인 처방 중 하나가 노동조합의 협상력 강화를 통해 임금을 높임으로써 노동소득분배율을 올리라는 것이다. 노동자가 개인별로 임금을 협상하는 대신에 노동조합을 통해 단체로 임금을 협상하는 이유는 노동자 개인과 고용주의 임금 계약은 대등한 입장에서 이루어질 수 없기 때문이다. 그래서 노동조합을 통한 단체 임금 협상은 임금 계약의 공정성을 담보하는 장치다. 소득주도성장론자들은 노동조합의 임금 협상력 약화가 지난 수십 년에 걸친 노동소득분배율 악화의 주원인이라고 여긴다. 따라서 노동조합의 임금 협상력을 복원해야 한다고 주장한다. 최저임금 인상도 동일한 맥락으로서 계약의 공정성을 확보하기 위한 것에 해당한다.[26]

이처럼 임금을 높이라는 소득주도성장론의 처방은 임금 계약에서 참여자들의 대등한 지위를 보장(혹은 불평등한 지위를 완화)함으로써 시장경제의 공정성을 높이는 것에 해당한다. 그런데 참여자들 사이의 불평등을 완화해 시장경제의 공정성을 높이는 정책은 임금 계약뿐만 아니라 원청-하청 관계, 대기업-중소기업 관계 등 다양한 부문에서 필요하다. 그리고 이런 부문에서 시장경제의 공정성을 회복하는 정책들은 결과적으로 노동소득분배율을 높인다. 예를 들어 원청보다는 하청기업에서, 대기업보다는 중소기업에서 상대적으로 자본소득보다 노동소득 귀속 몫이 더 클 것이다. 따라서 시장경제의 공정성을 높이는 정책은 넓게 보면 모두 소득주도성장론의 처방에 해당한다. 이는 동시에 시장경제의 효율성을 높이는 정책이기도 하다. 우리 사회의 노동분배율을 높이고 불평등을 완화하는 데는 다양한 부문에서 계약의 공정성을 높이는 정책들이 직접 임금을 올리는 정책보다 더 중요하다.

---

26  이 경우에 저임금 노동자들이 임금 계약에서 불리한 위치에 있으므로 공정한 계약일 때 받을 수 있는 임금보다 더 낮은 임금을 받는 것이며, 최저임금은 대등한 입장일 때 받을 수 있는 수준을 담보하는 장치인 셈이다.

(3) 이제는 성장 전략으로 생산성 향상뿐만 아니라 수요 진작도 필요하다

작년보다 올해 경제가 더 성장했다는 것은 작년보다 올해 더 많은 재화와 서비스를 생산하고 판매했다는 의미다. 더 많은 생산은 공급이 증가한 것이고, 더 많은 판매는 수요가 커진 것이다. 즉, 경제성장이란 공급 그리고 그에 따른 수요 확대를 의미한다. 전통적인 경제성장론에 따르면 수요 부족(공급에 미치지 못하는 수요)은 단기적인 현상이다. 그래서 일시적인 정부지출 확대로 수요를 늘려야 한다. 그리고 장기적인 성장을 위해서는 공급능력(생산성) 향상이 중요하다. 즉, 수요 진작은 단기적인 불황 타개책이고, 생산성 향상이 장기적인 성장 전략이다. 그리고 앞서 말했듯이 생산성 향상에는 혁신이 핵심이다.

장기적인 성장에 혁신을 통한 생산성 향상이 중요하다는 점은 분명하며 이론이 없다. 그러나 수요 부족이 단기적인 현상이고 수요 진작 정책이 일시적인 처방인가에 대해서는 논란이 존재한다. 과거 제조업 중심의 산업사회에서는 타당할 수 있다. 하지만 서비스업 중심의 지식 기반 탈산업사회, 여기에 세계화가 더해진 오늘의 경제에서는 그렇지 않다. 노동 절약적인 기술진보에 따라 생산물의 배분에서 노동의 몫은 줄고 자본의 몫은 늘었다. 게다가 세계화는 바닥으로의 경쟁race to the bottom을 부추겨서 노동 몫의 감소를 촉진했다. 생산능력은 계속 향상되었으나 수요는 그에 맞춰 늘지 않았다. 이에 따라 공급 과잉 혹은 수요 부족은 일시적인 현상이 아닌 만성적인 것이 되었다.[27]

---

27 수년 전부터 논의되고 있는 뉴 노멀(New Normal)의 특성 중 하나가 바로 만성적인 수요 부족이다. 만성적인 수요 부족에 관한 논의는 오래전부터 있었다. 예를 들면 넬(Nell, 1985)은 대량생산 경제에서 과잉 공급(수요 부족)은 예외적이 아니라 항시적으로 주어지는 것으로 간주해야 한다고 주장했다. 또한, 조절이론에서는 1970년대 이후의 침체(만성

소득주도성장론은 이런 만성적인 수요 부족 상황에 대처하기 위해 나온 것이다. 정부가 적극적 재정정책을 펼치는 것은 단기간은 가능해도 장기간 지속하기는 어렵다.[28] 따라서 만성적인 수요 부족은 정부지출 확대보다는 민간 수요 증가로 대응해야 한다. 그래서 민간 수요 증가 방안으로 노동소득분배율 증가를 제시한 것이다. 소득주도성장론에서는 노동소득분배율 하락이 만성적 수요 부족의 주원인이라고 진단하기 때문이다. 그러나 노동소득분배율 하락이 만성적인 수요 부족의 주원인은 아니다.[29] 하지만 다양한 원인 중 하나임은 분명하며, 그래서 노동소득분배율을 높이는(혹은 하락을 억제하는) 정책은 수요 부족에 대한 대응책의 하나로 필요하다. 이런 측면에서도 노동소득분배율을 높이는 정책, 혹은 노동소득분배율을 일정 수준 이상 유지하도록 하는 처방은 장기적인 성장 전략의 '일부'가 될 수 있다.

### (4) 성장 전략으로서 소득주도성장론의 역할

지금까지의 논의를 정리하면 다음과 같다. 소득주도성장론의 처방은 ① 단기적인 성장 전략이 아니다. 그보다는 ② 공정성을 확보함으로써 시장경제가 효율적으로 작동하도록 하는 것, 즉 견실한 경제 시스템 구축에 해당한다. 아울러 이는 ③ 만성적인 수요 부족에 대한 대책으로 유효하다. 즉, 소득

---

적인 수요 부족)를 20세기 중반 서구 자본주의 황금기의 포디즘적 생산체제에 기반을 둔 노사 타협이 깨졌기 때문으로 설명한다.

28  적극적(확장적) 재정정책이란 적자 재정, 즉 빚을 내서 정부지출을 행하는 것을 의미한다. 적자 재정을 장기간 지속하는 것은 바람직하지 않을 뿐만 아니라 지속 가능성이 없다.

29  수요 부족의 가장 중요한 원인은 새로운 수요를 창출할 혁신 제품의 부족이다. 애플의 혁신 제품인 아이폰이 엄청난 규모의 스마트폰 및 그와 연관된 제품과 서비스 수요를 창출한 사례를 떠올려보라. 이에 대한 논의는 김태일(2017)에 상세하게 제시되어 있다.

주도성장론의 처방은 시장경제의 공정성을 확보하고 수요를 늘림으로써 성장의 기반을 마련하는 것이다. 이러한 기반이 갖춰져야 그 위에서 혁신이 이루어지고 이를 통해 생산성을 높임으로써 장기적으로 지속 가능한 성장이 가능할 수 있다. 바로 이것이 한국 경제의 성장에서 소득주도성장론이 담당해야 할 역할이다.


## 4. 향후 한국 경제에서 소득주도성장론의 역할

### 1) 문재인 정부의 성장정책 평가

소득주도성장이 문재인 정부의 성장 전략을 대표하는 것으로 알려져 있지만 문재인 정부 집권 초반인 2017년 7월에 발표한 성장 전략을 보면 소득주도성장은 네 가지 정책 방향(일자리 중심 경제, 소득주도성장, 혁신성장, 공정 경제) 가운데 하나다(기획재정부, 2017). 그런데 나머지는 주목받지 못하고 유독 소득주도성장만 부각된 데는 두 가지 이유가 있다. 우선 나머지 정책 방향은 이전 정부에서도 강조해왔던 것들이며,[30] 한국 경제의 성장에 중요하다고 일반적인 합의가 이루어진 것들인 데 비해 소득주도성장은 생소한, 그리고 주류 경제학계에서는 그다지 받아들여지지 않는 이론에 근거한 것이기 때문이다. 하지만 그보다 더 중요한 이유는 나머지 세 가지 방향을 위한 처방들은 덜 가시적인 데 비해 소득주도성장의 핵심 처방인 최저임금 인상은 사회적

---

30  예를 들어 박근혜 정부가 내세운 창조경제는 혁신과 마찬가지 개념이다. 또한 박근혜 정부가 들고나온 경제 민주화는 공정 경쟁과 거의 동일한 개념이며, 실업률 감소 대신 고용률 제고를 강조한 것은 일자리 창출을 강조한 것과 마찬가지다.

파장이 컸기 때문일 것이다.

급격한 최저임금 인상(2018년 16.4 %, 2019년 10.9%)이 가져온 사회적 파장 (예컨대 영세 자영업자의 어려움)으로 인해 소득주도성장의 타당성 논란이 커지자 문재인 정부는 혁신성장을 강조하기 시작했다. 예를 들면, 2018년 5월 31일에 열린 국가재정전략회의에서 문재인 대통령은 "소득주도성장과 혁신성장은 함께 가야 한다"라고 말했다(한국일보, 2018). 그 며칠 뒤 당시 김동연 경제부총리도 같은 말을 했다(경향신문, 2018 참조). 앞서 말했듯이 경제성장에 '혁신'이 중요하다는 사실은 두말할 필요가 없으며, 공정한 시장경제는 혁신을 위한 밑바탕이다. 그리고 오늘날 한국 경제에서 일자리 창출이 중요하다는 주장에는 누구나 동의한다. 또한, 앞서 논의했듯이 소득주도성장의 처방은 시장경제의 지속 가능한 성장 기반을 구축하는 것이다. 따라서 문재인 정부가 '일자리 중심 경제', '혁신성장', '공정 경제'를 '소득주도성장'과 함께 성장 전략의 네 방향으로 제시한 것은 적절하다.

다만 아쉬운 것은 성장 전략으로서 '소득주도성장'의 역할에 대한 인식이다. 문재인 정부 집권 초반에는 소득주도성장을 단기적인 내수 진작책으로 인식한 듯하다. 그래서 16.4%의 최저임금 인상을 결정하면서 소비 진작을 통해 고용의 감소 없이 경제성장을 가져올 것으로 기대했다.[31] 전통적인 경제이론에 따르면 가격(임금)이 오르면 수요(고용)가 감소하는 것이 당연하다. 물론 최저임금 인상의 고용 감소 효과는 거의 없거나 오히려 고용을 늘린다는 실증연구도 존재한다. 하지만 이는 다소 예외적인 상황이고, 적어도 단기적으로는 고용에 부정적일 것으로 예측하는 것이 상식적이다.[32] 그래서 최저

---

31  예를 들면 2017년 11월 당시 김동연 경제부총리는 "저임금 노동자의 가계소득이 늘면 소비가 증가해 성장에도 도움이 되며, 취약 계층의 인적자본 투자 확대로 중장기 성장잠재력도 확충될 수 있다"라고 말했다(연합뉴스, 2017 참조).

임금 인상의 부작용을 예상하고 이를 최소화하면서 긍정적인 효과를 높이도록 설계하고 실행해야 했는데 그렇지 못했다.

다시 강조하는데, 소득주도성장론의 처방은 단기적인 경기 대응 수단 혹은 직접 성장을 유발하는 수단이 아니다. 이는 시장경제가 본연의 기능을 잘할 수 있게 하는 기반을 구축하기 위한 시장경제의 공정성을 확보하는 일에 해당한다. '공정 경제'가 직접 성장을 견인하는 수단이 아니듯이 소득주도성장론의 처방도 직접적인 성장 견인 수단이 아니다. 성장을 위한 이상적인 시장경제체계는 참여자들이 각자의 재능과 능력을 충분히 발휘하고 이를 통해 혁신이 유발되도록 하는 것이다. 이런 체계를 갖추기 위해서는 두 가지가 필요하다. 첫째, 공정한 경쟁 보장이다. 둘째, 사회안전망 구축이다. 경쟁이 공정하고 경쟁에서 지더라도 일정 수준의 생활을 유지하며 재기의 발판을 마련할 수 있을 때 참여자들은 최선을 다하고, 이를 통해 혁신이 유발될 것이기 때문이다.[33] 여기에 하나를 덧붙인다면 참여자들의 역량을 높일 수 있는 교육훈련체계를 갖추는 일(인적자본 투자)이 될 것이다.

'공정 경쟁, 사회안전망, 그리고 인적자본 투자의 바탕 위에 혁신을 통한 성장을 이루는 것'은 앞서 말한 2017년 7월에 발표한 문재인 정부의 성장 전략에도 모두 담겨 있다. 네 가지 정책 방향(일자리 중심, 소득주도성장, 혁신성

---

32  최저임금 인상이 고용에 긍정적일 수 있다는 실증연구로는 미국 경제학자 카드(Card)의 연구가 대표적이다. 그러나 그의 연구는 경기 상황이 좋을 때(Card, 1988) 혹은 맥도널드처럼 자본집약도가 높은 대형 프랜차이즈를 대상으로 한 것(Card & Krueger, 1994)이기 때문에 일반화하는 데는 무리가 있을 것 같다. 이에 대한 상세한 논의는 필자의 글인 Kim & Taylor(1995)와 Aaron(2018)을 참조할 수 있다.

33  한국 경제는 대외의존도가 높다. 대외의존도가 높은 개방경제는 내수 중심 경제보다 변동성이 크다. 그래서 사회안전망을 갖추는 일이 더욱 필요하다. 이에 대한 논의는 Rodrick (1998)을 참조할 수 있다.

장, 공정 경제)은 각각 하위 전략 세 가지를 담고 있는데, 소득주도성장의 하위 전략은 가계 가처분소득 증대, 사회안전망 확충, 인적자본 투자 확대였다. '사회안전망 확충'과 '인적자본 투자 확대'가 소득주도성장론의 처방인지는 논란이 될 수 있다. 하지만 항목 분류의 타당성과는 별개로 이들을 성장 전략으로 설정한 것은 타당하다.

정리하면, 문재인 정부의 성장 전략은 타당하다. 다만 실행 과정에서 유독 소득주도성장만 강조되었고 특히 소득주도성장의 대표 정책으로 급격한 최저임금 인상을 실행하면서 사회적 파장이 커진 점은 아쉽다.

### 2) 소득주도성장론과 향후 한국 경제의 방향

그렇다면 향후 한국 경제에서 소득주도성장론의 역할은 무엇인가. 소득성장론의 주장이 여전히 유효하다면 이를 어떻게 추진해나가야 하는가. 이에 대해서 두 유형으로 구분해 답을 제시해본다. 먼저 지금까지의 논의를 통해 이미 나온 쟁점들을 다시 한 번 명확하게 정리하고, 나아가 이들 시사점을 바탕으로 새로운 제안을 해본다.

### (1) 기존 논의의 정리

앞서 논의한 소득주도성장론의 의의와 역할을 정리하면 다음과 같은 두 가지 시사점을 도출할 수 있다. 첫째, 소득주도성장은 장기적인 성장 기반을 구축하는 것임을 분명히 하고 장기적인 관점에서 꾸준히 추진해야 한다. 단기적으로 성과가 나오는 것이 아니므로 급격한 변화보다는 부작용을 줄이면서 조금씩 꾸준히 변화를 가져오게 하는 것이 적절하다.

둘째, 임금 계약 외에 다양한 부문에서 계약의 공정성을 높이는 정책도 중요하게 추진해야 한다. 정부는 최저임금 인상으로 늘어난 자영업자의 인건비 부담을 덜어주기 위해 임대료, 카드 수수료, 프랜차이즈 가맹 본사의 수익 구조에 대해 규제했다. 이들에 대한 규제는 필요하다. 그러나 이는 최저임금 인상의 부작용 완화를 위해서가 아니다. 정부가 규제를 가한 사항들은 계약 쌍방의 지위가 대등하지 못함에 따라 계약의 공정성이 지켜지지 않는 대표적인 것들이기 때문이다. 즉, 시장경제의 공정성 확립을 위한 것이며, 이는 노동소득분배율을 높이고 불평등을 줄이는 데 기여한다. 물론 이 규제 정책들 역시 단기적인 처방은 아니기 때문에, 장기적인 관점에서 부작용을 줄이면서 조금씩 꾸준히 변화를 가져오도록 하는 것이 적절하다.

### (2) 추가적인 제안

첫째, '노동소득분배율'을 중장기 경제 전략의 지표로 설정하고 관리해야 한다. 소득주도성장론의 주장을 한마디로 요약하면 노동소득분배율을 높이라는 것(혹은 하락을 막으라는 것)이다. 이는 꼭 소득주도성장론의 주장이 아니더라도 필요하다. 노동소득분배율 하락은 불평등 심화를 가져오고, 이는 우리 경제사회 시스템의 기반을 침식하기 때문이다. 그래서 앞으로는 경제 전략을 세울 때, 경제성장률이나 국가채무 수준 등의 지표를 목표로 세우고 관리하듯이 노동소득분배율도 지표로 설정하고 관리하는 일이 필요하다.

앞서 말했듯이 노동소득분배율은 내생적으로 정해지는 부분이 크다. 이를 직접(즉, 외생적으로) 높이는 정책은 최저임금 인상을 제외하면 마땅한 것을 찾기 어렵다.[34] 그리고 최저임금 인상이 고용 감소나 자영업자의 노동소득 감소를 초래하면 최종적으로 노동소득분배율에 미치는 효과는 알기 어렵다.

---

34 노조의 협상력 강화나 생활임금 제정 등도 외생적으로 노동소득을 높이는 정책이라고 할 수 있겠지만 한국 경제 현실에서 이런 정책의 효과는 매우 제한적이다.

그래서 최저임금 인상 같은 외생적인 정책도 꾸준히 신중하게 추진해야겠지만 그와 함께 간접적으로, 즉 내생적으로 결정되는 노동소득분배율을 높이는 정책이 중요하다. 이와 관련해 계약의 공정성을 높이는 다양한 정책들 역시 노동소득분배율을 높이는 정책에 해당한다. 노동소득의 크기는 노동의 '가격×양'에 의해 결정된다. 따라서 이를 관리하려면 하위 지표로서 고용량, 임금수준, 영세 자영업자 소득 등을 관리해야 한다. 또한 하위 지표에 영향을 미치는 제도와 정책 수단들을 챙겨야 한다. 즉, 종합적인 노동소득분배율 관리 체계를 구축한 다음 목표를 설정하고 이를 관리해나가는 일이 필요하다. 이와 같은 '노동소득분배율' 관리가 노동소득성장론을 가장 그 취지에 맞게 그리고 효과적으로 한국 경제에 적용하는 것이다.

둘째, 복지지출 확대가 필요하다. 소득주도성장론은 원래 정부 부문을 제외한 민간 부문만을 고려한다. 그래서 수요 증가를 위한 처방으로 민간 내 노동소득분배율 증가를 제안한다. 즉, '노동소득분배율 증가→소비 증가→수요 증가→소득 증가'의 경로를 제시한다. 앞서 말했듯이 소득주도성장론은 경제에서 수요 측면을 강조한 케인스의 전통을 잇는 후기 케인지언 학파의 이론이다. 케인스는 민간 수요 부족으로 경제가 침체일 때 정부지출 확대를 통한 수요 증가를 주장했다. 즉, 케인스의 주요 관심은 정부지출 확대를 통한 수요 증가였다.[35] 하지만 소득주도성장론은 민간 부문에서의 수요 증가, 그것도 분배 변화를 통한 소비 수요 증가를 강조한다.

소득주도성장론이 분배 변화를 통한 소비 증가를 강조한 것은 이 이론이 등장할 당시의 경제 상황 때문이다. 20세기 중반 서구 산업사회는 자본주의

---

35  물론 케인스도 임금 하락이 소비 감소를 초래해 침체로 연결될 수 있음을 경고했듯이 민간 수요의 중요성을 충분히 강조했다.

복지국가의 황금기를 구가했다. 케인스 처방을 따른 정부의 재정정책은 효과적으로 경기 조절 기능을 수행했다. 정부의 복지지출은 계속 증가해서 가계 가처분소득의 상당 부분을 점유했다. 이 시기에는 노동소득분배율도 안정적으로 일정 수준을 유지했다.[36] 20세기 후반에 탈산업화 사회, 세계화 시대로 옮겨가면서 상황이 바뀌었다. 경제성장률은 낮아졌고 늘어난 복지지출은 국가채무를 늘렸으며 재정 운용에 부담으로 작용했다. 노동소득분배율은 점차 하락했고 그에 따라 불평등은 증가했다. 과학기술 발달로 생산성은 계속 높아져서 공급능력이 수요를 초과하는 상황이 되었다. 이미 정부지출 비중은 높고 국가채무도 많아서 (일시적인 경기 대응이 아닌) 만성적인 수요 부족(수요를 초과하는 공급능력)에 대해 재정지출 확대로 대응하기는 어려웠다. 게다가 불평등의 심화도 복지지출 확대로 대응하기는 어려웠다. 그래서 민간의 노동소득 증가를 통한 수요 증대를 주장한 것이었다.[37]

한국은 서구와 상황이 다르다. 한국의 복지지출 비중은 서구 국가 복지지출 비중의 절반에도 미치지 못한다. 그래서 (비록 크기와 방법에 대해서는 논란이 있지만) 복지지출을 확대해야 한다는 데는 어느 정도 공감대가 형성되어 있다. 복지지출의 혜택은 대체로 고소득 계층보다는 저소득 계층에게 더 많이 돌아간다. 반대로 복지지출의 재원은 대체로 저소득 계층보다는 고소득 계층이 더 많이 부담한다. 그래서 복지지출은 저소득 계층의 가처분소득을

---

36  이러한 20세기 중반 서구 산업사회의 특성을 포디즘-베버리지-케인지언 타협(Fordist Beveridge keynesian Comprimise)이라고도 한다(Boyer, 1990).

37  또한, 소득주도성장론에서 명시적으로 주장하지는 않지만 노동소득분배율 증가는 곧 소득 불평등 완화를 의미한다. 노동소득분배율 증가가 소비 증가를 가져오는 이유가 바로 노동소득분배율 증가가 저소득 계층의 소득을 높이고 고소득 계층의 소득을 줄이는 것, 즉 소득 불평등을 완화하는 것이기 때문이다. 저소득 계층은 고소득 계층보다 소비성향이 크기 때문에 소득 불평등 완화가 소비를 늘린다는 것이다.

늘리고 고소득 계층의 가처분소득을 줄인다. 따라서 소득주도성장론에 따르면, 한국 경제가 임금주도 수요체제인 경우 복지지출 확대는 총수요를 늘린다.[38]

정교한 계량 모델을 적용해 분석하지 않더라도 한국 경제는 임금주도 수요체제라는 것을 알 수 있고, '복지지출 확대→총수요 증대→소득 증가'라는 경로가 존재할 수 있다. 하지만 필자가 복지지출 확대가 필요하다고 주장하는 것은 이 때문이 아니다. 탈산업사회에서는 구조적으로 양극화가 심화하는 경향이 있으며 세계화는 이를 더욱 촉진한다.[39] 선진 자본주의국가들에서 20세기 후반 이후, 그리고 한국 경제에서 1990년대 이후 노동소득분배율이 하락한 데는 이러한 경제구조 변화의 영향이 크다. 그래서 앞서 제시한 바와 같이 노동소득분배율을 관리한다고 해도 시장소득만 대상으로 해서는 한계가 있다. 정부의 조세와 이전지출을 포함한 가처분소득 관리와 가처분소득 불평등의 완화가 필요하다. 즉, 시장경제의 공정성을 회복해 시장소득 불평등을 완화하고 복지지출을 확대해 가처분소득 불평등을 완화해야 한다.

노동소득분배율이 일정하게 유지되던(혹은 임금 불평등 수준이 낮았던) 산업사회에서는 복지지출을 통한 불평등 완화의 필요가 적었다. 그때는 시장소득을 상실한 자(은퇴자, 실업자 등)에 대한 소득보장만 신경 쓰면 되었다. 하지만 탈산업사회에서는 시장소득 상실자뿐만 아니라 저소득 근로자의 소득보

---

38  이처럼 소득주도성장론을 복지지출과 연계해 논의한 것으로는 Lavoie & Stockhammer (2013)가 있다. 이들은 전후 서구 자본주의국가는 임금주도 경제체제였으며, 여기에 친노동적인 분배 정책이 결합함으로써 자본주의 황금기를 맞았다고 보고 있다. 전후 서구 자본주의국가가 임금주도체제였는지에 대해서는 의문이지만, 임금주도 경제체제에서 복지지출 확대가 총수요를 증가시킨다는 데는 동의한다.

39  이에 대한 논의는 김태일(2017)에 잘 정리되어 있다.

전도 중요해졌다. 시장소득 상실자의 소득보장에는 현금급여가 우선하지만, 저소득 근로자의 소득보전으로는 의료·돌봄·교육 등 서비스급여가 중요하다. 이러한 서비스급여 확충은 수혜자 자신의 소득으로 구매해야 할 서비스 규모를 줄임으로써 다른 곳에 지출할 수 있는 소비 여력을 높여준다.[40]

소득주도성장론의 대표적인 학자인 오나란과 스톡해머는 2017년 가을에 한국을 방문해 좌담회를 가졌다. 그때 이들은 소득주도성장론의 처방으로 시장에서의 노동소득 몫의 증가와 함께 정부의 사회투자 확대(교육, 보건, 복지지출 확대)의 중요성을 강조했다. 또 그들은 소득주도성장은 평등주도성장이라고도 할 수 있는데, 평등주도성장은 노동과 자본의 평등, 빈부 격차 해소, 성별 간 평등 등을 의미한다고 했다. 필자는 이들의 주장에 동의한다(한겨레신문, 2017 참조).

셋째, 성장 전략 체계에서 각각의 역할을 명확히 할 필요가 있다. 앞서 경제성장 전략은 '공정 경쟁, 사회안전망, 인적자본 투자의 바탕 위에 혁신을 통한 성장'이 되어야 한다고 했다. 그런데 혁신 유발을 위해서는 여기에 하나가 더 추가되어야 한다. 충분한 보상이다. 혁신 성공에 따른 보상이 충분해야 혁신 유발의 동기가 강화된다. 사회 통념에 배치될 만큼 지나친 것이 아니라면 보상이 클수록 혁신을 위해 노력하게 된다.

물론 어느 정도가 사회 통념에 반하지 않는 수준인지는 논란의 여지가 있다. 다만 강조하고 싶은 것은 혁신이 활발한 경제가 되려면 혁신 성공자에게 충분한 보상이 주어져야 하고, 그 결과로 생기는 시장소득 불평등은 부정적으로 볼 것이 아니라는 점이다. 혁신에 따른 불평등은 지대 추구 행위 같은

---

40 한편 돌봄 같은 서비스급여 확충은 기존에 가족 내에서 이루어지던 서비스를 공식적인 일자리로 대체함으로써 일자리 증대 효과도 갖는다.

불공정 경쟁에 따른 불평등과는 다르다. 이에 대한 대응은 보상을 줄이는 것이 아니다. 그보다는 공공의 인적자본 투자 확충으로 출발선의 불평등을 완화하고 경쟁의 공정성을 보장함으로써 혁신 참여의 기회가 널리 개방되도록 하는 것, 그리고 사회안전망을 통해 뒤처진 자들에게 일정 수준의 소득을 보장하고 재기의 발판을 마련할 수 있게 하는 것이다. 이처럼 '소득주도성장론을 포함한 공정 경제', '복지 확대를 통한 사회안전망과 인적자본 투자 강화', 그리고 '혁신'이라는 세 가지 전략이 성장 전략 체계에서 담당하는 역할을 명확히 하고, 각각의 역할을 충실히 이행하도록 하는 것이 필요하다.

소득주도성장론의 시조라고 할 수 있는 케인스의 말을 인용하면서 이 장을 마친다. "적절히 관리되는 시장경제는 경제적 문제를 다른 어떤 체제보다 더 훌륭하게 수행할 가능성이 크다."

# 제 5 장

# 기본소득은 사회보장의 대안인가?

양 재 진

## 1. 기본소득, 왜 갑자기?

기본소득<sup>Basic Income</sup>에 대한 관심이 높다. 2016년 6월 스위스에서 기본소득 제도를 헌법적 권리로 만들기 위해 국민투표를 실시했다가 부결된 사건이 화제가 된 바 있다. 2017년부터 핀란드에서는 무작위로 선정된 2천 명의 실 업자에게 2년 동안 매월 560유로(약 69만 원)를 지급하는 기본소득제도가 실 시되었다. 선진 복지국가에서도 처음 있는 일이어서 큰 관심을 불러일으켰 다. 기본소득이 먼 나라 이야기만은 아니다. 한국에서도 2017년 대선에서 민 주당의 유력한 대선 주자 가운데 한 사람이었던 당시 이재명 성남시장이 일 년에 43조 원이 소요되는 기본소득제도를 핵심 선거공약으로 들고 나온 사 례가 있다.

기본소득은 인공지능 알파고와 이세돌의 '구글 딥마인드 챌린지 매치<sup>Google Deepmind Challenge match</sup>'를 계기로 한국에서도 대중적인 관심을 받게 되었다. 인간이 승리할 것이라는 예상을 뒤엎고 이세돌이 패한 뒤에는 자율주행차가 곧 현실화될 것이라는 소식까지 전해졌다. 그러자 인간의 영역이라고 여겨 지던 인지 노동<sup>cognitive work</sup>과 택시 운전 같은 서비스 일자리도 인공지능을 가진 로봇에 의해 대체될 것이라는 '기대 반 공포 반'의 감정이 널리 퍼지게 되었다. 한마디로, 기술 실업technological unemployment에 대한 우려가 확산되고 있는 것이다. 여기에 네트워크 플랫폼을 이용하는 일자리가 확산되고, 이것이 고용의 단기성과 불안정성을 심화하고 있다. 이에 따라 안정적인 소득 활동을 전제로 구축된 사회보험을 근간으로 하는 기존 사회보장의 유용성에 의문이 제기되는 상황이다. 이러한 상황에서 안정된 일자리 취업이 구조적으로 불가능한 사회계층(프레카리아트)을 위한 새로운 사회보장책이 필요한데, 이것이 바로 기본소득이라는 것이 기본소득 주창자들의 주장이다(Standing, 2013; 김교성 외, 2018).

그들은 일자리가 불안정한 사회의 사회보장적 대안으로서 기본소득을 논하는 것에 머물지 않는다. 일단의 논자들은 미국 독립혁명기 사상가 토마스 페인Thomas Paine의 토지공유자산론에 근거해, 4차 산업혁명기 인공지능, 빅데이터 등 부가가치 창출 효과가 큰 지식공유자산의 배당이라는 관점에서 기본소득의 시행을 정당화하고 있다(금민, 2017; 강남훈, 2016). 그리고 한 걸음 더 나아가, 카를 마르크스가 제시한 이상사회, 즉 생산력이 충분히 발달하고 자본주의적 노동 분업의 멍에에서 벗어난 공산주의적 이상사회에서처럼 능력에 따라 일하고 필요에 따라 배분받아 "자신이 하고 싶은 대로 …… 아침에는 사냥하고, 오후에는 낚시하고 …… 저녁 식사 후에는 비평을" 하는 삶을 기본소득이 실현시켜줄 것이라고까지 기대한다. 즉, "탈노동을 통한 진정한 자유의 실현"을 꿈꾸는 것이다(조남경, 2017: 257; Parijs & Vanderborght, 2017).

> 노동시장 구조 변화를 반영한 대안적 사회정책의 패러다임이 필요하다. …… 임금노동자 중심의 사회보장제도를 넘어서는 새로운 구상을 시작해야 한다. …… 한국 불안정 노동시장의 내일을 위한 새로운 패러다임으로서 기본소득을 제안한다(이승윤·백승호·김윤영, 2017: 191).[1]

이 장은 위 인용문과 같이 기존 복지국가가 시행하고 있는 사회보장의 유용성에 의문을 제기하고, 기본소득을 사회복지적 대안으로 제시하는 일련의 주장에 대해 비판적으로 검토한다. 따라서 기본적으로 공유자산론이나 맑시즘적 탈노동 이상사회론에 입각한 기본소득에 대해서는 논의하지 않으며 문맥상 필요에 따라서만 언급할 것이다.

사회배당적 관점과 맑스주의적 이상사회의 관점에서는 기본소득을 주장할 수 있다고 본다. 그러나 기본소득이 현재의 사회문제, 전환기의 문제, 그리고 앞으로 도래할 미래 사회의 문제에 대한 '사회보장적' 대안으로는 타당하지 않다고 본다. 특히, 복지 수요의 진폭이 커지고 편재성이 커질 미래 사회에서, 위험의 발생 여부를 가리지 않고 획일적 급여를 원칙으로 하는 기본소득은 사회보장에 효과적이지 못함을 주장한다. 나아가 사회적 위험과 복지 수요가 없는 곳에서도 기본소득이 제공되면 막대한 자원 투입 때문에 사회보장제도가 위축될 수 있어 복지국가 건설에 해가 된다고 본다(Rothstein, 2017; 이상이, 2017).

---

1   가이 스탠딩(Guy Standing)처럼 이승윤·백승호·김영윤(2017)과 김교성·백승호·서정희·이승윤(2018)도 곧바로 기본소득을 전면적으로 실시하자는 주장을 펼치지 않는다. 보완재로서 부분 기본소득을 도입하고, 점진적으로 완전 기본소득의 이상을 향해 나아갈 것을 제안한다. 그러나 부분 기본소득일지라도 그것이 욕구에 기반한 사회적 급여가 아닌 한 사회보장 효과는 크지 않으면서 재정 문제를 야기해 기존 사회보장의 확대와 강화를 어렵게 만들 것이다. 따라서 기본소득은 기본 사회보장제도의 대안은 물론이고 보완재이기도 어렵다고 본다.

## 2. 기본소득에 대한 비판적 논의

### 1) 기술 실업과 일자리 감소는 필연인가?

모든 생산이 인공지능과 결합된 기계에 의해 이루어진다면, 즉 인간의 노동력이 필요하지 않다면 어떤 형태로든 기본소득이 필요해질 것이다. 알파고가 이세돌을 이겼다고 이러한 세상이 곧 눈앞에 다가올까? 그리고 필연일까? 기본소득제도가 전 세계적으로 주목받게 된 계기는 프레카리아트라는 신조어가 상징하듯이, 산업화 시기에 표준화된 고용의 감소다(Standing, 2013). 한국의 경우도 마찬가지다. 기본소득론자들은 일자리는 줄고 있고 그마저도 불안정한 일자리가 확대되고 있다고 진단한다. 그리고 일자리에 대한 암울한 진단은 한국에서 사회보험의 사각지대가 크고 향후 개선이 힘들 것이라는 전망으로 연결된다. 이렇듯 실업이 늘고 표준화된 고용이 사라져가는 상황에서 사회보험이 아니라 기본소득이 대안이라는 것이 기본소득론자들의 주장이다. 그러나 그들은 기본소득 도입의 정당화를 위해 한국 노동시장의 일자리 창출 능력과 사회보험의 사각지대 문제를 과도하게 비판적으로 보고 있다.

〈그림 5.1〉에서 보듯이, 한국의 고용률은 최근까지 꾸준히 상승했다. 다른 OECD 국가들도 2008년 글로벌 금융위기 당시 떨어진 고용률을 대부분 회복했고, 인더스트리 4.0의 주창국인 독일의 경우는 이와 무관하게 비교적 가파르게 고용률이 상승했다. 오히려 고용률이 눈에 띄게 떨어지고 또 지속적으로 낮은 수준을 보이는 국가는 기술혁명에서 뒤떨어진 그리스나 이탈리아 같은 국가들이다. 일자리 문제는 4차 산업혁명 그 자체 때문이라기보다는 과학기술혁명과 산업 경쟁에서 뒤처져 나타나는 현상이라고 보는 것이 현실에 부합한다.

그림 5.1 한국과 주요국의 고용률 변화 추이(2000~2016년)

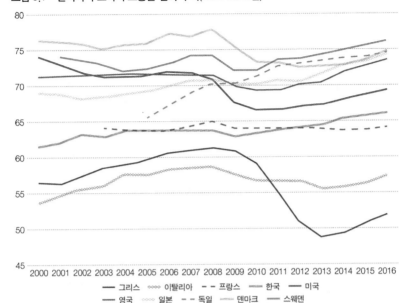

주: 고용률은 계절 조정 자료이며 생산가능인구(15~64세) 대비 취업자 비율임.
자료: OECD(2017).

기술진보가 인간의 일자리를 위협할 것이라는 우려는 제1차 산업혁명 이후 지속적으로 제기되었다. 19세기 말 영국의 기계파괴운동(러다이트)을 비롯해 1930년대에는 케인스가 기술 실업을 예고했고, 1980년대에도 컴퓨터의 등장으로 사무직 일자리의 상실을 크게 우려했다(고상원 외, 2017). 그러나 이 과정에서 단선적인 일자리 감소는 없었다. 일자리가 줄어드는 직업과 산업이 있었고, 반대로 새로 생긴 직업과 성장 산업이 교차했다. 또한 미국 IT 산업의 본산 실리콘밸리Silicon Valley와 전통 제조업의 러스트 벨트Rust Belt의 명암에서 볼 수 있듯이 지역적 명암도 발생했다.

기술진보가 고용에 미치는 영향은 대체 효과와 보완 효과, 생산 효과라는 세 가지 효과의 조합에 달려 있다. 예컨대 컴퓨터와 워드프로세서는 식자공

植字工 업무를 대체하지만, 워드프로세서와 보완적으로 일하는 업무는 늘어가고(보완 효과), 그만큼 생산량이 증가하면 거시 경제 차원에서는 고용량이 증가한다. 단기적으로는 대체 효과가 먼저 나타나지만 중장기적으로는 보완 효과와 생산 효과가 나타나 전체적으로 생산성 증가와 함께 고용이 증가할 가능성이 크다. 기술진보와 새로운 기술의 도입으로 고용이 파괴되는지의 여부는 자동화 기술 자체에 달려 있기보다는, 기술 변화에 경제주체들이 얼마나 잘 적응하고 이를 활용해 새로운 부를 창출할 수 있는 기회를 만들어내는지에 달려 있다(허재준, 2018).

기술혁신으로 인한 일자리 변화가 예상되는 시점에서 국가가 할 일은 일자리 감소를 전제로 기본소득을 도입하는 것이 아니라, 우선 기술혁신에 따른 일자리 변화에 적응할 수 있게 국민들의 능력을 배양해주는 것이다. 이와 관련해서 미국 오바마 행정부의 대통령정책자문위원회 의장이었던 제이슨 펄먼Jason Furman의 제안이 합리적이다.

자동화가 많은 사람을 실업에 빠지게 할 것이라는 점이 이슈가 되어서는 곤란하다. 이보다는 근로자들이 자동화로 인해 새로 발생할 고임금의 괜찮은 일자리에 필요한 기술과 능력을 갖추지 못한다는 점이 이슈가 되어야 한다. ⋯⋯ 우리는 근로자의 고용 가능성을 포기하는 것을 전제로 한 정책을 추진해서는 안 된다. 그 대신 우리가 가장 중요하게 먼저 해야 할 일은 직무 능력, 훈련, 고용서비스, 그리고 다른 노동시장 기관을 만들어 시민들이 일자리를 가질 수 있게 해주는 것이다. 이것이 기본소득의 도입보다 인공지능이 제기한 고용 문제를 보다 직접적으로 대응하는 길이 될 것이다(US Executive Office of the President, 2016: 38).

복지국가의 기존 사회보장제도는 기술혁명이 가져올 사회문제를 기본소득보다 효과적으로 해결해줄 수 있다. 실업과 반실업에 처한 이들에 대한 직

업훈련과 고용서비스 같은 사회서비스가 기본소득의 재정 부담 때문에 위축
되는 상황은 피해야 한다.

### 2) 사각지대에 대한 대안이 기본소득인가?

한편, 기본소득 주창자들은 한국에서 프레카리아트는 이미 현실이고 사회
보험의 사각지대가 매우 크므로 부분적이라도 기본소득이 제공되어야 한다
고 주장한다(이승윤·백승호·김윤영, 2017). 그들이 갖고 있는 사회보험의 사각지대
에 대한 우려는 타당하며 극복해야 할 과제다. 그러나 이 문제 역시 과장되
어 있고, 기본소득은 문제 해결의 효과적인 대안이 되지 못한다.

한국의 경우에 사회보험은 국민연금, 고용보험, 산재보험, 건강보험, 요양
보험으로서 총 다섯 가지로 한국 사회보장체제의 근간을 형성하고 있다. 이
들 보험 가운데 사각지대가 존재하는 것은 국민연금과 고용보험이다. 나머
지 산재보험, 건강보험, 요양보험에는 사각지대가 실질적으로 존재하지 않는
다. 비정규직의 건강보험 가입률은 매우 낮다. 그러나 건강보험은 가족 단위
프로그램으로, 남편, 아버지, 형제자매 등을 통해서 거의 100퍼센트 혜택을
본다. 게다가 생계를 같이하는 가족 누구에게도 의지할 수 없을 때는 조세로
조달되는 의료급여를 통해 남은 사각지대를 메우고 있다. 장기요양보험도
건강보험과 동일한 시스템으로, 사각지대가 크지 않다. 이들 사회보험의 문
제는 사각지대가 아니라 보장성 강화다. 산재보험의 경우에 고용주가 가입
하지 않았더라도(즉, 보험료를 체납해도) 법정 적용 대상 근로자는 산재 발생
시 보상을 받을 수 있다. 즉, 정부는 보상을 먼저해주고 이후에 고용주에게
체납 보험료를 추징한다. 혜택 기준으로는 사실상 사각지대가 없는 것이다.
문제는 국민연금과 고용보험인데, 노동시장의 유연화에도 불구하고 꾸준히
적용률이 올라가고 있다. 예컨대, 고용보험의 경우에 법 적용 대상의 70%가

가입되어 있다.

기본소득론자의 주장을 따르면, 실업자가 되기도 전에 그리고 은퇴하기도 전에 사각지대에 빠진 30%를 위해 모든 이에게 기본소득을 줘야 한다. 그런데 사각지대에 있다고 해서 이들이 모두 기본소득을 받아야 할 급박한 필요성이 있는 것도 아니다. 한국의 실업률은 3% 수준이다. 실망실업자를 포함해 넉넉히 5%라고 해보자. 실업자 가운데 사각지대에 빠진 사람만이 실업급여를 받지 못하는데, 이는 단순 계산하면 '5% 실업자의 30%'로, 전체 근로자의 1.5%(약 39만 명)가 된다. 이들을 위해 5천만 명의 모든 국민 혹은 2600만 명에 이르는 취업자 전원에게 매달 기본소득을 제공해야 하는가? 이보다는 수급권이 없는 실업자들에게도 실업부조의 혜택을 주고, 현재 최대급여가 최저임금 수준에 머물고 있는 실업급여를 인상해 실업자와 그 가족에게 제대로 된 소득보장을 하는 일이 급선무다. 근로빈곤층이 문제라면 기존 제도인 최저임금이나 근로장려세제EITC를 활용해 이들의 가처분소득을 올려주는 것이 효과성 측면에서 우월하다. 그리고 고용보험 가입자가 아니더라도 모든 실업자에게 최소한의 소득보장과 직업훈련의 기회를 제공하는 데 일반재정을 투입하는 것이 합리적이다. 만약 비경제활동인구 가운데 노인 빈곤이 문제라면 국민연금의 사각지대를 축소하고 소득대체율을 올리는 노력을 선행해야 할 것이다. 기초연금 수준을 올리거나 스웨덴처럼 최저보장연금으로 개편하는 것도 방법이다.

당장 청년 대책만 보더라도, 현재의 사회보장 시스템을 강화하는 것이 이재명 전 성남시장이 주장하던 유형의 청년배당(혹은 청년 기본소득)보다 청년 문제를 더 효과적으로 해결할 수 있다. 예컨대, 당시 이재명 시장의 청년 기본소득은 19~29세 모든 청년에게 연 100만 원(월 8만 3천 원)을 지급하는데, 청년 인구가 750만 명이니 매년 7조 5천억 원이 소요된다. 그러나 모든 청년에게 기본소득을 주기보다는 미취업 청년들에게 집중적으로 소득과 교육훈런 기회를 제공하는 것이 합리적일 것이다. 2016년 기준 청년실업률이 9.8%다. 이 청년실업자에 취업준비생과 불완전 노동자까지 포함해 20%까지를 미취업 청년들이라고 상정해보자. 모든 청년에게 100만 원씩 나눠주는 이 시장의 기본소득 예산으로는 도움이 필요한 20%의 미취업 청년에게 연 500만 원씩 지원할 수 있다.

현실적으로는 현재 중앙정부에서 실시하는 청년취업 성공패키지나 청년고용에 대한 보조금 지급 같은 기존 프로그램의 내실을 기하는 일이 우선이다. 예컨대, 현재 청년취업 패키지는 6개월간 취업 상담과 교육훈련을 제공하고 참여수당으로 월 40만 원을 지급하고 있다. 부모의 도움을 받지 못하면 월 40만 원의 훈련수당으로는 생활이 불가능하기 때문에 아르바이트를 해야 한다. 그러다 보면 교육훈련에 집중하지 못하는 것이 문제다. 이런 문제를 없애기 위해 훈련 수당을 최소 60만 원, 재정이 허락하면 80만 원까지 올리고 교육훈련 프로그램의 질을 획기적으로 높이는 것을 우선해야 한다. 청년 창업이나 일자리 창출 지원 등에 예산을 배정하는 일, 또 근로빈곤층의 가처분소득을 올려주는 근로장려세제의 대상자를 청년까지 확대하고 급여를 올리는 일도 필요하다. 한마디로, 현 단계 한국 사회의 문제를 해결하기 위해서는 기존 사회보장제도의 확대와 강화가 우선이고, 기본소득은 대안이 될 수 없다.

### 3) 재정 문제와 기존 사회보장 프로그램 구축<sup>驅逐</sup> 가능성

예산 제약이 엄연한 현실에서, 아래 인용문에서 보듯이, 기본소득론자들도 기본소득이 막대한 재정 소요를 야기함을 인정한다.

현시점(2017년 4월)에서 전 국민(약 5097만 명)을 대상으로 월 50만 원의 기본소

표 5.1 기본소득에 대한 지지와 반대의 변화(%)

| | 일반적 지지/반대 | 세금 인상 동반 시 | 복지급여 삭감 동반 시 | 세금 인상과 복지급여 삭감 동반 시 |
|---|---|---|---|---|
| 강한 지지 | 15 | 6 | 11 | 5 |
| 지지하는 편 | 33 | 23 | 26 | 17 |
| 중립 | 19 | 25 | 26 | 23 |
| 반대하는 편 | 16 | 25 | 18 | 25 |
| 강한 반대 | 9 | 16 | 13 | 21 |
| 모르겠음 | 6 | 5 | 7 | 8 |
| 총 지지율 | 49 | 30 | 37 | 22 |
| 총 반대율 | 26 | 40 | 30 | 47 |

주: 만 18~75세 성인 1111명 응답 결과.
자료: IPSOS MORI(2017: 1).

득을 지급하려면 연간 총 305조 원의 예산이 필요하다. 이미 지급하고 있는 사회

부조 방식의 현금형 급여액(약 17조 원)을 차감하면, 실제 필요한 재원은 약 288

조 원으로 …… 현재 우리나라 전체 복지예산(113조 원)의 2.54배에 해당하는 막

대한 규모이다. 좀 더 낮은 수준(월 30만 원)의 부분 기본소득을 지급해도 약 166

조 원의 추가예산이 필요하며, 이 역시 복지예산의 1.46배에 해당하는 금액이다

(김교성 외, 2018: 335).


그러나 기본소득론자들은 증세가 경제에 미칠 영향을 간과하고, 정치적으

로도 어렵지 않게 극복할 수 있는 것으로 여긴다. 그러나 과연 그럴까? 〈표

5.1〉은 2017년 8월 영국 베스대학교 정책문제연구소Institute for Policy Research에

서 실시된 기본소득 관련 설문조사 결과다. 기본소득론자들이 종종 주장하

듯이, 기본소득에 대한 국민들의 지지도는 반대를 앞선다. 그러나 비용(즉,

세금 인상)에 대한 부담과 연계해 질문을 던지면 기본소득에 대한 지지는

30%, 반대는 40%로 크게 역전된다. 여기에 예산 제약 때문에 기존 복지급여

의 삭감이 더해지는 상황을 상정하면 기본소득에 대한 지지는 22%, 반대는 47%로 격차가 더욱 크게 벌어진다.

기존의 사회보장제도는 예산 제약이라는 현실을 감안해, 객관적인 욕구 needs가 확인될 때 급여를 지급하게끔 매우 비용 효과적으로 설계되어 있다. 사회적 위험에 대해서 보편적인 보장을 해주되 실제로 소득을 상실하거나 지출이 크게 증가하는 위험에 빠졌을 때만 보상을 해준다. 다시 말해, 위험에 대한 보장은 보편적이지만 실제 보상은 필요에 따라 선별적으로 주어지는데, 이는 자동차보험과 비슷하다. 평소에 사회 보험료와 세금을 납부하다가 산업재해나 실업 혹은 은퇴로 소득이 없을 때, 혹은 아파서 병원에 가거나 출산과 육아 등으로 생활비 지출이 크게 늘 때 현금이나 서비스로 복지급여를 받는다. 장애를 얻었거나 소득이 빈곤선 이하인 경우에도 보호를 받는다. 그러나 소득이 충분하고, 건강하거나 아이가 없는 경우에는 복지 혜택을 받지 못한다. 자동차 보험료를 열심히 냈어도 자동차 사고가 발생하지 않으면 보험금을 받지 못하는 것과 같은 이치다.

기본소득은 위험 발생이나 복지의 필요 여부를 따지지 않는다. 무조건 동일한 액수를 모든 사람에게 정기적으로 준다. 그 대신 위험에 빠지거나 사고가 크게 발생했다고 해서 더 주는 경우는 없다. 무조건 모든 사람에게 정기적으로 주니 이보다 더 평등한 재분배는 있을 수 없다. 그렇지만 사고 불문하고 모든 사람에게 주다 보니 돈이 많이 든다. 바로 이것이 재정 문제에서 자유로울 수 없는 이유다. 따라서 OECD(2017)의 최근 연구 결과도 재정 제약 하에서 근로활동을 하고 소득이 있는 대다수의 사람들에게까지 기본소득을 지급하면 오히려 기존 복지 수혜자들이 가장 큰 수급액 감소의 피해를 보게 된다고 확인한 바 있다.

이를 막기 위해 기존 수급자들의 급여를 보장하면서 기본소득을 실시하는 경우에는 엄청난 증세가 필요하다. 이는 국민적 수용성은 차치하더라도 경제에 미치는 악영향이 커서 중장기적으로 복지국가의 물적 토대를 약화하는 패착이 될 것이다. 그리고 한국의 경우에 엄청난 증세로 모은 재원을 기본소득에 모두 써버린다면 현재의 취약한 사회보장제도를 확충하는 일은 불가능해질 것이다.

재정에 한계가 있는 상황에서 기본소득을 도입하기 위해서는 핀란드의 기본소득 실험처럼 대상자를 제한하고 '재정 중립 상태'에서 기본소득을 구상해야 할 것이다. 전체 국민을 대상으로 하는 '보편주의'를 고집한다면 재정 문제 때문에 매우 낮은 수준의 기본소득을 도입할 수 있다. 이는 기본소득이 추구하는 목적을 달성하지 못하고 사회보장의 효과도 발휘하지 못하는 계륵鷄肋 같은 프로그램이 될 것이다.

### 4) 생산력이 높아진 미래 사회에서도 사회복지적 대안으로서 어려운 기본소득

미래 사회는 인간의 욕망을 충족할 수 있을 만큼 충분하게 풍요로울까? 욕망은 절대적인 개념이기보다는 상대적인 것이다. 따라서 인간의 욕망은 항상 남과 견주면서 끊임없이 커져만 간다. 절제나 금욕보다 채워질 수 없는 욕망과 끊임없는 소비가 인간 본성에 가깝다. 이는, 그 원인에 대해서는 서로 달리 주장되지만, 심리학, 역사학, 사회학, 경제학, 경영학 등 모든 사회과학을 통해 증명된 사실이다(Rassuli & Hollander, 1986). 예전에는 에어컨 없는 자동차와 흑백 TV에도 만족하고 살았을지 모르지만 지금은 누구나 그 이상을 원한다. 기본욕구basic needs도 마찬가지로 상대적이다. 오늘날 대한민국에서 인정되는 기본욕구와 산업화 이전 가난하던 시대의 기본욕구는 하늘과 땅 차이다. 상대적이라는 말이다. 풍요와 함께 욕망이 높아지는 동시에 기본욕구도 커진다. 과거에는 전화가 사치품이었을지 모르지만 지금은 휴대폰도 기초생계비 산정에 포함되는 생활필수품이다. 물론 생태주의자들의 주장처럼 우리 모두가 욕망과 씀씀이를 줄일 수만 있다면 현 단계 생산력에서 기본욕구를 충족하는 완전 기본소득을 실현할 수 있을지도 모른다. 실제로 세계 제1의 생산국가인 미국의 경우에 2015년 기준 1년에 단지 17주만 일하면 100년 전인 1915년 수준의 삶을 누릴 수 있다(최강식, 2017: 36). 그러나 오늘날 선진국에 사는 대부분의 사람들은 1915년 미국인들의 평균적인 생활수준에 만족하지 못할 것이다. 1991년 몰락할 당시 소련의 생산력은, 서구 자본주의국가에 비해서는 초라했을지 몰라도, 19세기 후반 마르크스와 당시 공산주의자들이 꿈꾸던 생산력을 훨씬 초과한 것이었다. 그럼에도 일반 국민들이 요구하는 기본욕구마저 충족하지 못하고 그대로 무너지고 말았다.

욕망의 끝이 어디일지 모르지만 한 가지 분명한 것은 끝없는 인간의 욕망 때문에 완전 기본소득의 실현은 요원할 것이라는 점이다. 완전 기본소득의 수준이 노동에 구속되지 않고도 인간다운 삶을 유지할 수 있는 정도만을 목표로 할지라도, 생산력의 증가와 함께 욕망이 증가하면 '인간다운 삶'의 수준도 덩달아 올라갈 것이기 때문이다. 따라서 그 수준을 영위하는 데 필요한 비용 또한 계속해서 증가하게 될 것이다. 그리고 끝내 완전 기본소득은 성취되기 어려운 꿈에 머물게 될 것이다.

게다가 기본소득은 사회복지적 고려를 배제한 채 무조건적 보편성과 개별성을 핵심 요소로 하고 있기 때문에 미래 사회에서 도입되더라도 사회문제 해결에 큰 역할을 하지 못할 것이다. 사회복지는 앞서 누누이 강조했듯이, 복지 욕구가 있는 곳에 더 많은 자원을 집중한다. 장애인이 비장애인보다, 실업자가 취업자보다, 아동 양육 가정이 비양육 가정보다, 한부모 가정이 양부모 가정보다, 노인이 젊은이보다, 무주택자가 주택 소유자보다, 환자가 건강한 사람보다 더 많은 복지 수요를 가지고 있고, 이처럼 복지 수요가 더 많은 사람이 더 많은 급여를 받도록 설계되어 있다. 그러나 기본소득은 이를 무시하고 모든 사람에게 동일한 급여를 지급한다(김종명, 2017). 자동차 사고도 발생하지 않았는데 자동차 사고비용을 처리하라고 매월 모든 운전자에게 보상금을 주자는 것과 같다.

미래 사회의 사회적 분배가 현금배당 중심이어야 하는지도 의문이다(윤홍식, 2017). 기본소득의 도입과 확대가 사회복지의 시장화로 이어질 가능성이 크기 때문이다. 초기에는 부분 기본소득으로 시작될지라도 완전 기본소득을 추구할수록 기본적인 공공서비스의 양과 질을 담보하기가 어려워진다. 서론에서 지적했듯이, 기본소득을 사회 발전과 생산에 직간접적으로 기여한 대가로 누구나 받는 사회적 지분 급여stakeholder grants로 정당화하기도 한다. 그런데 사회적 지분 급여가 꼭 현금배당이어야 할 이유는 없다. 보편적 공보육, 공교육, 의료서비스, 대중교통, 안전서비스, 국방 등의 형태로 누구나 동일하게 누리는 것 모두가 사회적 지분 급여다. 만약 현금배당의 비중이 늘어간다면 필연적으로 공공서비스의 비중은 낮아진다. 이 경우에 복지 분야 시장에서 기본소득으로 최소한의 복지서비스만 구매하는 사람과 그 이상의 사람들로 나뉘는 이중 국가dual nation의 모습을 띨 가능성이 커진다. 사회복지 분야는 시장의 효율이 제대로 작동하지 않는 시장실패 영역이다. 따라서 사회복지 분야에서는 현금배당을 통한 자유의 확대가 곧 집합적인 수준에서 최선의 결과를 가져오지 않는다. 공보육이나 의료 등이 시장에서의 구매로 바뀌거나 그 비중이 커지면 개인의 선택권은 확대될지 모른다. 하지만 시장실패의 비용도 고스란히 개인이 짊어지게 된다.

한편, 급여도 개인 단위가 아니라 가구원 수에 따라 차등을 두는 것이 합리적이다. 생활비가 가구원 수에 정비례해서 오르는 것이 아니기 때문이다. 기존의 사회보장제도는 가구원 수에 따라 급여 액수를 달리한다. 단독 가구의 기초연금액이 20만 원이면 부부 2인 가구의 연금액은 36만 원으로 연금액은 올라가되 2배가 되지 않게 설계되어 있다. 그런데 기본소득은 개인 단위로 동일 액수를 지급한다. 가구원 수가 많아질수록 소득보장 효과는 (필요 이상으로) 커지고, 그 반대로 가구원 수가 적을수록 소득보장 효과는 떨어진다. 이는 보편주의가 아니라 획일주의다. 사회복지 급여의 원리를 구성하는 필요의 원리가 기본소득에서는 무시되면서 발생하는 문제다(김종명, 2017). 바로 이것이 미래 사회의 복지 대안으로서 기본소득을 지지하지 못하는 이유다.

결국 미래 사회에서도 '무조건적인 획일적 분배'가 아니라 사회보장의 기본 원리인 '욕구에 따른 분배'를 지속시켜야 한다. 기본소득이 도입되더라도 최소한의 임금 보조 혹은 가치 있는 사회문화적 활동에 대한 보조금 정도 수준에서 머물게 해야 할 것이다. 이를 넘어선다면 재정 문제 때문에 사회적 보호가 약화되고 사회가 유지되기 어렵게 된다. 결론적으로 좌파 유형의 완전 기본소득은 노동이 필요 없는 미래 사회에서도 실현되기 어렵다. 혹 시행이 된다 하더라도 사회복지적 문제들을 해소하지 못할 것이다. 이것이 미래 사회에서도 사회복지적 분배가 지속되어야 할 이유다.


## 3. 사회보장이 먼저

기본소득을 주장하는 목소리는 다양하고 그 사회철학적 배경도 저마다 다르다. 그렇지만 좌파 유형의 기본소득론에서 공통적으로 발견되는 것이 있는데, 바로 임금노동과 기존 복지국가에 대한 부정적 정서다.

현재 우리가 갖고 있는 노동윤리는 소명으로서의 근거는 없이 오로지 '소득'이라는 근거만을 가질 뿐이다. …… 오로지 소득을 위한 노동, 즉 '돈을 버는 행위'가 우리의 삶을 조직화하고, 우리의 삶이 구조와 의미를 갖도록 해주며, 젊은이들이 심리적 성인기로 접어들게 해준다고 믿는 사람은 거의 없을 것이다(조남경, 2017: 261).

스웨덴 방식의 선진화된 복지국가를 선호하는 주장도 있다. [그러나 이는] 완전고용과 남성 생계부양자 중심의 20세기 근대사회 혹은 '노동중심형' 복지국가로 회귀하자는 의지의 표현이다(김교성 외, 2018: 181)

자본주의사회에서 임금노동에 대한 부정적 견해는 역사가 깊다. 자본주의 초기 열악한 환경에서 고한노동苦汗勞動에 시달렸던 노동자들의 모습(엥겔스, 2014), 테일러주의적 노동 분업이 만들어내는 노동과정으로부터 소외, 자신들이 만들어낸 생산물이 자본가에게 귀속되어 발생하는 생산물로부터의 소외(마르크스, 1987) 등 노동에 대한 비판적 인식은 경험적·사회철학적으로 근거가 없는 것이 아니다.

그러나 현대사회에서 대부분의 노동은 토마스 바세크(2014: 19)의 지적대로 "삶의 기반을 마련해주고, 우리를 사람들과 연결해주며, 삶에 의미를 부여해준다. 노동은 돈을 벌기 위한 수단에 그치는 것이 아니다. …… 노동은 그 자체로서 이미 하나의 목적이며, 좋은 삶을 영위하기 위해서는 없어서는 안 될 내적 재화를 만들어낸다." 자본주의사회의 임금노동일지라도 직장에서 만드는 사회적 관계, 일을 통한 자아 성취와 자기 효능감은 기본소득으로 대체될 수 없다. 일자리의 감소를 전제로 기본소득을 도입하기보다는 기술진보에 부응하는 생산과 일자리 창출, 근로환경과 노동조건을 개선해서 좋은 노동을 만드는 노력, 변화하는 노동시장의 직무 수요에 부응하는 능력 개발, 일자리를 나누는 노력 등 스웨덴 같은 선진 복지국가들의 대처방식이 선행되어야 한다. 이들 복지국가를 사라져야 할 20세기 근대사회의 유물로 치부해서는 안 된다.

미래 사회에서도 그리고 이를 향해가는 과도기에도 현재와 마찬가지로 개인과 가족이 겪게 되는 사회적 위험이나 생애 주기별 위험의 크기와 정도는 균질적이지 않다. 기술 변화가 위험을 균등하게 만들기보다는 그 진폭을 넓히고 편재시킬 가능성이 크다. 그만큼 언제 어디에서나 복지 수요는 균질적이지 못하다. 기본소득의 획일성은 균질적이지 않은 복지 욕구의 충족에 무기력하다. 그리고 인간의 무한한 욕망과 상대적으로 한정된 자원을 감안할 때, 늘어나는 복지 수요에서 기본소득은 대안이 되기 어렵다. 결국 현 단계 복지국가의 사회보장 기본 원리인 '보편적 보장, 위험 발생 시 충분한 보상'의 원칙은 기술진보가 가져올 미래 사회에서도 그리고 그 과도기에도 유효할 것이다. 보편주의의 미명하에 위험 발생 여부와 복지 욕구의 정도를 따지지 않는 기본소득은 사회복지적 대안이 될 수 없다.

제 6 장

# 기본소득보장의 개념, 적용 사례, 쟁점

최 승 호

## 1. 기본소득보장이 왜 필요한가?

복지국가의 사회보장제도는 사회보험과 공공부조의 양축을 중심으로 형성되어 있다. 사회보험은 시장경제에 기반한 임금노동을 물적 재원으로 하고, 공공부조는 자산심사와 부양의무자 요건심사가 따르는 보충성 원리에 따라 작동한다. 기본소득은 이러한 사회보험의 핵심 원리인 임금노동과 소득 간의 연결고리뿐만 아니라 공공부조의 운영 원리인 보충성 원리와도 관계를 갖지 않는다.

기본소득보장basic income security이 필요한 배경과 기본소득을 둘러싼 논의가 확대되고 있는 이유는 우선 임금소득 중심 복지국가 패러다임의 한계를 지적할 수 있다. 규범화된 임금노동은 전후 수요 확대에 따라 완전고용과 사회보장이 이루어지는 황금기에 기여했으나 자본주의 시장 메커니즘이 가지고 있는 생산성의 극대화와 이윤 추구에 따른 실업과 불완전precarious고용의 발전, 고용 창출에 부합하지 않는 산업자본의 투자, 기술의 발전, 자동화 등에 의한 구조적인 일자리 감소(Stern, 2016), 더욱이 화석연료를 소비하는 생산방식에 의한 생태계 위기로 인해 정규직 고용관계 및 임금소득 중심적인 사회보장은 한계에 직면한다.

복지국가의 정규직 임금노동에 기반한 완전고용 이데올로기는 지속적인 경제 발전, 인구학적인 적정 출산과 적정 고령 인구를 전제한 것이어서 달성될 수 있는 것도, 개연적인 것도 아니다. 임금노동과 사회보장의 발전은 전후 자본주의 황금기의 특정 시기에나 가능했다고 볼 수 있으며, 임금노동과 소득에 중심을 둔 노동 사회의 종언(Rifkin, 1999)이나 완전고용 사회의 끝(Vobruba, 2000, 2006: 117-120)이라는 용어의 의미가 여기에 해당한다.

복지국가의 노동시장 활성화, 근로연계복지, 사회투자국가 논리도 노동시장에서 배제되는 실업자, 은퇴자, 비정규직, 이주민 등의 권리를 보장해주고 포용하기에는 한계가 있다. 총체적 관점에서 사회보장의 사각지대가 확대 재생산 되고 있는 것이다. 자본주의 시장경제의 국가 개입에 의한 소득 재분배 기능은 고용과 사회보장 재정 간의 선순환 고리를 전제로 한 것이었으나 한계에 직면하면서 임금노동 중심적인 복지국가에서 다양한 소득원의 혼합으로 구성되는 기본소득에 기반한 복지급여의 재구성(Vobruba, 2006)을 요구받게 된다. 그리하여 기존의 시장, 국가, 가족 중심의 재생산 복지체제 접근에서 참여와 인권에 기반한 보장주의(오피엘카, 2010)라는 기본소득이 제4의 복지체제로 시험대에 오르고 있다.

기본소득 옹호론자들은 빅데이터를 활용해 만들어지는 인공지능 시대에 플랫폼에 모여진 데이터는 우리 모두가 제공한 것이므로 우리는 기본소득에 대한 재산권을 가지고 있고(강남훈, 2016: 32) 또한 우리가 현재 누리고 있는 부는 우리 모두의 공동 자산인 자연 자원으로부터 나온 것이기 때문에 노동하지 않는 사람도 자연 자원의 분배(급여)를 받을 권리가 있다고 주장한다(김혜연, 2016: 100).

제도와 관련한 선행연구에서 기본소득을 지지하는 대표적인 외국 학자들은 오피엘카(Opielka, 2008, 2010), 파레이스와 반데브로트(Parijs & Vanderborght, 2005,

2017), 포브루바(Vobruba, 2000, 2006), 오페(Offe et al., 2006), 고르(Gorz, 2000) 등을 언급

힐 수 있다. 그들은 소득과 사회보장 간의 발전적인 재구성, 참여와 민주주의

확대, 자유,[1] 생태적 요구, 문화 사회로의 전환 등의 입장에서 기본소득의 도

입 필요성을 역설한다.

한국에서 기본소득을 지지하는 많은 논자들(곽노완, 2008, 2011; 강남훈, 2011, 2016;

최광은, 2011; 이명현·강대선, 2016)은 현재 한국 사회가 직면한 불평등과 빈곤의 확

대, 일자리 감소, 불완전한 고용 확대 현상에 대해 전통적인 복지체제로는 대

응하기 어렵다고 이야기한다. 그리고 고용과 관계없는 기본소득이 한국 사

회가 직면한 문제를 해결할 수 있는 유력한 대안이 될 수 있다는 입장이다.

이에 대해 이제 막 복지를 확대하기 시작한 한국 복지체제에서 공공 부문

의 일자리 부족으로 인한 확대 여지가 있으며 주거, 교육, 복지, 의료에서 영

리 부문의 비중이 높기 때문에 공적 영역의 확대 소지가 더 크다는 점을 들어

기본소득은 시기상조이며 급진적이라는 지적이 있다(김연명, 2016). 이러한 회

의적 입장은 한국 복지국가의 저발전 단계에서 공적 복지의 역할과 사회안

전망이 미흡한 수준에서 기본소득의 도입은 급진적이고 실현 가능하지도 않

다는 점을 의미한다(어기구·신범철, 2010: 110). 다른 논자는 국내외에서 실현 가능

성을 염두에 두고 검토된 현재까지의 기본소득이 실제로는 기존 복지체제를

'완전한 기본소득full basic income'으로 대체하자는 것이 아니라 1970년대 이후

도래한 신자유주의 시대의 공적 복지를 확대하기 위한 전략적·대안적 담론

이라는 입장이다(윤홍식, 2016: 15~16).

---

1   노동시장에서 자유의 의미는 실업과 고용의 덫에서 자유로울 수 있다는 것이다. 기본소득
    보장으로 실업의 덫에서 쉽게 일자리를 수용할 수 있는 한편 고용의 덫에서도 일자리를 거
    부할 수 있는 자유를 용이하게 할 수 있다는 것이다. 또한 무임금노동, 교육, 요양, 자발적
    인 봉사도 구속 없이 쉽게 선택할 수 있는 자유를 가능하게 할 수 있다는 의미다.

기본소득을 한국에 도입한다고 했을 때 ① 규범적 관점에서 기본소득의 헌법적 기초 정립, ② 경제적 관점에서 재원 마련 문제와 경제적 파급효과 및 영향, ③ 사회적 관점에서 노동능력이 있으면서도 노동하지 않는 사람에 대한 소득 보조의 타당성, 충분히 부유한 사람 대상 지급 여부 등 각종 논란이 제기될 수 있다(노호창, 2014: 448).

그리하여 본 연구의 목적은 기본소득 도입에 대한 찬성과 반대 시각에 따른 다양하고 복잡한 쟁점들을 정리해보면서 기본소득에 대한 이해의 확대를 시도해보는 것이다. 먼저, 노동 패러다임과 복지 패러다임의 근본적 전환을 전제로 하는 보편적 복지의 핵심 제도인 기본소득보장의 개념 및 의의를 살펴볼 것이다. 그다음 대표적인 기본소득 모델의 기능방식을 정리해본다. 그리고 현재까지의 적용 사례, 즉 알래스카, 핀란드, 스위스의 경우와 유사 제도인 보편적 사회수당을 실시하는 뉴질랜드, 나미비아, 브라질, 한국의 예들을 살펴보면서 가능성과 한계, 문제점도 짚어본다. 그리고 마지막으로 현재 기본소득보장의 논의 구조에서 도출된 주요 쟁점들을 체계적으로 분류해 고찰해본다.

근본적으로 기본소득보장제도의 기본 이념이 논리적·이성적으로 기존의 노동 사회 및 사회보장제도를 대체하거나 보완하면서 새로운 복지국가를 건설할 수 있는지의 정당성과 규범적 측면, 경험적·도구적 합리성 측면에서 찬반 논쟁은 엇갈릴 수밖에 없다. 그리고 기본소득에 대한 정보와 인식 오류도 바로잡아야 한다. 무엇보다 기본소득제도의 도입이 정당성과 규범적 측면에서 충분히 논의되었는지, 이에 기본소득이 헌법적 기본권으로 타당성이 있는지 논의되어야 한다. 다시 말해, 결국 제도의 정책 수단으로서 경험적·도구적 합리성과 실현 가능성을 논하기 전에 정당성과 당위성 확보를 위한 논의가 활성화되어야 한다.

## 2. 기본소득보장의 개념 및 의의

기본소득은 보편적 기본소득Universal Basic Income: UBI, 기본소득보장Basic Income Guarantee, 시민소득Citizen's Income, 국가 보너스State Bonus, 사회배당Social Dividend 등 다양하게 지칭되고 있다.

일반적으로 넓은 의미에서 기본소득이란 일정한 정치 공동체[2]에 속한 개별적인 모든 사회 구성원에게 지급되는 소득이다. 이러한 현금이전[3]은 노동 여부와 무관하며 일체의 자산 심사 없이 이루어진다. 즉, 보편성, 개별성, 무조건성, 현금성을 본질적 지표로 삼는다. 그리고 기본소득의 지급 액수는 인간다운 삶에 충분하며[4] 사회정치적 참여를 가능하게 해주는 액수여야 한다.

노동 패러다임과 복지 패러다임의 근본적 전환을 전제로 하는 기본소득은 국민 모두에게 아무런 조건과 심사 없이 지급하는 소득으로, 사각지대 없는

---

2  지급 주체를 정치 단위로 설정한 것은 지역, 국가, 범국가적 연합체인 유럽연합 단위[유럽 국가들 또는 유럽연합 회원국 간 기본소득을 도입하자는 논의들에 대해 Parijs & Vanderborght(2005: 127~128, 2017: 235~241) 참조]도 기본소득의 지급 주체가 될 수 있기 때문이다. 즉, 구성원 사이의 평등을 논할 수 있고, 이를 실현할 수 있는 제도를 갖출 수 있는 수준으로 조직된 사회이면 족하다는 것이다. 또한 기본소득의 재원은 공적 재원이라는 것을 의미한다(윤홍식, 2016: 23; 이상협, 2017: 249).

3  기본소득은 근본적으로 현금 지급이 원칙이나 식량교환권(food stamp)이나 전표 바우처 같은 형태의 현물 지급이 지역 경제의 구매력을 위해 유용하다거나 낭비 없이 가족 구성원의 기본 필요를 제공할 것이라는 주장도 있다. 직접적인 현금 지급이 덜 관료주의적이고 선택권의 자유를 줄 수 있다는 기본소득의 취지가 여기에 있다[보다 상세히 Parijs & Vanderborght(2017: 12~14) 참조].

4  엄격히 말하자면 기본소득의 지급 액수가 빈곤한계선을 넘어설 정도로 충분한지, 고용의 덫을 벗어날 수 있는 선택권으로 자유를 주는 금액인지, 또는 근로 의욕을 자극할 수 있는 수준인지에 대한 논의가 분분하다. 지급액의 수준이 일반적으로 정해져 있는 것은 아니기 때문이다(Parijs & Vanderborght, 2005: 40~41 참조).

보편적 복지의 핵심 제도다. 이러한 기본소득보장은 기존의 '임금노동형 완전고용' 패러다임을 '사회적 필요노동' 패러다임으로 전환하려는 것이다. 근로와 복지의 결합이라는 궁극적 목적이 워크페어workfare라면 양자를 절단한 사회복지정책이 기본소득이다. 기본소득은 시장의 결함을 개선하기 위한 프로젝트가 아니라[5] 인간에 대한 더 많은 자유와 참여, 민주주의, 환경, 인간 존엄을 위한 프로젝트(Liebermann, 2015)라고 옹호론자들은 주장한다.

기본소득은 규범적으로 재생산 무급노동의 인정, 빈곤과의 투쟁, 생태주의, 국가의 가부장적 성격으로부터의 자유, 특히 여성의 재생산노동에 대한 동등한 가치 인정, 구속적인 생계노동으로부터 자아실현으로의 노동 해방 등의 목표를 가지고 있다.

보편적·무조건적 기본소득은 결과의 평등을 지향하는 제도가 아니라 기회의 평등을 지향하는 제도라고 볼 수 있다. 빈곤 계층에게서 어떤 기회도 박탈하지 않으며 동일하게 분배되는 권리로 기본소득을 이해할 수 있다. 그러나 근로의 의무에 관해서는 기본소득이 근로 여부와 상관없이 주어지는 것이기 때문에 상당한 충돌이 있을 수밖에 없다. 다만 적극적 해석을 통해서 기본소득의 전 단계인 '참여소득', 즉 조건부 기본소득의 근거를 도출할 수 있다고 주장하기도 한다(노호창, 2014: 449 각주 103).

---

5    미래에는 임금노동을 통해서만 소득을 얻게 되는 산업사회가 아니라 자동화로 인한 일자리 축소, 근로시간의 필연적 단축, 소득을 얻을 권리와 임금노동의 단절, 문화 사회로의 이행(Gorz, 2000)이 이루어질 것이라고 전망할 수 있다. 따라서 임금노동과 소득의 연결이라는 경제적 합리성, 즉 종래 고용을 통한 사회보험과 보충성 원리인 공공부조가 가지고 있던 합리성을 깨버리는 것이 기본소득이라는 것이다(노호창, 2014: 418~420). 여기에서 경제적 합리성에 대한 판단이 필요한데, 기본소득제도에 대한 관심과 도입이 어느 정도 사회경제적인 변화에 따라 시장 경제력을 변화시키고, 그리하여 경제적으로 가능할지, 경제적 합리성의 새로운 형태로 발전하는 잠재성이 있는지 물을 수 있다(Ruh, 2016: 38).

보장된 기본소득의 이념적 기원과 연결되는 16세기 이래의 고전적인 사회 유토피아 이념은 많았지만[6] 어디까지나 시민권citizenship에 기반해 논의되고 있는 현대적인 의미의 20세기 기본소득은 중세와 근세의 논의와는 구분되며 세 줄기의 논의 흐름을 나타내고 있다. 영국에서 '사회배당', '국가 보너스', '국민배당' 등의 논의, 1960년대와 1970년대 미국에서 '데모그란트'[7]와 '부의 소득세Negative Income Tax'를 둘러싼 논의,[8] 이후 북유럽에서 대략 1970년대 후반에서 1980년대 중반까지 덴마크와 네덜란드에서 기본소득에 대한 새로운 논쟁이 있었다. 그리고 기본소득보장 논의의 전시장 같은 독일에서는 1980 년대 초부터 시작되어 다양한 관점의 논문과 저술이 출판되었다.[9] 1990년대 에는 모든 사회경제적 문제가 독일 통일로 인한 통합의 논의에 흡수되었기 때문에 기본소득에 관한 논의가 휴지기를 맞이했다. 기본소득에 대한 논의 는 2003년 9월 '완전고용 대신에 자유를Freiheit statt Vollbeschäftigung'이라는 이름 의 운동단체가 기본소득에 대한 테제를 발표하면서 다시 시작되었다(Opielka, 2008: 74, 82-83). 그 무렵에 그다지 논쟁이 활발하지 않았던 프랑스에서 저명한 사회학자이자 철학자인 앙드레 고르André Gorz가 조건 없는 기본소득보장을 지지함으로써(Gorz, 2000) 논쟁에 자극을 주었다.[10] 1986년 9월 벨기에 루뱅에

---

6    보다 상세히 Vobruba(2006: 72~77), 노호창(2014: 412~415), Parijs & Vanderborght (2005: 15~31) 참조.

7    데모그란트(Demogrants)는 'demograghic(인구학의)'과 'grants(보조금)'를 합성한 용어다. 연령이나 성별과 같이 순수하게 인구학적 기준에만 근거한 사회수당의 개념이다.

8    보다 상세히 미국에서의 기본소득 제안과 논의의 흐름에 대해 Stern(2016: 171~179) 참조.

9    논의의 초점을 다룬 두 편의 저술 "오류적 노동으로부터 해방(Befreiung von falscher Arbeit)"(Schmid, 1984)과 "기본소득보장: 요구의 발전과 전망(Das garantierte Grundein-kommen, Entwicklung und Perspectiven einer Forderung)"(Opielka & Vobruba, 1986) 을 통해 그 당시의 논의 내용을 개관해볼 수 있다.

서 기본소득유럽네트워크Basic Income European Network: BIEN가 결성되었고, 2004년에 기본소득지구네트워크Basic Income Earth Network: BIEN로 발전해 세계 각국에 지부가 설립되었다. 이 네트워크는 정기적인 정보지 발송뿐만 아니라 2년마다 각국을 돌며 국제대회를 열고 있다(Parijs & Vanderborght, 2005: 31~35, 2017: 8; 최광은, 2011: 76~81).

## 3. 기본소득보장 모델 및 기능방식

　다양한 유사 변이들이 있지만 형태상 조건 없는 기본소득은 사회배당과 부(-)의 소득세로 구분된다. 사회배당은 모든 시민에게 소득과 자산의 징수 및 조세법적 요구 전에 지불되는 것으로 진정한 기본소득이라고 할 수 있다. 사회배당은 모두에게 동일한 액수로 지급되며 다양한 연령층에 따라 다양한 급여 수준이 가능하다. 반면 부의 소득세는 모두에게 세액 사정 후에 지급되므로 진정한 의미의 기본소득은 아니다. 이때 양도 및 납세소득은 기본소득 청구권의 일정 수준으로 계산되고 기본소득 청구권과 함께 세금이 정산된다. 만약 부의 소득세가 기본소득의 명시된 기준을 채우고 또한 기본법적인 급여 수준에 도달한다면 사회배당처럼 기본소득이라고 칭할 수 있다. 그러나 시민급여Bürgergeld의 개념으로 사용되는 많은 부의 소득세 유형들은 기본소득의 기준에 충족되지 않는다. 예를 들어 매우 낮은 급여 수준의 지급, 근로자와 그 가족에게 한정되는 지급 범위, 제공되는 일자리의 수용 조건 전제

---

10　이후 프랑스에서도 기본소득의 개념과 같은 시민수당이 선거 국면에서 보수 우파에 의해 제안된 바 있다[보다 상세히 양승엽(2011) 참죄.

등이 이에 해당한다(Blaschke, 2010: 23-24). 이 절에서는 기본소득의 다양한 형태 가운데 대표적인 기본소득 모델인 부의 소득세와 사회배당을 소개한다.

### 1) 부의 소득세

부(-)의 소득세는 1940년대 영국의 줄리엣 리스윌리엄스Juliet Rhys-Williams가 영국 복지국가의 다양한 문제를 해소하기 위해 제기했으며, 1960년대에는 미국의 밀턴 프리드먼Milton Friedman이 수용한 자유주의적 모델이다. 이는 최저생계비 이하의 노동소득에 대해 고소득에 대한 양(+)의 소득세를 원천으로 해 그 차액만큼 지원금을 주자는 주장이다. '부의 소득세'는 정치 공동체 내 모든 개인의 생활수준을 특정한 최소 수준 이상으로 확보해주려는 취지를 가진다. 부의 소득세는 소득세와 공적 이전소득을 통합한 시스템으로, 이전소득선과 빈곤한계선이 일치한다. 이 모델에서는 빈곤선 위쪽에는 어떠한 이전소득도 주어지지 않는다. 저임금노동 시 가처분소득은 부의 소득세와 함께 더해지며, 고소득은 양의 소득세와 함께 감가된다. 소득이 없는 모든 시민은 국가에 의해 최소 생계 유지를 위한 지원금과 이전급여를 받는다. 공적 이전소득은 노동수입이 증가하면 점증적으로 줄어든다.

소득이 없는 모든 사람은 100단위(100%)의 이전소득을 얻는다. 이 이전소득액은 기본 필요를 충족하는 사회문화적인 최소 생계 수준이며 공적부조를 대체하는 역할을 한다. 60단위의 소득자는 30단위의 이전소득이 감해져서 130단위의 가처분소득을 얻고, 100단위 소득자는 50단위의 이전소득이 감해져서 150단위의 가처분소득을 가지게 된다. 위의 공식에서 소득액에 0.5가 이전소득의 감가비율로 된다. 빈곤선 이상의 소득에 대해 적어도 50%가 근로 의욕을 자극하는 동인이 될 수 있다. 200단위까지 이전소득, 즉 부의 소득세가 국가에 의해 지급된다. 200단위는 지원상한선으로, 더 많이 버는 사람

그림 6.1 NIT(부의 소득세)

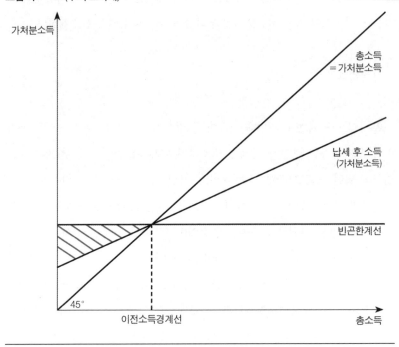

자료: Prinz(1988: 46).

은 정(+)의 소득세를 지불해야만 한다.

이러한 시도는 자발적 노동에도 불구하고 빈곤선 이하에 살고 있는 근로 빈곤층working poor을 돕고 근로 의욕을 고취하기 위한 적절한 수단이다. 이는 자유주의 시장경제의 기능방식을 해치지 않으며 개인의 자유와 책임, 시장 참여를 촉진하기 위한 것이다. 부의 소득세는 관료행정적인 공적부조의 복잡한 자산조사 및 절차와 그에 따른 경비를 절감할 수 있는 반면에 빈곤선의 설정 수준에 따라 기준 이하의 소득자에게 노동을 회피하거나 안주하게 만들 수 있다는 단점이 있다.

시민급여는 1985년 구서독에서 조세정책 논쟁 당시 요아힘 미시케Joachim

Mitschke가 부의 소득세 개념에서 발전시킨 것이다. 아동수당, 교육수당, 주거수당, 공적부조 등 조세로 충당되는 모든 국가 이전급여가 연령이나 가족 상태 등의 사회적 상황과 필요에 따라 등급화되어 개인에게 주어지는 보편적인 시민급여로 대체된다. 교육, 요양 등의 특별한 지원이 필요할 때는 기본금액에 돈이 추가되며, 이는 기본적으로 지역 공적부조기관의 해체와 연결될 수 있다(Kunz, 2016: 46~47).

## 2) 사회배당

20세기에 접어들어 1918년 영국의 버트런드 러셀Bertrand Russell이 주장한 '사회적 소득Social income'과 같은 해 데니스 밀러Dennis Milner와 그의 부인 마벨Mabel의 '국가 보너스' 지급 요구, 1924년 클리포드 더글라스Clifford Douglas의 '국민배당' 지급 요구는 영국의 경제학자 조지 콜George Cole이 처음으로 사용한 '사회배당'이라는 표현과 유사한 내용들이었다. 조지 콜이 그의 책 『사회주의 사상사History of Socialist Thought』(1953)에서 처음으로 기본소득의 영어식 표현인 'Basic Income'을 사용하면서 1980년대에 이와 관련된 국제적인 토론이 활발하게 벌어지기 시작했고 빠르게 전파되었다.[11]

사회배당에서 모든 시민은 자신의 다른 소득과 무관하게 기본소득에 대한 법적 자격을 가진다. 추가 소득에 대해서는 세금이 부여되어 이전소득 경계선까지 가처분소득이 더해진다. 만약 기본소득 수준으로서 국가 평균 소득의 50% 한계선(세금+사회복지기여금 포함)을 적용한다면, 기본소득의 두 배를 벌지 않는 사람들은 순납세자가 되지 않는다. 하지만 기본소득 수준이 국가

---

11 보다 상세히 Parijs & Vanderborght(2005: 26~27), 최광은(2011: 77) 참조.

그림 6.2 사회배당

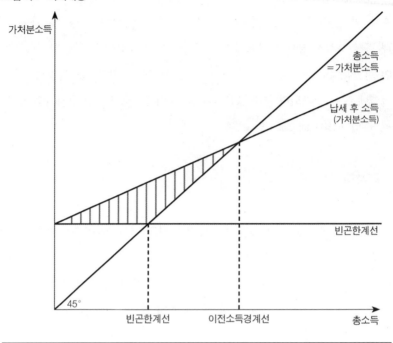

자료: Prinz(1988: 47).

평균 소득의 60%로 정해진다면 1인당 소득 기준의 120%를 버는 경우에 순
납세자가 된다. 그리고 평균 이하의 소득을 가진 사람들은 모두 기본소득과
기타 소득의 합을 받을 수 있게 된다. 여기에는 거대한 규모의 재분배 효과
가 있다.

기본소득에 대한 논의가 활발했던 1980년대 중반 독일의 예를 들면, 생계
기준에 따른 설정 시 800DM의 사회배당과 50%의 세율이 적용되기 때문에
1200DM의 수입 시 600DM의 세금 부과와 800DM의 사회배당이 더해져 가
처분소득은 1400DM이 된다. 소득이 없는 사람에게는 사회문화적 최소 생계
가 보장된다. 이전소득상한선은 빈곤한계선과 일치되지 않고, 빈곤한계선을

넘어가 있다. 이전소득 감가비율이 적으면 적을수록 가처분소득은 더 올라간다. 기본소득의 재원은 소득세가 아니라 부가세(소비세)로 충당될 수 있다. 그리하여 재원은 부의 소득세 형태로 소득세율에 통합되는 것이 아니라 그 자체로 독립적인 유형으로 가능하다. 그러나 상당 부분을 차지하는 주거비용 포함 문제, 가구 유형 관련 여부 문제, 개인 단위일 경우 수혜 적용 연령에 관한 합의 문제가 남아 있다(Prinz, 1988: 48; 오피엘카, 2010: 190~194).

부의 소득세가 전체 사회보장 기능, 예를 들어 연금과 실업보험 등을 불필요한 것으로 보고 기본소득에 통합하려는 의도가 있는 반면 사회배당은 여타 사회보험의 기능과 급여를 폐기하거나 통합하기를 원하지 않는다(Heinze, 1988: 72~75).

간단히 소득 재분배 기능으로 보자면 사회배당이 효과가 가장 크며, 그다음 부의 소득세, 공적부조의 순으로 볼 수 있다. 현 공적부조제도와 비교해보면, 공적부조 소득세 공제액은 정해진 빈곤한계선 아래에 놓이며 근로의무가 부과된다. 부의 소득세와 사회배당이 조건 없이 모두에게 적용되는 분배 기능으로 이루어지는 반면에 공적부조는 대상자의 자산과 부양의무자 요건을 심사해서 기능한다.


## 4. 기본소득보장 적용 사례

현실 세계에서 기본소득의 원형에 '가까운' 제도를 시행하고 있는 지역은 미국 알래스카주가 유일하다. 다양한 형태의 소득보장제도들이 '모두에게 실질적 자유를 보장하기 위한 기본소득'의 핵심 원칙을 포괄하고 있는지 의문이다. 중요한 보편성의 원칙은 두 가지로 구분할 수 있는데, 자산소득조사 실시 여부와 인구학적 특성에 따른 선별 여부다.

엄격히 보면 기본소득의 대안적 형태로 참여소득이나 사회적 지분의 논의도 있으나 참여소득은 기본소득의 무조건성과 보편성을 충족하지 못하고 급여 수준 또한 모호하다. 부의 소득세는 기본소득의 원형이나 유사한 정책으로 언급되고 있지만 실제는 비교 대상 정책 중 기본소득과 가장 관련이 없다. 소득 수준에 따라 급여가 연동되기 때문에 무조건성을 충족했다고 볼 수도 없고, 자산조사를 하므로 보편적이지도 않다. 또한 권리적 성격이 약한 것도 부의 소득세가 기본소득과 다른 점이다. 기타 방식은 기존의 기초실업수당, 출산수당 등을 통합해 기본소득으로 지급하고 사회적으로 바람직한 행위(예컨대 자원봉사)에 대해 추가 금액을 지급하는 것이다.

이 절에서는 일반적으로 기본소득이라고 불리는 제도가 적용되고 있는 알래스카, 핀란드, 스위스, 브라질, 뉴질랜드, 나미비아, 한국의 사례를 살펴보고, 한국에서의 기본소득제 도입 및 논의의 내용을 정리해본다.

## 1) 알래스카

알래스카는 석유를 포함해 주州 소유 자연 자원의 판매에서 나오는 수익의 일부를 적립해 알래스카 영구기금Alaska Permanent Fund: APF을 설치했다. 그리고 이 기금으로 1년 이상 거주한 자에게 매년 변동하는 일정한 액수의 배당금을 지급하고 있다. 이는 무조건적 기본소득과 가장 유사한 형태로, 한 가지를 제외하고 기본소득의 모든 원칙을 충족하고 있다. 충족하지 못한 요건은 '개인의 실질적 자유'를 보장하기 위해 중요한 충분한 급여를 제공하지 않는 것이다. 2015년 기준 한 해에 한 번 주어지는 APF의 연 급여액은 미화 2072달러로, 2015년 미국 1인 가구의 공식 빈곤선인 1만 1700달러의 17.8%에 불과한 금액이다. 즉, APF만으로는 독립적인 생활이 불가능하다는 것을 의미한다(윤홍식, 2016: 26~27; 노호창, 2014: 410~411).

## 2) 핀란드

핀란드중도당Centre party, 핀란드인당True Finns party, 보수당Conservative party이 연정을 구성하고 있는 핀란드 정부는 2015년 5월 기본소득 실험 실시 계획을 발표했다. 이어 2015년 10월 말에 예비연구를 시작하고, 2016년 하반기까지 실험 모델을 결정한 다음 2017년에 기본소득 실험을 시작했으며, 2019년에 실험 결과에 대한 평가가 있을 예정이다(송지원, 2017: 88).

핀란드 정부는 2016년 12월 핀란드 사회보험청KERA[12]으로부터 실업급여를 받고 있는 핀란드 국민 중 25~58세 연령 구간에 해당하는 2천 명을 무작위로 선정해 2017년 1월 1일~2018년 12월 31일까지 2년 동안 기본소득을 지급하는데, 금액은 월 560유로(한화 약 70만 원)로 면세 책정되었다. 이는 임시직 및 파트타임직 취업을 독려하는 적정 수준의 유인 효과가 발생할 것으로 추정하고 있다. 이러한 핀란드의 실험방법과 목적, 범위가 적절한지에 대해 이의도 있겠지만 국가적 차원에서 주도하는 세계 최초의 기본소득보장제도 실험이기도 해 그 결과에 모두가 주목하고 있다.

핀란드가 시행하는 기본소득제도의 가장 큰 목적은 노동시장 참여를 활성화하고, 복잡하고 비대해진 사회보장체계와 지나친 관료주의를 개혁하는 데 있다. 이러한 기본소득제도 실험은 이 제도가 노동 의욕(고용)을 촉진할 수 있는지, 사회보장체계 개선과 관료주의 개혁에 도움이 되는지, 또한 생활 전반(교육비, 의료비 지급 등)에서의 변화가 있는지를 파악하는 데 가장 큰 관심을 두고 있다(김은표, 2016; 송지원, 2017; 경향신문, 2017; Kangas, 2017).

---

12   KERA(Social Insurance Institution of Finland)는 핀란드 중앙정부 차원의 복지제도 전반을 담당하고 있는 기관이다.

### 3) 스위스

2016년 6월 5일 스위스에서는 세계 최초로 '기본소득 헌법개정안'에 대한 국민투표가 실시되었다. 개정안은 매달 모든 성인에게 월 2500프랑(한화 약 300만 원), 아동에게 월 625프랑(한화 약 75만 원)을 기본소득으로 지급하자는 내용으로, 76.9%가 반대해 부결되었지만 이후 전 세계적으로 기본소득제도에 대한 관심이 더욱 높아지고 있다.

국민투표에 참여한 유권자들 가운데 69%는 향후 보편적 기본소득에 대한 2차 투표를 기대한다고 응답했다. 정책에 찬성한 유권자의 83%와 정책에 반대한 유권자들의 63%도 앞으로 이와 관련된 토론이 계속될 것이라고 생각한다고 응답했다. 특히 젊은 세대일수록 기본소득에 찬성한 비율이 높았다는 점, 기본소득안의 부결에 대해 젊은 세대일수록 기본소득 논의는 이제 시작되었을 뿐이라고 응답했다는 점에 의의가 있다(송지원, 2017; 윤홍식, 2016: 15; 홍남영, 2017: 158).

### 4) 유사 제도: 보편적인 사회수당

기본소득과 유사한 제도는 아동수당, 기초연금 등 보편적인 사회수당이다. 사회수당은 인구학적 기준으로 대상자를 선별하는 방식과 불충분한 급여를 제외하고는 기본소득과 유사하다.

#### (1) 뉴질랜드·브라질·나미비아

뉴질랜드는 독신 노인에게 월 평균 886.86뉴질랜드달러, 2016년 기준 중위소득의 36% 수준의 기초연금superannuation을 지급한다. 이는 빈곤가구를 구분하기 위해 사용되는 중위소득의 60%에 미치지 못하는 금액이다(Ministry of

Social Development, 2016; Statistics New Zealand, 2015). 브라질의 보우사 파밀리아Bolsa Família는 자산조사를 거쳐 가구 단위로 지급하나 급여 수준이 빈곤을 벗어날 정도로 충분하지는 않다.[13] 나미비아에서 실험했던 기본소득(윤홍식, 2016: 27~28)은 극단적인 빈곤 상태를 개선했다는 점에서 성공적이라는 평가를 받고 있지만 지급 주체(민간 재단)와 권리성(시범 사업)이라는 측면에서 기본소득의 요건을 충족하지 못한다. 급여 또한 극빈 수준 184.56나미비아달러의 54.2%인 월 100나미비아달러로, 노동과 무관하게 개인의 독립적인 생활을 보장하기에는 충분하지 않다.

(2) 한국

한국에서 기본소득 논의가 확산되면서 지방자치단체 차원에서[14] 도입된 서울시 청년수당과 성남시 청년배당이 있다. 2016년 8월부터 시작한 서울시 청년수당의 대상은 서울에 거주 중인 만 19세~29세 미취업 청년으로, 구직활동 및 사회참여 의지가 있는 자이어야 한다. 주 30시간 이상 근로자로 정기소득이 있는 청년, 실업급여수급자 등 이미 정부사업에 참여하고 있는 청년, 기준 중위소득 150% 이상에 해당하는 가구에 속한 청년은 제외된다. 가구소득, 미취업 기간, 부양가족 수 등을 고려해 최종적으로 선발된 5천 명 (2017년 기준)에게 매달 50만 원을 구직활동 직접비로 응시료, 학원수강비 등

---

13  보우사 파밀리아 프로그램에 대해 보다 상세히 노호창(2014: 429~444) 참조.

14  한국의 지방자치단체가 기본소득을 도입하고자 할 경우 주요한 법적 쟁점은 다음과 같다. 첫째, 국회가 제정한 형식적 의미의 법률이 필요한지 아니면 자치 입법으로 족한지 규정 형식이 문제된다. 둘째, '사회보장기본법' 제26조에서 정한 협의·조정제도의 법적 의미가 무엇인지, 협의 절차 및 그 결과에 법적 구속력이 있는지 여부에 관해 다툼이 있다. 셋째, 해당 지방자치단체 내의 주민들 사이에, 혹은 다른 지방자치단체의 주민 사이에 평등 원칙의 위배가 논의될 수 있다(보다 상세히 이상협(2017) 참조).

과 간접비로 식비, 교통비 등을 최소 2개월 동안은 무조건 지급하고 3개월부터는 활동 결과에 따라 지급하고 취업하거나 창업하는 경우에는 그다음 달까지 지급한다.

서울시 청년수당은 개인 단위, 지급 주체, 권리성('서울시 청년 기본조례' 제10조 제3항 및 제4항)이라는 세 가지 요건에서만 기본소득의 조건을 충족하고 있다. 자산조사를 하는 잔여적 제도이자 구직활동을 지원한다는 점에서 보편성과 무조건성을 원칙으로 하는 기본소득과는 거리가 먼 정책이다.

반면 성남시 청년배당은 '성남시 청년배당 지급조례'(2015년 12월 18일 제정, 2016년 1월 1일 시행)에 따라 성남시에 3년 이상 거주하고 있는 19~24세 청년에게 지급한다. 매 분기 시작 월 20일에 개인별로 지급하며, 분기당 25만 원 이내의 성남시 안에서만 사용이 가능한 지급 수단으로 지급한다.

성남시 청년배당은 무조건성, 자산조사 없는 보편성, 정기성, 개인 단위, 권리성('성남시 청년배당 지급 조례'), 시정부가 지급한다는 점에서 기본소득의 원칙을 가장 많이 담고 있다. 다만 지급 수단을 지역화폐인 성남사랑상품권으로 지급하고(연간 50만 원) 연령 제한이 있다는 점에서 기본소득과 차이가 있다.

정리하면 현재까지 전 세계에서 기본소득을 시행하는 국민국가는 없으며, 가장 유사한 정책으로는 알래스카 영구기금이 있을 뿐이다. 결국 현실적으로 기본소득의 가장 중요한 목적인 탈노동화delaborization를 보장하는 분배정책은 존재하지 않는다. 기본소득과 유사한 여러 가지 정책들이 있지만 이들 모두 임금노동을 배제하지 않고 포함하고 있으며 국가의 탈상품화decommodification 수준의 정책들이다.

## 5. 기본소득 쟁점

기본소득보장제도의 기본 이념이 논리적·이성적으로 기존의 노동 사회 및 사회보장제를 대체하면서 새로운 복지국가를 건설할 수 있는 당위성이 있다 하더라도 실현 가능성에 대해서는 고민해볼 점이 많다. 이 절에서는 기본소득의 쟁점들을 정리해본다.

첫째, 기본소득이 기존 복지체제를 대체할 만큼 정당한지의 문제다. 우리가 기본소득의 가능성에 대해 증거에 기반을 둔 경험적 평가만을 요구한다면 기본소득에 대한 평가는 항상 부정적일 것이다. 목적-수단 도식으로 도구주의적 합리성만 추구하는 정책과학으로는 기본소득의 정의된 목적을 생각할 수 없기 때문에 기본소득 도입의 정당성 여지는 줄어들 것이다. 기본소득은 특정한 정책을 보완하기 위해 도입 여부를 판단하는 경험적·수단적 정책이 아니라 정의에 부합하는 사회의 기초구조로 구성되어야 하는 것이다. 이때 기본소득은 물질적 생계에 어려움이 없도록 소득을 사후적으로 보전하는 재분배가 아니라 사전적으로 모두에게 주는 기본적 복지로 이해될 수 있다. 이는 기회의 평등과 모두에게 자유를 보장하는 정의와도 연결된다. 따라서 기본소득의 가능성을 논의할 때 그 정당성은 경험주의적 계량적 증거로 보여줄 수 있는 영역이 아니고 규범적·목적적 판단 기준이 우선일 수밖에 없다 (이명현·강대선, 2016).

현실에서 기본소득제도를 도입할 경우 그 근거가 되는 규범을 헌법, 법률, 자치 입법 가운데 어떤 형식으로 규정할지의 문제가 발생한다. 기본소득에 관한 논의에서는 근거 규범에 관해 특정한 규정 형식을 정하지 않았을 뿐만 아니라 반드시 국민국가 수준에서 제도를 도입할 것을 상정하고 있지도 않다. 따라서 특별히 이를 헌법에 규정해야만 할 이유는 없다고 보인다.[15]

그럼에도 가장 강력한 명문으로 된 규범적 기초를 찾는다면 헌법 제34조의 인간다운 생활을 할 권리를 들 수 있다. 기본소득의 기본이란 인간다운 생활을 가능하게 하는 기본적 필요를 충족하게 한다는 의미다. 이는 기본소득의 기초 위에서 임금노동 같은 다른 방법을 통해 소득을 얻는 것을 배제하지 않고 동시에 기존의 임금노동을 물적 기반으로 하는 사회보험을 배제하는 것도 아니다. 그리고 종래 기본소득 논의들은 기본소득의 수급 대상과 관련해 시민권을 강조하고 있다. 여기에서 시민권은 단순히 하나의 권리 또는 자격의 엄격한 의미로 해석되지 않고, 사회적·경제적·정치적 영역을 포괄하는 권리의 문제로 보고 있는 듯하다(노호창, 2014: 449 각주 102, 450 각주 107).

둘째, 탈노동화가 임금노동 구속적인 노동에서의 탈피를 의미하는지의 문제다. 괴스타 에스핑앤더슨(Esping-Andersen, 1990)이 탈상품화 지수(그 외 계층화, 사회적 권리 지수)로 분류해 제시한 복지국가의 세 가지 모델은 시장주의적 통합에 초점을 둔 자유주의 체제, 노동시장을 보편화하는 데 중점을 둔 사회민주주의 체제, 가족과 조합주의적 통합을 합친 보수주의 체제다. 기본소득은 이러한 자유주의, 보수주의, 사회민주주의 체제가 가지고 있는 전통적인 근로 중심 복지국가에서 보편주의 체제로의 전환을 의미한다. 이는 기존 복지 체제에서 시장, 가족, 국가의 역할이 강조되는 것이 아니라 인권, 참여, 기본권에 기반하는 대안 사회복지 모델이라고 할 수 있다.

기본소득은 자산조사와 노동에 대한 요구 없이 개인에게 주어진다. 따라

---

15 반면에 헌법이 기본소득을 배제한다고 볼 수는 없고 오히려 한국에서 인간의 존엄과 가치 및 행복추구권(제10조), 평등권(제11조), 인간다운 생활을 할 권리(제34조), 근로의 의무(제32조), 경제질서 조항(제119조 내지 제127조) 등에 의해서도 기본소득제도를 뒷받침할 수 있다는 견해가 있다. 독일에서도 무조건적인 기본소득을 도입해야 할 근거를 자유와 민주주의에 바탕을 둔 헌법에서 찾아야 한다는 논의도 있다. 다만 법률로 정해야 할지, 아니면 조례 같은 자치 입법으로 족한지에 대해서는 반드시 국회에서 법률로 정할 필요가 없다고 쉽게 답할 수만은 없을 것 같다[보다 상세히 이상협(2017: 264~265) 참조].

서 이것이 자본주의 체제에서의 탈상품화 수준인지, 사회주의 체제로의 전환인 탈노동화delaborization를 의미하는지가 가장 논쟁적인 지점이다. 기본소득은 임금노동과 사회보장의 절대적인 재원 연계를 완화하자는 의도이지 단절하자는 것이 아니다. 임금노동 외의 자발적·문화적·공동체적 행위까지 노동 개념이 확장되어 사회적 필요로 소득원을 다양화게 구성해 분배 효과를 가져온다면, 이는 복지국가 사회보장 시스템을 재구축하려는 의도라고 볼 수 있다. 즉, 현재로서 기본소득은 탈노동화의 의미가 아니라 임금노동의 구속성을 완화해 복지국가를 재구성하려는 탈상품화의 확대 전략이라고 할 수 있다.

셋째, 기본소득보장제의 추진 세력 문제다. 독일의 경우 기본소득은 정파별로 사민당은 반대하는[16] 반면에 상호 도입의 의도는 상이하지만 녹색당, 좌파당, 중도 우파 기민당, 자유당, 자본가, 보수 정치인이 지지하는 구도로 형성되어 있다(최승호, 2013). 각 이데올로기들 사이에서 그리고 개별 이데올로기 내에서도 기본소득에 대한 보편성의 특성을 옹호하더라도 이념이 추구하는 가치 기준과 정책 형태에 따라 선호하는 기본소득 실행방식은 상이하다(김혜연, 2014).

서구 복지자본주의의 탄생은 국가와 노동자 간의 계급 타협이나 연대에 의해서 형성된 것이었다. 그러나 노조나 사민당은 노동 중심 사회를 지향하기 때문에 대체로 반대하는 입장에 있고 불완전 노동자 계급Precariat이 기본소

---

16  사실 보수주의자나 신자유주의자들 이상으로 케인스주의 내지 사회민주주의, 노조 및 정통 마르크스주의에서 기본소득에 대한 반대가 많은 이유는 모든 인간의 가치는 노동에 의해 자리매김해야 한다는 것이다. 따라서 임금노동과 무관한 사회적 보호는 일반적으로 거부한다. 이는 그들이 완전고용 또는 노동 중심적인 복지 패러다임 신화에 가장 강력하게 집착하기 때문일 것이다(곽노완, 2011: 41 각주 2; 최승호, 2013: 115 각주 15).

득 찬성을 위해 동질성을 확보하기에는 한계가 있다. 정치적 프레임으로 우파, 좌파, 중도 사이에서도 기본소득의 찬반은 갈린다. 과연 기본소득에 어떤 추진 세력이나 조직, 정당이 이해 관심을 가지는가. 기본소득에 대한 찬반 논리가 격렬히 전개되지만 선거에서 승리한 집권 세력이 기본소득을 제도화할지도 모르며 NGO가 대안적 복지체제의 옹호 세력(오피엘카, 2010: 196)이 될 수도 있을 것이다.

넷째, 재원 확보 문제에 관한 것인데, 이는 다양한 소득원을 현실적으로 통합할 수 있는지의 문제다. 예를 들어 임금노동에 기반한 사회보험까지 기본소득에 통합할 수 있는지의 문제가 있다. 우선 노동시장으로부터 독립적인 기초보장은 노동임금이 가지는 분배 효과를 일소하는 것이 아니고 자산조사 없는 공적부조와 같다고 볼 수 있다. 이제 '노동시장에 종속된 생계보장이 아닌 기본소득보장'이어야 한다는 의미는 노동할 자세나 준비가 되어 있기를 요구하지 않는 것이 아니라 줄이는 것으로, 빈곤 위협의 요소를 무뎌지게 하려는 것이다. 그리고 시장의 기능과 임금노동에 의한 사회보험급여의 보장성은 유효하고, 기본소득보장과는 통합이 아닌 분리 혹은 연계가 필요하다. 현실적으로 사회보험행정이 기본소득으로 통합되기에는 기존의 복잡한 보험행정기관 및 단체의 이해관계를 조절하기가 쉽지 않고 통합을 위한 새로운 방식의 적용에 따른 조사 및 행정경비가 막대할 것이기 때문이다.

기본소득의 재원과 관련해 독일의 대형마트 dm의 소유주이자 경영자인 베르너는 직접세보다는 이윤에 영향을 덜 미치는 부가가치세(소비세)의 인상을 옹호하기도 하고, 다른 논자는 화석연료 소비적인 대기오염 및 해로운 유해물질의 환경오염에 부가하는 에너지세 부과, 또 다르게는 다양한 소득원의 혼합이 요구되지만 우선 당장은 시간 절약을 위해 자산세와 소득이전급여의 혼합 구성을 제안하기도 한다(Werner & Presse, 2007; Parijs & Vanderborght, 2007: 125~126; Vobruba, 2006: 158). 또한 자본주의적 불로소득(자본소득, 재산소득, 투기소득 등)이 포함되어야 하며 그렇지 않으면 재원은 극히 미미해 인간의 기본적인 삶을 보장하는 수준이 아니라 간신히 기아를 면할 수준으로 제한될 것이라는 주장 등 시각에 따라 다양한 주장이 있다(곽노완, 2008: 14-15). 그에 따른 분배 효과, 경제 및 노동시장 파급효과도 제각각 전망할 수 있다.

다섯째, 전반적인 사회적 관계의 해체에 의한 체제 변혁의 가능성이다. 보다 사회주의적인 시각에서 사회적 관계의 변화 없이 기본소득보장 모델의 성공 가능성 문제도 제기할 수 있다.

자본주의 생산방식과 생산관계의 해체가 아니라 복지국가 급여 구성의 변화를 통해 분배 효과와 보장성을 강화하는 것이 기본소득보장 이념의 핵심이다. 단 현재로서는 기본소득을 통한 사회주의 경제체제로의 전환까지는 상정할 수 없지만 장기적 관점의 목표로는 가능하다.

좌파당과 마르크스주의 연구자 내부에서 기본소득의 체제 변혁에 대한 시각은 엇갈린다. 현재 기본소득 담론은 자본주의의 폐기에 대해서는 구체적으로 언급하지 않는다고 지적한다. 그들은 기본소득을 기존의 배당, 이자, 임대료 등 기업 및 재산소득 나아가 자본주의적인 모든 불로소득을 폐기해 사회연대소득으로 통합한 다음 노동성과에 따른 소득과 연계해야 한다고 주장한다. 그리고 이를 지구적 차원으로 확장함으로써 기본소득의 한계를 넘어설 수 있다고 주장한다. 기본소득이 친자본주의적인 정책이며 기본소득보장이 진보적인 대안이라고 주장하고, 기본소득을 연대 경제라는 새로운 사회주의 경제체제로 이행하기 위한 이행기 경제 전략이자 동시에 새로운 사회주의 경제 모델의 일부분으로 설정하고 있으나 자본 관계의 폐기를 당장의 과제로 설정하지는 않고 기본소득 도입 이후의 장기적 과제로 설정하고 있다(곽노환, 2008: 12, 14-15, 24).

여섯째, 게으름과 근로 의욕 저하에 대한 우려를 들 수 있다. 자유주의적 시각에서 기본소득보장에 대한 비판도 존재한다. 누구에게나 조건 없이 지급하는 기본소득보장은 일하지 않는 사람에게 게으름과 나태를 더 조장할 뿐이고, 비숙련노동자가 노동시장에 진입하려는 의욕도 저하할 것이라고 한다. 사실 이러한 비판은 자유주의 시장경제주의자들의 시각으로서 상당히 정치적인 의도가 강하며 그들의 주장을 뒷받침할 만한 실증적인 증거는 빈약하다.[17]

기본소득이 근로 기반, 유급고용 이데올로기에 대한 거부로 노동 의욕을 저하할 수 있다는 우려에 대해 기본소득은 제3의 영역에서 자선활동으로의 진입과 장려, 사회참여를 스스로 결정할 수 있도록 고안한 것이기 때문에 오히려 노동시장 진입을 촉진할 수 있다는 주장도 있다(오피엘카, 2010: 193-194). 기본소득의 양식에 어떤 규범적인 가치와 규율(명령)이 내재해 있는지를 묻기보다는 지급 수준이나 산술적인 소득 산정에 의해 노동 행위를 자극하고 빈곤의 덫을 예방하려는 시각에만 집중한다면 결국 이러한 선입견 앞에서 기본소득이 더 이상 나아갈 여지는 없다(Liebermann, 2015: 238-239).

일곱째, 특정 계층에 대한 사회수당 지급이 더 현실적인가 하는 문제다. 중도적 시각에서 좀 더 나은 비판은 시장, 가족, 국가 간의 사회적 재생산 관계는 각국 복지국가제도의 역할과 사회정책의 경로 의존성에 의존해 있으며, 권리와 의무로서 기여와 급여의 방식을 따르고 있다. 기본소득은 역사적·제도적으로 생소하며 사회정책과 복지 성과 형성에서 제도적 역할과 경로 의존적 성격을 인정하지 않고, 그리하여 특정 계층에 대한 급여 지원이 건전할 수 있다는 것이다. 그럼에도 다양한 급여 패키지는 자본주의 형태와 복지국

---

17  20세기 초 서구에서 실업보험 급여 수준이 근로 의욕에 미치는 영향에 대해 조사한 실증분석(Berringer, 1999: 225~256)에서뿐만 아니라 오늘날 발전된 스칸디나비아 복지국가에서도 높은 사회적 보호와 근로 의욕 저하에 대한 연관성에서 어떤 직접적인 영향이 증명되지 않았다.

가에 따라 매우 다양할 것이라는 반론이 있다(Gough, 2000: 27).

그러한 의미에서 기존 복지국가의 기초보장제도, 예를 들어 기초연금 속에서도 충분히 기본소득보장제도의 목적을 달성할 수 있는 기제가 있지 않은가 하는 의문이 있다. 생소하고도 급진적인 제도적 변화보다는 기존의 제도를 활용할 수 있는 대안이 있을 수 있다는 반론이다.

기본소득 의제에 반대하는 입장에서는(김연명, 2016) 한국의 공공 부문 일자리가 OECD 대비 상당히 부족하다는 점과 한국의 복지체제에서 주거, 교육, 복지, 의료 부문의 지배적인 영리기관의 민간 공급구조를 그대로 둔 채 현금급여가 확대되면 복지비용의 낭비를 초래할 가능성이 높다는 점을 지적한다. 그들은 사회보험, 사회서비스, 조세 지출, 민간 복지 공급구조 등의 관계에서 인구학적 범주의 적정한 보편적 현금수당을 확대하는 방향은 바람직하다고 주장한다. 즉, 한국에서 기본소득은 급진적이고 성급한 제도이고, 사회보장제도가 성숙된 다음에 도입을 논의해야 한다는 취지다.

이는 핀란드와 스위스의 공공복지와 비영리 부문의 비교적 높은 비중과 적극적 노동시장정책이 활성화된 국가에서 기본소득 실험이 논의되는 것을 보면 일면 타당성도 있다. 탈상품화 지수가 높을수록, 사회적 권리가 비교적 강한 국가일수록, 사회적 급여가 높은 국가일수록 기존 복지 시스템과 급여를 기본소득으로 대체하고자 할 때 사회적 저항이 적을 수 있다.

그러나 복지 및 보험행정과 서구의 거대하고 복잡한 복지체계 및 시스템을 기본소득체계로 간소화하려 할 때 관련 이해당사자들 사이에 갈등의 소지도 클 수 있다. 오히려 복지국가의 저발전 단계에서 기본소득제도를 도입하는 편이 더 수월할 수 있고 선진국보다는 저개발국에서 무조건적·보편적 급여의 제도화가 더 필요할 수도 있다. 브라질이나 나미비아의 사례가 그러하다.

여기에서 공공복지, 적극적 노동시장정책, 출생률 제고 등은 기본소득의 전제로, 기본소득과 별개의 것이 아니다. 한국 복지체제에서 공공과 민간의 비중, 내수 증진, 고용 창출, 출산율 제고 같은 정책 효과는 기본소득 도입에 따른 효과일 수도 있지만 경제정책, 고용정책, 가족정책 등과의 패키지를 통해 달성되어야 하는 면도 있다. 오페 등(Offe et al., 1996, 2000; 김혜연, 2014: 132, 116-117 재인용)은 기본소득이 '패키지 솔루션solution'으로 제시될 때 기본소득에 대한 정치적 반대를 최소화할 수 있다고 보았으며 임시적 형태의 기본소득으로 '안식년 계좌Sabatical Account'를 제안했다. 안식년 계좌는 덴마크의 '일자리 교대Rotationsordininger' 형태와 유사한 것으로, 기존 근로자를 유급휴가으로 쉬게 하는 대신에 실직 상태인 구직자를 그 자리에 채용하는 형태로 이루어져왔다.

여덟째, 완전 기본소득이냐 부분 기본소득이냐의 방법론적 문제가 있다. 소득보장의 수준과 목표 설정에 따라 기본소득의 현실화를 위한 세 가지 길이 있다(노호창, 2014: 406-407). 먼저, '완전 기본소득'은 현재 복지체제를 완전한 수준에서 기본소득으로 대체하는 방식(현물 포함 논란)으로, 현실 세계에 존재하지 않는다. 그리고 '부분 기본소득'은 낮은 수준에서 점진적 대체로 기본수요의 완전한 충족에는 미치지 못하는 금액을 지급하는 것이며, 인간다운 생활을 위해 다른 사회보장급부의 보충을 필요로 한다. 그러나 이는 제2차 세계대전 이후 낮은 수준의 보편적 정액급여 방식으로의 회귀인지에 대한 의문과 이러한 낮은 수준의 정액급여가 이후 중간계급의 이해를 대변하기 위해 소득 비례 방식으로 전환한 역사적 경험이 있다는 점을 지적하곤 한다.

'전환기 기본소득'은 인구학적 특성에 따른 점진적 확대 방식으로 아동, 청년, 노인 등 일정 연령층에게만 지급하는 것으로, 완전 기본소득이나 부분적 기본소득의 도입에 이르기 위한 전환기적 조치로 주어지는 것이다. 예를 들어, 일정 연령의 모든 아동에게 지급되는 동일한 금액의 양육비나 65세 이상 모든 노인에게 지급되는 노령수당 등이 있다. 기존 사회수당과 동일한 것이 아닌가 하는 의문에 대해서는 사회수당이 아니라 전환기 기본소득이라는 용어를 사용하는 것은 기존 사회수당은 완전 기본소득을 지향하지 않는 반면에 전환기 기본소득은 완전 기본소득을 실현하기 위한 정거장으로 상정하고 있기 때문이라고 기본소득 옹호론자들은 답한다.

여기에서 완전 기본소득의 실현은 전일적으로 도입되는 것이 아니라 부분 기본소득과 노동시간 절감 등 정책 패키지에 의해 점진적으로 진행되어야 한다는 입장도 있다. 그리고 토니 피츠패트릭Tony Fitzpatirick은 장기간에 걸쳐 차례대로 '사회보험 중심, 사회보험+전환기 기본소득, 참여소득, 부분 기본소득, 완전 기본소득'의 단계로 가는 것이 가능하다고 전망하기도 한다 (Fitzpatirick, 1999; 노호창, 2014: 448 각주 98 재인용).


## 6. 복지국가의 재구조화로서 기본소득보장

쟁점별로 보면, 기본소득의 정당성과 규범적 논의가 있을 수 있고, 실현 가능성의 문제로는 추진 세력, 재원 확보, 단계별 진행방식에 관한 논의가 있다. 그 외 정보와 인식 오류에 기인하는 공공 부문 확대와 적극적 노동시장 정책과의 관계, 그리고 기본소득보장으로 인한 노동 의욕 저하와 같은 검증되지 않은 선입견 등을 문제로 지적할 수 있다.

기존 복지체제와 전달 시스템의 비효율성, 관료주의적 서비스 지원, 파편화된 노동형태와 분배구조의 폐단 등의 문제에 관해 대안적인 고민이 필요해보인다. 글로벌화에 따른 대내외적 경제적 영향, 인구학적 문제, 새로운 사회적 위험의 도전으로 인해 다양한 계층, 개인, 가족에 대한 사회적 보호의 필요성이 증대하고 있고(Pierson, 2006: 201-231), 이에 따라 복지국가의 내적 구조적인 모순이 한계에 직면하고 있다. 이는 한 나라의 사회보장체계와 복지급여를 어렵게 만드는 배경이 되고 있다. 이를 근로연계복지나 사회투자국가 논리로 극복할 수 있을지는 의문이다. 원론적인 문제로 과연 복지국가는 지속 가능하도록 구조화되었는가?(Connor, 1974; Offe, 1984) 국민의 기본권으로 생계 보장, 근로 중심적 패러다임은 노동할 준비나 자세를 요구한다. 그러나 노동할 권리에 맞는 일자리가 주어져야 하는데 그러한 토양과 여건이 사회경제적 변화에 따라 점점 가능하지 않다는 데 문제가 있다. 결국 인간 존엄과 사회적·경제적·정치적 자유를 가능하게 하는 기본소득이 기본권으로 보장되어야만 하는 논리로 귀결될 수밖에 없다. 단 여기서 기본소득은 복지국가의 해체나 이탈을 의미하는 것이 아니며 복지국가의 변혁이나 재구조화라고 볼 수 있다. 기본소득은 노동시장의 기능성을 배제하는 것이 아니라 노동과 사회보장의 단절을 보완해 복지국가를 재구성하려는 대안이다.

기본소득이 경제 및 일자리, 분배 효과에 긍정적일지의 여부는 기본소득 도입 방식에 따라 상이할 수 있다. 현재 기본소득제도는 실험적인 단계이므로 기본소득제의 목적에 맞게 정책 수단, 재원, 추진 체계, 정책 효과를 지방자치단체 단위로 실험해볼 필요가 있다. 가보지 않은 길(Parijs & Vanderborght, 2005: 124-128)을 가는 경우로 지역별, 국가별 사회경제적 환경이 다르기 때문에 기본소득 전면 도입에 따른 정치적·경제적 부담이나 과도한 오류 발생을 방지하기 위해 단계별 접근을 통해 제도를 설계하고 실행방법을 검증해야 할 것이다.

# 제 7 장

# 소득보장(현금급여)인가? 사회서비스(현물급여)인가?

문진영 · 김윤영

## 1. 연구 문제와 목적

21세기 현재 복지국가가 당면한 최대의 과제는 20세기 중후반기 '오래된 복지old welfare'와 21세기형 '새로운 복지new welfare'를 어떻게 조화할지에 관한 것이다. 즉, 전통적인 노동자를 대상으로 노령, 실업, 질병 그리고 장애로 인한 소득의 상실에 대처하는 현금급여 중심의 소득 유지 프로그램 위주로 운영되는 '오래된 복지'와 청년, 실업자, 저숙련노동자, 여성 그리고 비정규직 근로자를 대상으로 교육, 직업훈련이나 재훈련 그리고 일·가족 양립을 가능하게 하는 돌봄의 사회화를 통해서 개인의 역량을 키워주는 사회서비스 중심으로 운영되는 '새로운 복지'를 조화롭게 발전시키는 것이 시대적 과제로 대두되고 있다. 이러한 맥락에서 이 장은 복지국가의 전통적인 분류법에 의거해 소득보장과 사회서비스라는 두 축으로 최근 복지국가의 변화를 실증적으로 분석해 양자兩者 간 관계의 성격을 규명하고자 한다.

이를 위해 OECD 21개국을 대상으로 1980년부터 2010년 전후의 사반세기에 걸친 시계열 자료를 통해 소득보장과 사회서비스 지출의 증가를 측정해 양자 간에 교환관계trade-off가 성립하는지 여부를 분석하고자 한다. 여기에서 교환관계는 상호 배타적이고 독립적인 두 개체가 동시적으로 존재해, 한쪽이 늘어나면 상대적으로 다른 한쪽은 줄어들게 되는 현상을 의미한다. 이는 예산제약선에 변화가 없다는 가정 아래 어느 해(t)에 현금급여 형태의 소득보장제도와 현물급여 형태의 사회서비스제도가 일정한 비중으로 존재하는 상태에서 그 이듬해(t+1)에 전자가 늘어난다면 후자는 상대적으로 줄어들게 되는 현상을 말한다. 따라서 우리는 양자 간의 비중의 변화를 분석함으로써 복지국가의 성격 변화의 일단을 파악할 수 있다.

이러한 점에서, 현금으로 지급되는 소득보장과 현물로 제공되는 사회서비스가 서로 교환관계인지 여부는 또한 복지국가의 방향을 설정하는 데도 중요한 가늠자가 된다. 즉, 소득보장과 사회서비스가 교환관계라면 양자 간에 택일해 집중하는 것이 바람직한 정책의 방향이 된다. 하지만 교환관계가 성립하지 않는다면 양자 간 균형적 병행 발전이 가능하다. 이러한 맥락에서 21세기 복지국가가 20세기형 소득보장 중심의 고전적 복지국가에서 탈피하고, 교육·보건·고용·돌봄 등 사회서비스에 보다 많은 자원이 투자되는 현상에 대해서 두 가지 다른 해석이 가능하다. 만약 양자 간에 교환관계가 성립된다면, 기존의 현금 위주의 소득보장제도를 줄여나가는 대신에 이를 사회서비스로 대체하는 방식으로 사회보장제도의 성격이 변할 것이다. 하지만 양자 간에 교환관계가 성립하지 않는다면, 현금 위주의 소득보장제도라는 반석 위에서 사회서비스제도가 얹혀서 병행 발전하는 것이다. 왜냐하면 양자는 대체관계가 아니라 연속적 축적관계이기 때문이다.

## 2. 이론적 배경

### 1) 현금급여와 현물급여의 개념

사회복지학의 고전적인 질문 중 하나가 공공기관에서 수혜자에게 지급하는 이전transfer의 형태로 현금급여in cash가 바람직한 것인가 아니면 현물급여in kind가 바람직한 것인가 하는 점이다. 물론 효용을 중시하는 경제학에서는 현금으로 지급되는 소득보장제도가 현물 서비스보다 훨씬 바람직하다고 설명하고 있다. 왜냐하면 현금으로 주어질 경우 한정된 예산에서 자신의 효용을 극대화할 수 있는 여러 선택지가 주어지는 반면에 현물급여는 선택의 폭이 매우 제한적이기 때문이다. 따라서 수급자는 소비자 주권이 실현되는 현금급여를 선호하고, 또한 이들의 소비가 시장 거래를 통해서 이루어지기 때문에 시장 왜곡도 발생하지 않는다. 이러한 현물급여와 현금급여의 교환관계를 이론적으로 설명하면 다음과 같다.

개인의 효용함수를 U(X=식료품 , Y=기타 재화)라고 한다면, 개인은 무차별곡선 이론에 따라서 자신의 소득(I)을 가지고 효용이 극대화되는 방식으로 식료품(X) 또는 기타 재화(Y)를 구매하게 된다(균형점 E). 만약 이 개인에게 정부가 현금급여(B)를 지급한다면, 새로운 예산(I+B)을 가지고 식료품과 기타 재화를 구매하게 되는데, 이때 새로운 예산선이 생기고 무차별곡선이 우상향하면서 기존의 균형점(E)에서 새로운 균형점(E')으로 이동하게 된다. 즉, 이전이 현금으로 이루어질 경우에는 소득 효과만이 존재하므로 왜곡이 유발되지 않으며, 따라서 자신의 효용이 극대화되는 점에서 구매가 이루어진다. 이 경우에 예산제약선의 기울기는 변하지 않는다. 즉, 현물을 받은 이후에도 식료품(X)을 사는 데 1원을 더 쓴다면 기타 재화(Y)를 사는 데 1원을 덜 써야 한다는 의미다.

그림 7.1  현금이전 효과

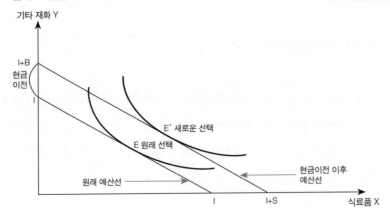

그렇다면 정부의 이전 형태가 현금이 아니라 현물이라도 식료품과 기타 재화 사이에 개인의 효용이 극대화될 수 있는가? 예를 들어서 한국의 기초생활보장제도의 전신인 생활보호제도에서는 1999년도까지 거택보호대상자에게 생계급여를 흰쌀과 보리쌀로 지급했다.[1] 만약 당시 거택보호대상자가 현물로 지급된 수량보다 같거나 더 많은 흰쌀과 보리쌀을 사용할 경우에는 소비 행위의 제약이 발생하지 않는다. 왜냐하면 〈그림 7.2〉에서 알 수 있듯이, 현물로 지급받아서 절약된 예산으로 자유로운 소비를 할 수 있고, 지급된 현물 이상을 추가로 구매할 경우에는 과거와 마찬가지의 기회비용이 발생하기 때문이다. 이 경우에 현물이전[2]은 사실상 현금이전과 같은 소득 효과를 보이

1  국민기초생활보장제도가 시행된 2000년 이전 생활보호제도의 거택보호대상자는 1999년도 기준으로 1인당 매달 흰쌀 10kg, 보리쌀 2.5kg을 지급받았다. 그 대신 부식비, 연료비, 피복비 그리고 월동비는 현금으로 지급받았다(보건복지부, 1999 참조).
2  〈그림 7.2〉와 〈그림 7.3〉의 현물이전은 S원어치의 식료품(현물)이 공급되었다는 것을 의

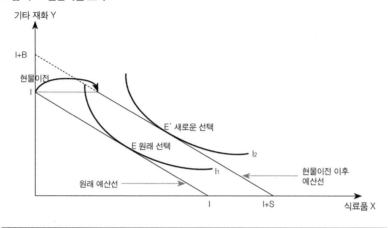

그림 7.2 현물이전 효과 I

게 된다(임봉욱, 2015: 579).

하지만 개인이 지급받은 현물보다 다른 재화를 선호할 경우, 예를 들어 1999년 당시 거택보호대상자가 흰쌀이나 보리쌀보다 라면을 선호할 경우에 현물이전은 소비에 제약으로 작용해 비효율을 유발할 수 있다. 〈그림 7.3〉에서 알 수 있듯이, 당시 거택보호대상자의 최대 효용은 무차별곡선 $I_2$의 효용이다. 하지만 만약 그가 흰쌀이나 보리쌀 대신에 현금으로 받아서 라면을 사서 먹는다면 무차별곡선 $I_3$의 효용을 누렸을 것이다(임봉욱, 2015: 579-580). 이 경우에 현물이전이 일어났기 때문에 개인의 효용이 적어도 '$I_3-I_2$'만큼 저하되었다고 할 수 있다.[3]

미한다.

3  현시선호이론에 따르면, 효용은 직접적으로 관찰하거나 측정하지 못하기 때문에 관찰한 결과(선택)를 바탕으로 상대적인 효용의 크기를 측정해야 한다. 〈그림 7.3〉의 경우에 (기수적) 효용의 감소분($I_3-I_2$)을 측정하기 위해서는 구체적인 사례분석이 필요하다.

**그림 7.3　현물이전 효과 II**

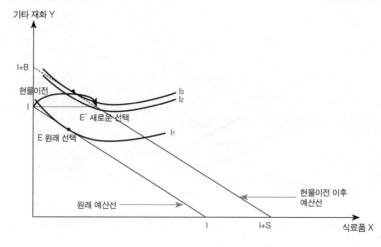

그렇다면 당연히 정부의 이전transfer 방식이 압도적으로 현금 형태이어야
함에도 불구하고 왜 어느 복지국가에서든 현물급여는 여전히 커다란 비중을
차지하고 있는가? 이에 대해서는 여러 가지 설명이 가능하다. 무엇보다도 정
치적인 이유를 들 수 있다. 수급자보다 상대적으로 정치적 영향력이 큰 납세
자의 경우, 자신이 지불한 세금이 제대로 쓰일 수 있도록 목표효율성target effi-
ciency이 높은 현물급여를 지지한다는 것이다. 게다가 이 사업을 주도하는 공
무원의 경우에도 단순 지불 업무에 그치는 현금급여보다는 다양한 수준에서
권한 행사가 가능하고 해당 부서의 유지에도 도움이 되는 현물급여를 선호
한다는 것이다. 이와 같이 재원을 책임지는 납세자와 사업을 담당하는 공무
원이 선호하기 때문에, 현금급여가 가지고 있는 이론적 우위성에도 불구하
고 현물급여가 아직까지 건재하다는 것이다.

이러한 정치적인 이유 외에도 현물급여가 건재한 이유는 다양하다. 우선
커리와 갈바니(Currie & Gahvani, 2008)는 현물급여를 제공해야 하는 이유를 국가

의 가부장적paternalistic 속성에서 찾고 있다. 일반적으로 가부장적 국가는 가치재merit goods를 선호하게 되는데, 여기에서 가치재란 개인들의 자발적인 선택에 의해서는 사회적으로 바람직한 수준까지 소비되지 않는 재화와 서비스를 말한다. 즉, 가부장 국가는 특정 재화와 서비스(가치재)의 경우, 국민들에게 소비를 맡기기보다는 국가가 생각하기에 바람직한 방향으로 소비하기를 원하기 때문에 현금급여보다는 현물급여를 선호한다는 것이다.

미국의 경제학자 머스그레이브(Musgrave, 1961: 13)가 처음 개념화한 가치재란 "공공예산이 투입되었을 때, 시장에 의해서 제공되거나 사적으로 구입하는 것 이상으로 소비자의 만족이 제공되는 재화"로, 정부가 민간으로 하여금 이용하도록 조장하거나 강제하는 재화 및 서비스로 요약할 수 있다. 그런데 정부가 이용을 조장하고 강제할 만한 재화나 서비스가 되려면 두 가지 요건을 갖추어야 한다. 첫째는 그 재화나 서비스가 시장경제에만 맡겨둬서는 필요한 양만큼 소비되지 않는 것이어야 한다. 둘째는 그 재화나 서비스를 이용함으로써 '경제적 외부효과economic externality', 즉 거래에 참여하지 않는 제3자의 편익이 발생해야 한다. 대표적으로 공적인 교육서비스나 의료서비스와 같은 현물급여가 이에 해당한다.[4] 따라서 정부의 이전transfer 사업의 목적이 재분배가 아니라 다른 재화의 소비를 줄이고 가치재를 사용하도록 장려하는 것이라면, (극단적인 예이기는 하지만) 가난한 사람으로부터 조세를 거두어서 다시 이들에게 현물급여를 제공하는 것도 논리적으로 맞다(Currie & Gahvani, 2008: 341). 지금부터는 사회복지정책에서 대표적인 현금급여와 현물급여인 소득보장제도와 사회서비스를 살펴본다.

---

4   여기에서 가부장 국가는 온정주의적 관점에서 무지한 소비자(consumer ignorance)로 하여금 일정한 소비를 하도록 강제하는 경향이 있는데, 이는 소비자 주권(consumer sovereignty)을 침해하는 결과를 초래하기도 한다.

## 2) 소득보장과 사회서비스의 차이

소득보장제도와 사회서비스제도의 역학관계를 알아보기 위해서는 각각의 개념이 명료하게 규명되어야 한다. 먼저 공적 이전public transfer을 통한 '소득보장'의 개념은 논리적으로나 실천적으로 명료한 편이다. 자본주의 시장경제에서 필연적으로 발생하는 사회적 위험에 빠진 개인과 가구에 현금급여를 지급함으로써 소득을 유지할 수 있도록 하는 것이다. 다시 말해, 소득보장제도는 시장 실패에 대응하는 탈상품화 기제로서, 자본주의사회의 시장 면역력 market immunity을 강화해 위험을 관리하고 통제하는 기능을 수행한다.

반면에 사회서비스는 전통적인 가족의 영역이었던 돌봄과 지원 기능을 사회화하는 탈가족화de-familisation의 성격을 가지고 있지만 개념적으로 그리 명확한 편은 아니다. 이를 지칭하는 용어도 사회서비스social service, 사회적 돌봄서비스social care service, 사회복지서비스social welfare service, 대인 사회서비스personal social service, 인간서비스human service 등 다양한 편이며, 이를 시행하는 나라마다 포괄 범주도 다르다. 예를 들면, 영국을 포함한 영연방 국가의 경우 사회서비스는 소위 베버리지Beveridge의 5개 지주five pillars인 소득보장, 보건, 고용, 주거, 교육서비스를 포함하지만, 독일을 포함한 유럽 국가에서는 보건이나 교육서비스는 사회서비스 영역에서 제외하고 있다(Munday, 2007).

특히 바알(Bahle, 2003: 7)은 사회서비스가 인간과 인간이 직접 만나서 시공간을 공유하며 제공되는 대인서비스로서 개인의 개별화된 '생활상의 지원'을 하는 것이기 때문에, 전체 국민을 대상으로 보편적인 인지력 향상을 목적으로 하는 의무교육서비스나 예방을 목적으로 하는 보건의료서비스는 사회서비스에 포함되지 않는다고 주장한다. 한편 2011년 한국에서는 '사회보장기본법'이 전부 개정되면서 기존의 사회복지서비스와 관련 제도를 포괄한 사회서비스를 새로이 규정('사회보장기본법' 제3조)하고 있다.[5]

그림 7.4  사회보장제도의 두 축인 소득보장과 사회서비스의 발전 논리

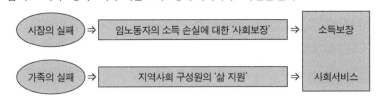

자료: 박수지(2009).

한편, 복지국가의 역사적 맥락에서 보면, 소득보장과 사회서비스는 서로 상이한 발전 과정을 통해서 제도화되었다. 즉, 복지를 생산하고 분배하는 주체인 '가족', '시장' 그리고 '국가'의 역학관계(Esping-Andersen, 1999) 속에서 소득보장제도와 사회서비스는 서로 전혀 다른 논리를 통해 형성되었다고 할 수 있다. 두 제도는 각각 '시장의 역할 대 가족의 역할' 그리고 '임금노동자의 소득 손실 대 노인, 아동, 장애인의 돌봄'을 보완하거나 지원하기 위한 목적으로 설계되었다. 다시 말해, 소득보장이 노동시장의 위험에 대비한 사회제도라면, 사회서비스는 생애 주기별 돌봄 공백의 위험을 보완하기 위해서 발전했다. 따라서 국가 주도적인 활동으로 발전된 소득보장제도와 달리 사회서비스는 지역사회 조직과의 관계 속에서 발전했다(Bahle, 2005: 19). 복지국가의 확대 과정에서 대부분의 소득보장제도가 중앙정부로 이전되었는 데 반해 사회

5  '사회보장기본법' 제3조 4항에 따르면 사회서비스란 "국가·지방자치단체 및 민간 부문의 도움이 필요한 모든 국민에게 복지, 보건의료, 교육, 고용, 주거, 문화, 환경 등의 분야에서 인간다운 생활을 보장하고 상담, 재활, 돌봄, 정보의 제공, 관련 시설의 이용, 역량 개발, 사회참여 지원 등을 통해 국민 삶의 질이 향상되도록 지원하는 제도를 말한다". 하지만 이 조항을 면밀히 살펴보면, 사회서비스 영역이 광범위하게 확대되었으나 이를 실천하는 제도적 수단은 이에 조응해 확대되지 못하고 여전히 사회복지서비스 수준에 머무르고 있는 문제가 있다. 이에 대한 자세한 논의는 남찬섭(2012)을 참조하라.

서비스는 지방정부의 역할로 남아 있게 된다. 사회서비스는 국가의 법률에 근거하지 않고 지방정부의 재량에 맡겨지게 되었다(윤홍식, 2011). 따라서 사회서비스는 통합성이 낮고 소득보장에 견줘 제도화 과정에 오랜 시간이 소요되었다. 이런 상이한 맥락에서 발전한 소득보장과 사회서비스는 현재 사회보장제도의 주요 영역으로 공존하고 있다(박수지, 2009: 158).

이렇듯 소득보장과 사회서비스는 기본적으로 대상과 제도화 과정에서 배타적인 속성을 가지고 발전해왔다. 하지만 돌봄서비스와 현금급여를 병행하는 장기요양제도와 위기 가정 지원 정책의 사례에서 알 수 있듯이, 현실 세계에서 양자 간에 상호보완적이고 중립적 관계를 보이고 있다. 그렇다면 [현금급여=소득보장] 그리고 [현물급여=사회서비스]로 어느 정도까지 등치할 수 있을까? 현금급여의 형태는 매우 다양하지만 대표적으로 다음과 같은 세 가지로 정리할 수 있다. ① 인구사회학적 특성에 따라 수혜자가 되는 보편적 급여demogrant,[6] ② 공공부조제도로 대표되는 가구소득과 빈곤선 사이의 차이를 메워주는 보충급여supplementary benefit, ③ 사회보험료의 납부 기록에 의해서 지급되는 사회보험급여insurance benefit다. 이를 일반적으로 현금 혹은 소득이전 cash/income transfer program으로 명명해 소득보장정책income maintenance policy과 거의 동일시해왔다. 한편, OECD(2014)의 사회지출 데이터베이스Social Expenditure Database: SOCX에서 제공하는 현물급여는 사회서비스와 거의 같은 맥락에서 이해되고 있는데 보육, 노인, 장애인에 대한 실질적 돌봄을 포함한다. 즉, 교육과 의료서비스는 SOCX에서 다루지 않고 있는데, 이는 앞서 바알(Bahle, 2005)이 정의한 사회서비스의 개념에도 어느 정도 부합한다. 결국 소득보장과 사회

---

6   소득 보충적 성격의 급여인 아동수당은 소득보장보다 사회서비스로 분류되기도 하지만 이 개념에 더욱 적합하다. 대표적 노인수당인 기초연금과 연계해 보자면 아동수당 역시 인구사회학적 특성에 따른 보편적 급여로 보는 편이 타당하다.

서비스는 개념적으로 각각 현금급여, 현물급여와 완전히 일치하지 않더라도, OECD가 제공하는 사회지출 데이터로 한정한다면 경험적 분석을 수행하기 에는 적절한 지수가 될 수 있다.

### 3) 소득보장과 사회서비스의 교환성

#### (1) 교환관계의 정책적 의미

소득 유지 프로그램을 통한 소득보장(현금급여)과 사회서비스(현물급여)의 관계성을 처음으로 논파한 사람은 아마도 티트머스일 것이다. 티트머스 (Titmuss, 1967: 58)는 1967년에 발표한 논문[7]에서 당시 복지국가의 주요한 논쟁[8] 을 열거하면서, 이러한 논쟁의 연장선에서 현금급여 중심의 소득보장과 현 물로 주어지는 서비스급여의 관련성에 대해서 주요한 질문[9]을 던지고 있다.

---

7　논문 제목은 'The Relationship between Income Maintenance and Social Service Benefits - An Overview'인데, 원래 이 논문은 1967년 5월 구소련의 레닌그라드에서 개최된 국제사회보장회의(International Congress on Social Security)의 라운드 테이블 주제인 '사회보장과 사회서비스'의 도입 부분으로 작성되었다.

8　티트머스(Titmuss, 1967: 57~58)가 정리한 당시 복지국가의 논쟁은 '사회보장제도가 어떠한 방향으로 재편되어야 하는가?', '소득보장제도는 국민소득의 증가에 따라서 자연스럽게 소멸되도록 할 것인가?', '다양한 소득계층 간의 소득 재분배 효과를 실질적으로 더 강화할 것인가 아니면 약화시킬 것인가?', '수급 자격과 적용 범위를 조금 더 선별적으로 해서 자원을 취약 계층에게 집중해야 하는가?', '수급 요건심사에 조건 부과를 엄격하게 할 것인가?' 등이다.

9　티트머스가(Titmuss, 1967: 58) 제기한 질문은 '소득보장과 사회서비스를 관련지어 운영할 때 어떤 문제점이 있는가?', '급여를 제공하는 복지업무 담당자와 시민 간에 어떤 문제가 있는가?', '소득보장과 사회서비스 양자는 분리되어 운영될 수 있는가?', '희소자원의 할당 계획을 세울 때 어느 쪽에 정책적 우선순위(priority)를 두어 균형을 맞추어갈 것인가?' 등이다.

이를 기초로 현재 한국 사회의 여건에 비추어 논점을 새로이 정리하면 결국 '소득보장과 사회서비스는 교환관계인가?'로 모아진다. 예를 들어, 노인 인구를 대상으로 시행하는 복지지출의 경우에 기초연금 같은 현금급여를 더욱 강화해야 할지 아니면 삶의 전반적인 만족도를 높일 수 있는 사회서비스 중심으로 재편해야 할지 정책적 판단의 기로에 서게 된다. 이때 현금급여형 소득보장제도와 현물급여로서의 노인복지서비스의 교환관계 여부가 중요한 정책적 판단의 근거가 된다. 만약에 교환관계가 성립한다면 어느 한쪽에 초점을 맞춰 정책을 구상해야 하지만, 이 관계가 성립하지 않는다면 양자의 균형 발전이 더욱 중요한 정책적 과제가 된다. 다시 말해, 양자가 교환적 대체관계라면 어느 한쪽을 중심으로 사회보장제도가 재편되어야 한다. 예를 들어, 21세기 복지국가의 방향은 20세기형 현금급여 위주의 소득보장제도에서 벗어나서 사회서비스 중심으로 재편되어야 한다는 논리가 성립한다. 하지만 소득보장과 사회서비스가 본질적으로 교환관계가 아니라면, 20세기형 소득보장을 바탕으로 사회서비스제도가 발전하는 축적적 병행 발전도 가능하다.

### (2) 세 기둥 접근법과 삼자 교환관계

2008년 세계 경제위기 이후 유럽에서 빈곤이 '재발견'되면서 유럽연합 차원에서 빈곤 대책을 강구해야 한다는 목소리가 높아졌다. 이러한 흐름 속에서 2008년 10월 유럽연합집행위원회는 역내 노동시장에서 소외된 사람들을 적극적으로 포섭하는active inclusion 권고안[Recommendation: Commission Communication COM(2008) 639 final]을 받아들였다. 이 권고안의 핵심은 ① 적절한 소득 지원adequate income support, ② 포섭적 노동시장inclusive labour market, ③ 질 높은 사회서비스access to quality social services라는 세 개의 기둥three pillars을 통합하는 것이다. 이 권고안은 2009년 5월 유럽의회에서 결의안resolution 형태로 통과되었으며(Frazer & Marlier, 2009: 5), 같은 해 12월에 체결된 리스본 조약의 정신과 원

그림 7.5  리스본 조약의 권고에 따른 삼자 교환관계

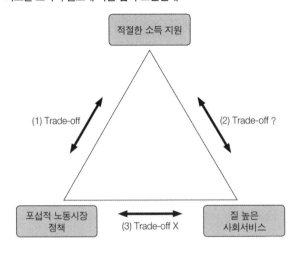

칙에 반영되었다(Van Mechelen & Marchal, 2013: 4-5). 리스본 조약 이후 사회적 배제자에 대한 적극적 포섭은 유럽 사회정책의 근간을 이루게 된다.

하지만 이러한 세 개의 기둥이 안정적인 피라미드 구조물로 조화하며 공존하는 사회 모델이 현실 세계에서 가능할까? 가능하지 않다면 세 개의 기둥간의 긴장관계는 어떠한 형태로 나타나는가? 그리고 세 개의 기둥을 양자兩者로 짝을 지어서 교환관계를 분석한다면 어떤 결과가 나오는가? 〈그림 7.5〉는 2009년 발효한 리스본 조약에서 언급한 '적절한 소득 지원'과 '포섭적 노동시장정책' 그리고 '질 높은 사회서비스'로 구성된 세 개의 기둥 전략three pillars strategy을 그림으로 표현한 것이다. 이 그림의 삼자三者를 양자관계로 짝을 이루면 세 가지 조합이 나온다.

첫째, 소득 지원과 포섭적 노동시장정책은 기본적으로 교환관계다. 일반적으로 현금으로 지급되는 실업급여 사업 같은 소극적 노동시장정책과 고용안정 사업이나 능력 개발 사업과 같은 고용서비스로 제공되는 적극적 노동

시장정책은 교환관계를 구성하고 있다.[10] 둘째, 노동시장정책과 사회서비스는 일반적으로 교환관계가 아니라 친화적affirmative 관계를 유지하고 있으며, 한국을 포함한 대부분의 국가에서 노동시장정책을 사회서비스를 구성하는 주요 영역으로 보고 있다.[11] 그렇다면 세 번째 조합, 즉 (적절한) 소득 지원과 (질 높은) 사회서비스는 교환관계인가 하는 점이 주요 쟁점으로 떠오른다. 이를 밝히기 위해 1980년부터 2006년 전후의 약 25년에 걸친 시계열 자료를 통해 소득보장과 사회서비스의 추이를 살펴보고 양자 간의 교환관계 여부를 분석해본다.

## 3. 연구 방법

### 1) 그랜저 패널 분석 모형

예산 지출 규모의 교환관계에 대한 연구의 가장 기본적인 가정은 예산 결정 과정에서 지출 항목 간 '상호 의존성'이 존재한다는 것이다(Berry & Lowery, 1990). 즉, 전체 예산액이 미리 정해져 있는 고정 풀fixed pool을[12] 전제로 개별

---

10 최근 유럽의 노동시장정책의 흐름인 유연안정성은 적극적 노동시장정책과 소득안정성의 상보적 재정립으로 특징지을 수 있다. 즉, 노동시장의 유연성(내외부적 수량적 유연성과 기능적 유연성)과 안정성(고용안정성과 소득안정성)이 결합하는 방식이다. 이러한 정책의 흐름은 양자의 기본 속성이 교환관계임을 인정하고 새로운 차원에서 이를 결합하려는 정책적 노력을 반영하고 있다.

11 한국의 '사회보장기본법' 제3조에 따르면, 고용(노동)시장정책은 사회서비스를 구성하는 주요 영역으로 해석할 수 있다.

12 반면 변동 풀(floating pool)은 전체 예산 배정이 미리 산정되지 않고 개별 예산 항목의 결

예산들이 책정되는 과정에서 예산 항목들 간의 상호작용을 통해 교환관계 혹은 상쇄 현상을 분석하는 방식이다. 대표적인 사례가 노인과 아동의 세대 간 예산 배분이다. 신현중(2006)과 보노리와 레버(Bonoli & Reber, 2010)는 신제도주의의 경로 의존 개념을 적용해, 기존의 노인을 위한 소득보장정책은 새로운 가족복지정책을 제약한다고 보았다. 다시 말해, 한정된 예산에서 노인복지 지출은 아동과 가족복지 지출을 구축하는crowding out 효과가 있다고 주장했다(Bonoli & Reber, 2010).

하지만 두 지출을 분석하는 방법은 시차를 적용한 패널 분석 그 이상을 넘어서지 못하고 있다. 기존의 연구들은 먼저 고정 풀에 입각해 한정된 예산을 가정하고 각 예산들의 인과관계를 통해 구축 효과 혹은 상쇄관계를 유추해내고 있다. 하지만 예산 배분이라는 차원과는 별개로 노인복지지출은 아동 복지지출과 직접적인 인과관계를 지녔다고 판단하기 어렵다. 마찬가지로 소득보장 지출과 사회서비스 지출의 인과관계를 통해 이러한 교환관계를 유추하는 것에는 한계가 있다. 이는 개념과 지수의 문제를 넘어서는 분석방법의 문제라고 할 수 있다.

한편 2000년 초반부터 행정학계를 중심으로 제도와 정책 변화의 동태적인 성격을 반영해 시차적 접근을 주목했다(정정길, 2002: 최종원, 2003: 임도빈, 2007). 앞서 살펴보았듯이 소득보장과 사회서비스의 발전 맥락과 시기에는 차이가 있다. 사회서비스가 여러 의미에서 새로운 정책으로 발전되고 있으나 소득보장과의 교환관계를 증명하기 위해서는 이런 시차적 접근을 간과해서는 안 된다. 정정길(2002: 5)은 이를 증명하기 위해서는 시간적으로 원인변수(X)가 먼저 변하고 결과변수(Y)가 다음에 변하는 것이 밝혀져야 한다고 주장한다. 즉, 아

정에 따른다고 한다.

무리 상관관계가 있어도 선후 관계가 뒤바뀌면 X가 Y의 원인이라고 판단할 수 없다는 것이다. 시간적으로 원인변수가 먼저 변하고 다음에 이의 영향을 받아 결과변수가 변할 때 인과관계가 성립한다는 것이다. 이런 시차적 논의에도 불구하고 비교정책 연구에서 이를 적절히 분석할 방법이 부재했으나 최근 계량경제학의 발전으로 가능해졌다. 이러한 방법론을 기초로 본 연구는 시차를 적용한 기존의 패널 분석을 넘어서 시간적 선후관계를 확인할 수 있는 그랜저 인과관계Grander causality를 적용해 두 정책의 교환관계를 밝히고자 한다.

그랜저 인과관계의 개념은 '과거가 현재나 미래에 영향을 줄 수 있다'라는 확률적 전제에서 출발한다. 즉, 그랜저 검증에서의 인과관계는 '논리적인 관계(원인-결과)'라기보다는 '예측적인 관계(선행-후행)'로 해석한다. 'A 변수와 B 변수 간에 그랜저 인과관계가 성립하기 마련이다' 또는 'A 변수가 B 변수에 대한 선행변수이다'라고 표현하는 이유도 그 때문이다(Hamilton, 1994; 문영희·원일, 2013). 즉, 시간적 선후관계가 초점이다. 다만 그랜저 인과관계 검정에서는 각각의 변수의 예측에 적절한 정보는 이 변수들의 시계열 자료에 포함되어 있다고 가정한다. 시계열 분석에 기초한 것이므로 분석 단위가 한 국가 이상을 벗어날 수 없기 때문에 국가 간 비교연구에서는 제약이 있다. 따라서 이 연구에서는 두미트레스쿠와 헐린(Dumitrescu & Hurlin, 2012)이 최근 고안한 그랜저 패널 분석을 적용한다. 그랜저 패널 분석은 기존 개체별(국가별) 분석만 가능한 그랜저 인과 분석과 달리 최근에 새로 도입된 계량기법으로서 패널별 분석이 가능하다.[13]

---

13  이는 이론의 방법론 종속성(methodology dependence)의 관점에서 연구 방법(특히 가설을 검증하는 양적 연구 방법)은 이론적 시각에 한정되는 것이 아니라, 새로운 연구 방법이 오히려 새로운 연구 퍼즐을 제시함으로써 이론적 발전을 촉진할 수도 있다는 것이다(김웅

여기에서 시차를 반영한 패널 분석과 그랜저 패널 분석의 차이점을 생각해볼 필요가 있다. 시차를 둔 패널 분석은 X와 Y라는 두 변수가 있을 때 이미 종속변수와 설명변수의 관계를 가정하고 시작한다. 따라서 Y 종속변수에 X 설명변수의 과거 값이 어떻게 영향을 미치는지와 관련해 지연 효과lag effects를 보는 것이 목적이다. 즉, X의 과거 값이 Y의 현재 값에 인과관계가 있다고 가정하고 시작한다. 하지만 그랜저 패널 검정은 일단 두 변수 중에서 어떤 인과관계 방향이 있는지 모르는 경우에 사용하는데, 소득보장과 사회서비스 양자 정책의 교환관계를 보기 위한 연구 목적을 충족하기 위해서라면 시차를 적용한 패널 분석보다는 가정에서 자유로운 그랜저 패널 분석이 훨씬 유용하다고 판단했다.[14] 따라서 본 연구의 실증분석 흐름은 ① OECD 18개국의 기술적인 분석에 입각한 전체적인 흐름, ② 소득보장과 사회서비스 두 변수 간의 상관관계 분석, ③ 그랜저 패널 분석 및 시사점 도출로 정리할 수 있다. 한편, 두미트레스쿠와 헐린(Dumitrescu & Hurlin, 2012)이 그랜저 패널 분석을 위해 제안한 모형은 다음과 같다.

(1) $\quad y_{i,t} = \alpha i + \sum_{k=1}^{k} r_i(k) \, y_{i,t-k} + \sum_{k=1}^{k} \beta i(k) \, x_{i,t-k} + \varepsilon_{i,t}$

(2) $\quad H0 : \beta i = 0 \, \forall i = 1, .. N$

(3) $\quad H1 : \beta i = 0 \, \forall i = 1, .., N1$

$\quad\quad \beta i \, /= 0 \, \forall i = N1 + 1, N1 + 2, .., N$

진, 1993).

14 그랜저 검정을 통해 X 변수의 과거 값이 Y의 현재 값에 유의한 인과관계가 있다고 검정했다면 패널 모형을 설정해 추정하고 그 결과를 해석할 수 있다. 즉, 그랜저 검정은 패널 모형 추정의 선행 작업으로 가능하다. 여기에서는 두 정책 간의 인과관계를 보는 것이 목적이 아니기 때문에 이를 수행하지 않았다.

이 그랜저 검정은 시계열 데이터가 아니라 패널 데이터에서 검정하기 때문에, 위의 식(1)에서 'αi'로 되어 있는 부분이 집단 이질성group heterogeneity을 의미하는 부분으로, X의 과거변수가 Y의 그랜저 원인인지를 파악하는 계수다. 'βi'는 Y의 과거변수가 X의 그랜저 원인인지를 파악하는 계수이고 'εi, t'는 오차 수정항이다. 따라서 귀무가설에 사용된 (2)식이 기각되지 않고 채택된다면 X는 Y의 그랜저 원인변수가 될 수 없다. 그러나 만약 귀무가설이 기각된다면 X는 Y의 그랜저 원인변수라고 할 수 있다. 또한 (3)식의 대립가설이 기각되지 않는다면 Y는 X의 그랜저 원인변수라고 할 수 없다. 다시 말하면, H0을 기각하지 못한다면 X의 과거 값이 Y의 현재 값을 그랜저 인과하지 못하는 것이다. 이 검정은 국가 패널 그룹에도 적용된다. 만일, H0을 기각한다면 X의 과거 값이 Y의 현재 값을 특정 국가에서는 그랜저 인과한다고 할 수 있다. 왜냐하면 (3)식의 대립가설을 보면 (2)식의 1,..N 국가에서는 beta=0이고 그 외 국가에서는 beta=0이 아니기 때문이다.[15]

## 2) SOCX와 단위근 검정

한편, 이 장에서 사용된 소득보장과 사회서비스의 대리변수는 OECD에서 제공되는 사회지출 데이터인 SOCX다. 하지만 사회지출을 지수로 쓰는 것은 편의성에 따른 높은 활용성에도 불구하고 몇 가지 문제점이 지적되고 있다 (Jensen, 2009). 첫째, 지출 수준의 변화는 법적 변화를 따르기보다는 인구나 재정적 상황에 영향을 받는다. 둘째, 복지정책이 법률적 변화에 따른 시차의 문제가 있다. 마지막으로 사회복지 지출은 수급 기준과 급여 형태의 국가 간

---

15  이 검정을 위해 계량경제학과 금융 분석에서 주로 사용하는 Eviews 8 패키지를 이용했다.

차이를 반영하지 못하는 신뢰도 문제를 지적할 수 있다. 여기에서 첫 번째 문제는 비단 사회지출의 문제만이 아니라 다수의 국가를 상대로 하는 비교 정책 연구의 공통적인 문제이며, 어떤 지수를 사용하든 완벽하게 불안정성을 통제하기 어렵다. 가령 사회지출 변수를 보완하기 위해 개발된 소득대체율 지수도 근로자 임금이라는 분모의 문제에서 자유롭지 못하다. 따라서 지수의 문제라기보다는 통계적 기법을 활용해 변수들을 통제하는 방식이 대안으로 제시될 수 있다. 두 번째 문제인 시차 문제는 단순히 데이터의 문제를 넘어선다. 피어슨(Pierson, 1996)의 주장대로 법률 제정 후 정책 집행까지 지연되는 과정에 정치적인 의도가 개입될 수 있다. 그렇지만 시차 문제 역시 최근 개발된 여러 가지 통계적 기술로 일정 부분 극복해낼 수 있다. 마지막으로 수급 기준과 급여 형태의 국가 간 차이를 극복하기 위한 가장 좋은 방법으로 소수의 사례를 분석함으로써 이를 보완할 수 있다.

한편 젠슨(Jensen, 2009)은 사회지출이 국가 간 제도적 차이를 반영하는 정도를 분석한 결과 교육과 건강 지출은 상대적으로 수급 기준과 급여 형태의 국가 간 차이를 비교적 정확하게 대리하는 것으로 밝혔다. 물론 이 연구에서 사용된 연금, 실업, 상병 등의 소득보장 지출은 이 두 부분에서 국가 간의 다양한 차이를 보여주었으나, 발달 수준을 전체적인 수준에서 비교하기에는 무리가 없다는 결론을 확인했다. 즉, 국가 제도의 전반적인 양태를 비교 분석하기에는 사회지출이 명성에 비해 그리 나쁜 지수가 아니라는 것이다.

이 연구에서는 SOCX database(2014)를 바탕으로 소득보장 지출=(노령연금+실업급여+산재급여+병가수당+유족연금+무능력 관련 지출)/GDP, 사회서비스 지출=(노령+장애인서비스+가족서비스)/GDP를 정했다. 또한 안정적 패널 시계열 자료인지를 확인하기 위해 Levin-Lin-Chu unit-root test를 실시해 종속변수의 단위근 문제를 해결하고자 했다. 이에 대해 수식($Y_t - Y_{t-1} = B_0 + B_t Y_{t-1} + e_t$)을 설정했고 그 결과 분석은 〈표 7.1〉과 같다. 이 표에서 알 수 있

표 7.1   Levin-Lin-Chu unit-root test 결과

|  | Adjusted t* | p-value | Panels are stationary |
|---|---|---|---|
| Cash transfer expenditure | -1.6431 | 0.0433 | O |
| Benefit in kid expenditure | 0.3567 | 0.0171 | O |

주: 시계열 자료는 대부분 단위근(unit roots)을 갖고 있다. 시계열 데이터의 단위근 검증을 위해서는 Dickey-fuller test가 사용된다. 여기에서는 패널 데이터를 사용하기 때문에 Levin-Lin-Chu unit-root test를 실시했다. 이 연구에서 그랜저 패널 분석은 시계열 데이터의 안정성을 확인한 1980~2006년까지의 시기를 분석했다. 전체 시계열 추이는 1980~2010년까지의 시기를 살펴보았다.

듯이, 모든 결과는 p-value<0.05로 단위근을 포함하고 있다는 영가설을 기각하고 패널 데이터가 안정적이라는 대립가설을 채택했다.


4. 소득보장과 사회서비스의 교환관계 분석

1) 시계열 추이와 상관관계 분석

〈그림 7.6〉은 1980~2010년까지 OECD 국가가 지출한 소득보장과 사회서비스 지출 수준을 나타낸 것이다. 소득보장 지출을 보면, 1980년대 이후 사회경제적 격변에 따라서 국가마다 일정한 등락이 있고 확실한 추세를 보이는 경우도 있지만(예를 들면 아일랜드와 네덜란드는 감소, 일본은 증가) 장기적으로는 큰 변동 없이 현상이 유지되거나 증가하는 경향을 보이고 있다. 사회서비스 지출은 전체적으로 꾸준히 성장세를 보여주고 있기 때문에 일부 국가(예를 들면 네덜란드와 벨기에)를 제외하면 대부분의 국가에서 양자 간에 정의 관계를 보이고 있음을 알 수 있다. 구체적으로 네덜란드의 현금급여를 살펴보면, 무능력incapacity 관련 급여와 가족수당이 각각 1980년 GDP 대비 7%, 2%에서 2005년 GDP 대비 3.8%, 0.8%로 급감한 것을 확인할 수 있다. 두 분

그림 7.6  GDP 대비 소득보장 지출과 사회서비스 지출 비율(%)

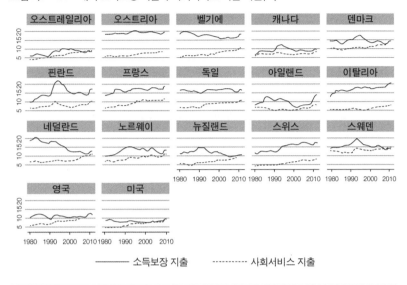

자료: SOCX(2017).

야의 변동 폭이 네덜란드의 총 현금급여 수준에 영향을 미친 것으로 보인다. 즉, 개별 국가의 특정 정책이 전체 추세에서 종종 벗어남을 보이고 있으나, 전반적인 추세는 소득보장 지출과 사회서비스 지출은 함께 상승한다는 것을 보이고 있다. 복지국가 사회지출의 총량은 뚜렷이 증가하는 추세를 보인다. 더불어, GDP 대비 사회지출 역시 한정된 예산에서 소득보장과 사회서비스 지출을 분배하거나 상쇄하는 양상보다는 함께 증가하는 추세로 보는 것이 타당하다.

한편 〈그림 7.7〉은 복지체제별 GDP 대비 현금급여 지출과 현물급여 지출을 나타낸 그래프이고, 〈그림 7.8〉은 이와 관련한 OECD 21개국의 평균을 나타낸 그래프다. 전체적인 양태는 2000년 이후 현금급여가 줄어드는 추세를 보여주고 있는데, 자유주의 체제와 사회민주주의 체제에서는 1990년대

그림 7.7  복지체제별 GDP 대비 현금급여 지출과 현물급여 지출(%)

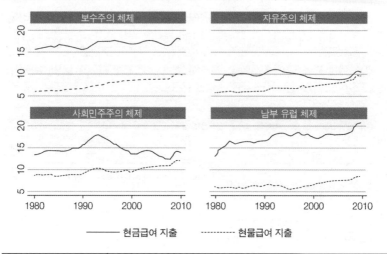

자료: SOCX(2017).

그림 7.8  OECD 21개국 평균 GDP 대비 현금급여 지출과 현물급여 지출(%)

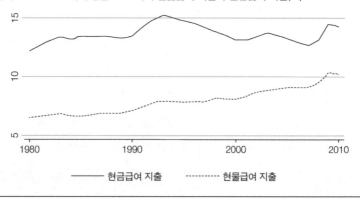

자료: SOCX(2017).

중반을 정점으로 줄어들다가 2000년대 이르러 조정기를 거치고 있다. 남부
유럽 체제는 현금급여와 현물급여의 차이가 가장 크다고 할 수 있으며 두 제
도는 꾸준히 상승하고 있음을 알 수 있다. 그리고 GDP 대비 현금급여의 비

그림 7.9   OECD 21개국의 소득보장과 사회서비스의 상관성(1980~2011년)

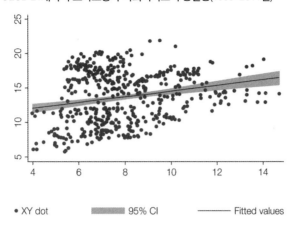

자료: SOCX(2017).

중이 타 체제에 견주어 상대적으로 높다고 할 수 있다. 한편 보수주의 체제에서 현금급여는 현상을 유지하는 반면에 현물급여는 꾸준한 상승세를 보이고 있는데, 특히 장기요양정책 등이 본격적으로 시행되는 1990년대 중후반에 이르러 상승 폭이 높아지는 양태를 보여준다. 자유주의와 사회민주주의 체제에서 현금급여 지출과 현물급여 지출의 차이는 2000년 중반 이후 다시 증가하고 있으며, 특히 2000년 후반에는 대부분 체제에서 증가하는 양태를 보여주고 있음을 알 수 있다.

  하지만 각국은 시기별로 사회경제적 조건의 편차가 존재하기 때문에 일률적으로 해석하기 어렵다. 이를 위해 OECD 21개국을 대상으로 전 기간(1980~2010년)에 걸쳐서 현금급여 지출과 현물급여 지출의 관계성을 분석해보면 정의 상관성을 확인할 수 있다(〈그림 7.9〉). 〈그림 7.9〉의 Y축은 현금이전cash transfer, X축은 현물급여benefit in kind를 나타내고 각 점들은 두 축이 만나는 지점을 국가별·연도별 합산pooled으로 표현한 것이다. 조정된 값들fitted values은

이 모든 점을 총괄하는 상관관계를 표현한 선으로, 이 선은 p value〈.000 수준에서 통계적으로 유의하다(r2=.2365, p〈.000).

하지만 이러한 상관성 분석에 대한 해석은 신중할 필요가 있다. 왜냐하면 앞서 설명했듯이 이렇게 현금급여와 현물급여로 나누어 분석할 경우 사회서비스의 개념 규정을 완벽하게 통제하기 어렵기 때문이다.[16] 따라서 특정 인구 집단을 대상으로 소득보장 급여 지출과 사회서비스 지출을 대비하면 교환관계 여부를 보다 정확하게 판단할 수 있다. 이를 위해 노인을 대상으로 현금으로 지급되는 연금 지출과 노인복지서비스 지출의 변화 추이를 살펴본다.[17]

〈그림 7.10〉에서 알 수 있듯이, 뉴질랜드를 제외하고는 대체적으로 연금과 노인복지서비스는 정의 상관관계를 유지하거나 적어도 교환관계는 아니라는 것을 알 수 있다. 따라서 우리는 양자 간의 관계가 교환관계보다는 보완 혹은 축적의 관계라는 것을 알 수 있다. 한편 복지체제별로 변화 추이를 살펴보았을 때도(〈그림 7.11〉), 소득보장과 사회서비스는 대체적인 관계가 아니라 소득보장이라는 토대(축적) 위에서 사회서비스가 발전해왔다는 해석이 가능하다. 이를 보다 정확하게 밝혀내기 위해 그랜저 패널 분석을 실시해본다.

---

16  물론 한국의 '사회보장기본법'에서는 보건의료를 사회서비스의 범주에 포함하고 있다. 하지만 일반적으로 보건의료 서비스는 워낙 단일 분야로서 지출 규모가 압도적으로 크고, 게다가 '가족'의 기능을 대체하는 의미의 전통적인 사회서비스와는 성격에서 차이가 있다.

17  이 분석에서는 SOCX 데이터 외 SHA(2014)의 데이터도 참조했으므로 2006년까지 분석 기간을 한정했다.

그림 7.10 연금과 노인사회서비스의 변화 추이

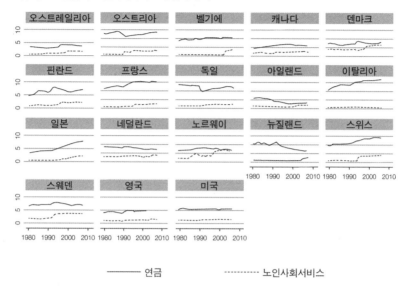

자료: OECD(2017a), SHA(2014).

그림 7.11 복지체제별 연금과 노인사회서비스의 변화 추이

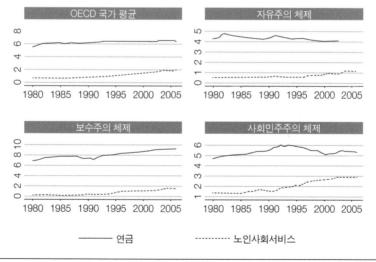

자료: OECD(2014), SHA(2014).

표 7.2 소득보장과 사회서비스의 그랜저 패널 분석 결과(1980~2006년)

| 복지체제 | 선행관계 | 최적 시차 | W-Stat | Z bar-Stat | Prob |
|---|---|---|---|---|---|
| OECD 18개국 | 사회서비스 ⇏ 소득보장 | 3 | 5.35565 | 2.53997** | 0.0111 |
| | 소득보장 ⇏ 사회서비스 | 3 | 6.15864 | 3.58289*** | 0.0003 |
| 자유주의 | 사회서비스 ⇏ 소득보장 | 3 | 10.2848 | 5.16264 | 2.E-07 |
| | 소득보장 ⇏ 사회서비스 | 3 | 4.53249 | 0.84920 | 0.3958 |
| 보수주의 | 사회서비스 ⇏ 소득보장 | 3 | 5.30456 | 1.54258 | 0.1229 |
| | 소득보장 ⇏ 사회서비스 | 3 | 4.24244 | 0.68232 | 0.4950 |
| 사회민주주의 | 사회서비스 ⇏ 소득보장 | 3 | 2.40290 | -0.68254 | 0.4949 |
| | 소득보장 ⇏ 사회서비스 | 3 | 7.90193 | 3.08167*** | 0.0021 |

주: 그랜저 패널 분석은 기본적으로 안정적 시계열을 확보한 변수 간의 1 대 1 대응을 원칙으로 하므로 분석 국가는 남부 유럽을 제외한 18개국으로 한정했다. 또한, 그랜저 패널 분석에서는 AIC 옵션을 통해 최적 시차를 구할 수도 있다. 하지만 정책의 시차에 대해서는 그동안 선행연구에 의거해 연구자가 적절한 시차를 판단할 수도 있다. 이 연구와 후속 연구에서 AIC 옵션을 통해 분석한 결과가 이 결과와 큰 차이가 없었으므로 여기에서는 연구자가 선정한 3년 차라는 정책 시차를 사용했다.


## 2) 그랜저 패널 분석 결과

이 장의 목적은 소득보장제도와 사회서비스제도는 분리해 독립적으로 발전한 것이 아니라(교환관계) 축적되어 발전했다는 것, 즉 소득보장제도가 먼저 발달해 기반을 이룬 바탕 위에서 사회서비스제도가 발전했다는 것을 입증하는 것이다. 이를 위해 소득보장과 사회서비스의 선행관계를 분석할 수 있는 그랜저 패널 분석을 실시했다. 여기에서는 OECD 18개국을 전체 국가, 자유주의, 보수주의, 사회민주주의로 구분해 분석했으며 최적 시차는 3년으로 설정했다.

〈표 7.2〉의 분석 결과를 설명하면 다음과 같다. 우선 전체 국가를 대상으로, 사회서비스는 소득보장의 선행요인이 아니라는 영가설은 95%의 유의수준(p⟨.05)에서 기각되는 것으로 나타났으며, 소득보장이 사회서비스의 선행요인이 아니라는 영가설은 99%의 유의수준(p⟨.01)에서 기각되었다. 즉,

OECD 18개국을 대상으로 그랜저 패널 분석을 실시한 결과 소득보장은 사회서비스 발달의 선행요인이라는 연구가설이 채택되었다. 또한 사회서비스 역시 소득보장의 선행요인으로 나타나 두 제도의 발전은 역학적으로 상호 영향을 주고받았다는 것을 알 수 있다.

또한 복지체제별로 분석했을 때는 자유주의, 보수주의 체제에서는 두 제도 간에 어떤 선행관계를 확인할 수 없었다. 자유주의는 두 제도의 지출 수준이 상대적으로 높지 않기 때문에, 보수주의는 소득보장의 지출이 사회서비스 지출에 비해 압도적으로 높은 편이기 때문에 선행관계가 존재하지 않은 것으로 보인다. 하지만 사회민주주의 체제에서는 소득보장정책이 사회서비스의 선행요인이 아니라는 영가설은 1% 유의수준에서 기각되었다. 즉, 사회민주주의에서 사회서비스의 발전은 소득보장정책의 발전 위에서 가능했음을 나타내는 실증적 분석의 결과다. 오히려 사회서비스는 소득보장정책의 선행관계에서 통계적으로 유의미한 값은 발견하지 못했다.

## 5. 결론

이 장은 '21세기에 사회정책의 방향을 설정하는 데 소득보장과 사회서비스의 병행적 발전이 가능한가'라는 문제의식에서 출발했다. 즉, '시장의 실패'로 인해 발생한 임금노동자의 소득 손실을 보전할 목적을 가진 소득보장제도와 '가족(혹은 지역사회)의 실패'로 인한 지역사회 구성원의 삶을 지원하기 위한 사회서비스제도는 복지국가를 구성하는 두 개의 주요한 축이라고 할 수 있는데, 이 두 축이 병행 발전을 할 수 있는가 하는 것이다. 두 축이 상호 어떤 관계성을 갖고 있는지를 분석하는 것은 현 복지국가의 체제 분석에도 중요하지만, 미래 복지국가의 발전을 전망하는 데도 매우 유용한 틀이 된다.

이를 위해 복지국가의 두 축을 이루는 소득보장과 사회서비스 양자 간의 교환관계 여부를 분석했으며, OECD 18개국을 대상으로 1980~2006년까지의 자료를 이용해 상관관계 분석과 그랜저 패널 분석을 실시했다.

먼저 상관분석 결과, 소득보장과 사회서비스는 역(-)이 아니 정(+)의 방향으로 통계적으로 유의한 결과를 보였다. 즉, 소득보장제도와 사회서비스제도는 적어도 교환관계는 아니라는 것을 알 수 있었다. 한편 교환관계에 대한 보다 정확한 분석을 통해 그랜저 패널 분석을 추가했다. OECD 18개국을 대상으로 그랜저 패널 분석을 실시한 결과, 소득보장은 사회서비스 발달의 선행요인이었고, 사회서비스 역시 소득보장의 선행요인으로 나타났다. 즉, 복지국가의 두 축인 소득보장과 사회서비스는 역학적으로 상호 영향을 주고받으며 발전해왔다는 것을 알 수 있다. 따라서 소득보장제도와 사회서비스제도는 결코 교환관계가 아니라는 것을 알 수 있었다. 따라서 소득보장과 사회서비스는 대체재가 아니라 상호 보완재라고 할 수 있으며, 시대의 변화에 따라서 강조점이 달라지기는 하지만 기본적으로 축적적 관계라는 것을 알 수 있었다.

이러한 결과는 정책적인 방향을 설정하는 데 유용하다. 최근 서구 사회의 주요한 사회문제로 떠오르고 있는 아동·청소년 빈곤의 문제를 예로 들면, 한정된 예산에서 빈곤 가정에 대한 적절한 소득보장에 정책적 우선권을 주어야 할지 아니면 아동·청소년을 대상으로 하는 교육과 훈련서비스를 우선으로 시행할지에 대해서 논란이 있을 수 있다. 필자들의 연구 결과가 제시하는 바는 충실한 현금급여 프로그램이 사회서비스 발전의 선결 조건이라는 것이다. 이는 아동과 관련된 예방적·장기적인 사회정책의 목표를 달성하기 위해서는 빈곤 가정에 대한 적절한 소득보장 프로그램이 먼저 적용되어야 한다는 에스핑앤더슨(Esping-Andersen, 2002: 66)과 팔리에(Palier, 2006: 53)의 연구 결과와 같은 맥락에서 이해할 수 있다. 다시 말해, 충실한 현금급여 프로그램은 사회서비스 발전의 선결 조건임을 주장하는 것이다(김연명, 2007: 53). 또한 류연규와 백승호(2010)의 연구에서도 노인 소득보장 지출이 높은 국가에서 아동·가족 복지지출도 높다는 점을 확인했다. 결국 사회민주주의 국가군의 사회서비스는 상대적 관점에서 제도화의 수준이 높다고 볼 수 있다.

결론적으로 이 연구는 소득보장정책과 사회서비스정책은 서로 교환관계에 있는 것이 아니라 소득보장정책이라는 튼튼한 기반 위에서 사회서비스정책이 발전해왔음을 부각하고 있다. 이러한 복지국가의 역사적 사실은 현금급여를 가능한 한 지양하고 사회서비스를 지향하겠다는 박근혜 정부의 정책 기조[18]가 결코 타당하지 않았다는 것을 실증으로 보여주고 있다. 더욱이 전체 인구 빈곤율(2000년대 중반 기준 15%) 자체가 매우 높고 특히 66~75세 노인의 상대적 빈곤율은 42.7%, 76세 이상 노인의 빈곤율은 60.2%로, OECD 회원 38개국 가운데 가장 높은 한국 사회에서(OECD, 2017a) 사회서비스 위주로 사회보장제도를 발전시킬 경우에 빈곤율과 소득 불평등의 개선을 통해 개인의 삶의 질을 향상시키기는 매우 어려울 것이다. 따라서 한국 복지국가의 당면한 과제는 소득보장제도를 강화함으로써, 창의적이고 지역 밀착적인 사회서비스가 발전할 수 있는 토대를 구축하는 것이다.

---

18 박근혜 정부의 정책 기조는 2010년 박근혜 의원실에서 개최한 '사회보장기본법 전부 개정을 위한 공청회: 한국형 복지국가 건설'에서 뚜렷하게 나타나는데, 집권 이후 박근혜 정부의 중요한 정책 결정권자가 된 이 공청회의 발표자들은 이구동성으로 기존의 전통적인 소득보장 중심에서 사회서비스 중심으로 정책적 전환이 필요하다고 주장했다.

# 제 8 장

# 한국 복지국가와 경제적 독립성:
## 탈가족화와 가족화의 실태와 과제

안미영

## 1. 들어가며

1990년대 말 경제위기 이후 한국 사회정책과 복지국가의 역할에 대한 논의는 정책의 변화와 함께 지속적으로 발전하고 있다. 한국인의 사회경제적 안녕으로 인해 복지국가의 역할에 대한 기대는 상승하고 있다. 그리고 정책 발전 방향에 대한 논의는 사회투자, 기본소득을 포함한 다양한 대안적 아이디어와 함께 확산되고 있다. 하지만 이러한 일련의 변화는 경제위기 이후 20여 년이 지난 지금 제도의 미미한 효과성을 여실히 드러내듯이 나타난 심각한 불평등과 밀접한 관계가 있다.

일을 해도 생애 전반에 누려야 하는 경제적 독립성을 확보하기 어려운 것이 현실이다. 고등학교나 대학 졸업 이후 나이 70이 넘어서까지 한국인으로서 이 사회에 산다는 것은 경제적 독립성 확보를 위해 끊임없이 애를 써야함을 의미한다. 청년실업 문제는 좋은 대학에 진학하기 위해 공부에 전념했던 학생들에게 상품화를 통한 경제적 독립성 확보의 기회를 잡는 것이 대학 입시만큼 어려워졌음을 의미하며, 노동시장의 이중구조화는 운이 좋게 노동시장에 발을 들여놓은 상품화된 이들이 심각하게 계층화된 냉혹한 노동시장의 현실과 마주하고 있음을 의미한다. 한국인들 삶의 주요한 방식인 결혼을 통한 가족 형성과 자녀 출산, 양육으로 이루어지는 재생산은 좌절에 가까운 '할 수 없음' 혹은 어쩔 수 없는 선택으로서 '하지 않겠다'는 생애사가 되었다. 젊은 기혼 여성들은 그녀들의 어머니들이 그랬듯이 여전히 자녀 양육을 위해 경제활동을 포기한다. 중년 남성은 조기 퇴직으로 인해 노동시장에서 본인이 생각했던 시기보다 더 빨리 나오게 되고, 여성은 중장년 시기로 접어들면서 노동시장에 진입하지만 비정규직의 숲을 헤매다 나온다. 그 결과 노년에 접어들면 남편은 사망하고 저축해놓은 돈도 없는 상황에서, 무급노동을 전담하면서 자녀의 인적자원 발전과 가계경제 관리에 바치다시피한 시간은 모 광고가 이야기하듯이 한 줄 스펙도 되지 못해, 몇 천원이라도 벌기 위해 굽은 허리와 어두운 눈으로 폐지를 줍고자 길거리로 나선다. OECD 국가들 가운데 최고 수준의 노인 빈곤을 가진 나라의 슬픈 노인으로 살아가고 있는 것이다. 실로 한국에서 태어나 괜찮은 생활수준decent standard of living을 향유하는 것은 소수만이 누릴 수 있는 하늘이 내린 축복과도 같은 것이 우리의 안타깝지만 직시해야 하는 불편한 현실이다.

1990년대 말 외환위기 이후 선거 때마다 복지 관련 공약들은 홍수같이 쏟아져나왔다. 2018년도 기획재정부 자료에 따르면 보건복지노동 분야 예산은 상당히 증가했다. 그런데 현재 한국의 공공사회지출은 미국과 영국의 40년 전 수준보다 낮다. OECD 사회지출 자료에 따르면, 2016년 기준 한국의 공공사회지출은 GDP 대비 10.4%였다. 이는 잔여적 혹은 자유주의 복지국가로 대표되는 미국과 영국이 1980년에 지출했던 12.8%, 15.6%보다 낮은 수준이다. 한국인들은 경제적 안녕을 위해 (암묵적으로든 명시적으로든) 무엇에 의존하는가? 한국 정부는 사회정책을 형성하고 발전해나갈 때 무엇을 가정하고 있는가? "가족이 행복해야 나라가 행복하다." 2018년 2월 문재인 대통령의 대국민 새해 인사 내용의 일부다. 낮은 수준의 복지지출이 나타내듯이 한국의 가족은 한국인의 사회경제적 안녕wellbeing에 중추적인 역할을 해야 한다는 의미로 들린다.

많은 필자들이 외환위기 이후 한국인의 삶의 방식이자 한국 사회경제 발전의 근간인 가족의 의미와 역할, 기능이 상당히 변했다고 말한다. 1990년대 후반 이후 나타난 이혼율의 증가는 가족구조의 변화를 예고하는 시발점이 되었다고 하고, 1인 가구의 증가는 비전통적 가구의 급속한 성장을 의미한다. 또한 가구 구성과 변화에 대한 OECD 자료를 보면 한부모 가구는 2011년 기준 전체 가구의 9.2%로, 일본의 2.6%에 비해 현저히 높고 영국의 8.5%보다도 높은 수준이었다. 그리고 한국의 출산율은 1997년 1.5명에서 하락하는 추세를 보이고 있다. 즉, 일련의 자료를 보면 한국인의 사회경제적 안녕에 중추적인 역할을 해온 '가족'은 과거보다 훨씬 더 많은 사람들에게 안전망이 되지 못할 가능성을 시사한다.

매년 실시하는 사회조사 관련 자료는 가족, 결혼, 출산에 대한 인식이 진보적으로 전환되고 있다고 지적한다. 가족 형성을 주요한 삶의 방식으로 생각하는 젊은이들이 줄었고, 출산이 필수라는 생각도 바뀌었으며, 특히 노인 부양에 대한 인식이 와해되었다. 그러나 장경섭(2018)은 아직도 한국인의 대부분은 결혼과 출산을 통한 가족 형성을 중요한 삶의 방식으로 인식하고 있는데, 그에 따라 행동하고 싶지만 하지 못하고 있다고 지적한다. 한국의 사회 동향 조사 결과에 따르면 '결혼하는 것이 결혼하지 않는 것보다 행복할까'라는 질문에 여전히 과반이 넘는 남성 응답자는 '그렇다'고 생각하고 있고, 과반이 넘던 여성 응답자의 수치는 감소했다. 20~40대 1인 가구의 주된 혼자 사는 이유는 '학교·직장 때문에', '혼자 사는 것이 편해서'로 나타났다.

복지국가는 개인의 경제적 안녕에 중요한 역할을 담당한다. 한국 복지국가의 발전 방향에 대한 많은 논의가 진행되는 가운데 이 장은 루스 리스터

Ruth Lister의 탈가족화defamilization 개념을 활용해 탈가족화와 가족화의 실태와 과제를 논의하고자 한다. 이 장은 가족에 대한 개인의 경제적 의존도를 줄이는 정도인 탈가족화 개념을 활용하고 상품화와 탈상품화라는 두 측면에서 논의한다. 노동시장 참여를 통한 개인의 상품화를 촉진하는 정책 가운데 대표적으로 적극적 노동시장정책과 가족정책을 논의하고, 탈상품화를 통한 경제적 독립성 확보에 대한 논의는 연금정책을 중심으로 전개한다. 가족화는 가족에 대한 경제적 의존성을 강화하는 정도로 개념화한 다음에 노동시장 참여를 저해하는 효과를 지닌 정책, 그리고 사회보장제도에서 의존자에 대한 사회권을 중심으로 논의한다. 이를 바탕으로 개인의 경제적 독립성 확보를 위한 한국 복지국가의 과제를 논의해본다.

## 2. 탈가족화와 가족화

개인의 경제적 독립성과 관련해서 복지국가의 역할을 분석하는 데 유용한 몇 가지 개념이 있다. 가장 대표적인 개념은 에스핑앤더슨(1990)의 탈상품화 decommodification다. 주로 노동시장 참여를 통한 기여를 바탕으로 제공되는 현금급여를 포함하는 탈상품화는 국가마다 그 정도가 다르며, 사회정책 발전의 국가와 시장 간의 관계(권력자원론)를 이해하는 데 중요한 개념으로 자리 잡아왔다. 탈상품화는 전후 유럽 복지국가가 일-복지 관계work-welfare relationship를 기반으로 구조화되었음을 포착한 결과다(Lewis, 1992). 그러나 탈상품화는 국가-가족의 관계를 고려하지 않았으며 일은 유급노동이었고, 따라서 탈상품화에는 남성의 삶이 기본으로 그려져 있다고 루이스는 주장한다. 따라서 에스핑앤더슨의 탈상품화는 여성의 사회권이 복지국가에 의해 어떻게 결정되는지에 대해 관심이 없는 개념이라는 비판을 받았다.

1994년에 리스터는 탈가족화를 제시하면서 복지국가의 역할은 가족에 대한 개인의 경제적 의존성을 줄이는 데 있다고 주장한다. 방법은 두 가지다. 하나는 노동시장 참여를 통한 상품화이고, 다른 하나는 사회보장제도를 통한 탈상품화다. 사회보장제도는 일-복지의 기본 근간을 유지해야 한다는 가정이며, 시장의 의존성을 줄이는 탈상품화만큼 유급노동을 할 수 있게 하는 상품화 역시 복지국가의 중요한 역할이라는 주장이다.

1990년대 초반 학자들 사이의 뜨거운 논의는 이후 복지국가에 대한 논의를 대대적으로 활성화한다. 여성주의 학자들의 비판을 수용하듯이 1999년에 에스핑앤더슨은 탈가족화를 개념화한다. 이는 가구household의 복지·돌봄 책임을 국가나 시장을 통해 완화하는 정도를 의미한다. 정확히 말하면, 에스핑앤더슨의 탈가족화는 가족에 국한되어 있는 복지·돌봄 기능의 사회화다. 그의 주장에 따르면, 돌봄의 사회화를 통해 노동시장에 참여하지 못하는 여성의 상품화가 이루어지고, 이는 여성의 경제적 독립성 확보에 긍정적인 영향을 미친다는 것이다(Esping Andersen et al., 2002). 그러나 라이트너(Leitner, 2003)는 에스핑앤더슨의 돌봄의 탈가족화와 여성의 경제적 독립성에 대한 가정은 무리가 있다고 주장한다. 돌봄이 사회화된다고 해서 반드시 여성이 노동시장의 참여를 통해 상품화된다고 볼 수 없다는 의미다. 무급 형태의 돌봄이 사회화된다면 국가에 의해서든 시장에 의해서든 여성의 고용이 증가하는 데 직접적인 영향을 줄 수 있다. 그러나 시장에 의한 돌봄의 유급노동화는 좋은 고용조건으로의 상품화로 이어질 가능성이 낮기 때문에 결국 돌봄서비스를 통한 돌봄의 탈가족화는 남성과 비슷한 수준으로 여성의 경제적 독립성을 구축할 것이라는 가정은 바람직하지 않다는 의미와도 연결될 수 있다.

사회정책 분석 개념으로 탈가족화는 한국의 많은 연구에서 활용되고 있다. 그렇지만 리스터와 에스핑앤더슨의 탈가족화를 구분하는 연구는 소수에 지나지 않는다(류연규, 2007). 다시 말하면, 리스터의 탈가족화는 가족 내 지위와 역할(결혼 지위, 돌봄 노동 등)과 관계없이 사회적으로 적절한 수준의 생활을 영위하게 하는 정도이고, 에스핑앤더슨의 탈가족화는 가족에 대한 개인의 복지 의존을 감소하는 정도와 가족의 복지 부담을 완화하는 정도다. 또한 리스터의 탈가족화와 에스핑앤더슨의 탈가족화는 정책 개입 대상이 다르다. 리스터는 성인이고[국내 학자들 중 이를 강조한 학자는 이진숙·박진화(2015)를 포함한다], 에스핑앤더슨의 탈가족화는 가족(가구)이다. 다시 말해, 리스터는 복지국가의 역할을 노동시장 참여 촉진이나 사회보장제도를 통해 개인의 경제적 독립성을 확보하는 데 있다고 본다. 대부분의 개인은 가족의 일원이기 때문에 가족의존성을 가지고 살아간다. 그러나 그 가족은 형성되었다가 해체되기도 하고, 어떤 개인은 가족을 형성하지 않고 살아가기도 한다. 리스터는 개인의 선택인 가족 형성 여부 및 변화와 상관없이 성인은 경제적 독립성을 확보해야 하고, 따라서 복지국가는 탈가족화를 해야 한다고 주장한다. 반면 에스핑앤더슨의 탈가족화는 정부-시장-가족의 복지 혼합에서 돌봄에 대한 국가나 시장의 역할 강화를 의미하며, 그에 따른 가족의 돌봄 부담 완화를 의미한다(이진숙·박진화, 2015). 에스핑앤더슨의 탈가족화는 가족 혹은 돌봄 정책의 근대화를 의미하며 여성의 사회권 중심의 개념이라고 불 수 있다. 반면 리스터의 탈가족화는 젠더 중립적인 성격이 더 강하다고 볼 수 있다.

이 장에서는 리스터의 탈가족화 개념을 사용한다. 이 개념은 상품화와 탈상품화를 포함한다. 리스터는 가족화 개념을 따로 제시하지 않았다. 그러나 에스핑앤더슨이나 라이트너가 제시한 대로 복지국가는 탈가족화와 가족화를 동시에 할 수 있으며 하고 있다. 따라서 복지국가와 개인의 경제적 독립성에 대한 논의에는 가족화도 포함되어야 한다. 리스터의 탈가족화 개념이 가족에 대한 개인의 경제적 의존성 완화 정도라면, 가족화는 가족에 대한 개인의 경제적 의존성 강화 가능성 혹은 정도라고 볼 수 있다. 이는 노동시장 참여를 저해하는 효과를 가진 정책들 또는 사회보장제도에서 의존자에 대한 사회권 형성과 밀접하게 연관되어 있다.

이 장에서는 탈가족화의 단면을 살펴보기 위해 노동시장 참여에 영향을 미치는 가족정책과 적극적 노동시장정책에 대한 자료와 연구를 바탕으로 논의하고, 사회보장제도에 의한 탈상품화는 국민연금 관련 자료를 바탕으로 논의한다. 가족화와 관련해서는 가족정책의 노동시장 참여 저해의 가능성과 국민연금제도의 가족의존성 강화 가능성을 논의한다.


## 3. 한국 복지국가의 탈가족화

노동시장에 참여하지 않는 인구 계층에 대한 한국의 사회정책적 개입은 1990년대 말 외환위기 이후 증가한다. OECD 사회지출 자료에 따르면 한국의 적극적 노동시장정책 관련 공적사회지출은 1995년 GDP 대비 0%에서 2013년 0.5%로 증가한다. 2000년대 초 강철희 등(2001)은 1980년대 중반부터 1990년대 초반 벨기에, 덴마크, 독일, 프랑스, 영국, 스웨덴, 호주, 캐나다의 적극적 노동시장정책의 실업 감소 효과를 발견하고 적극적 노동시장정책의 필요성을 강조했다. 채구묵(2011)은 2000~2008년 OECD 18개국 대상의 패널 자료를 이용해서 적극적 노동시장정책은 실업률을 낮춘다는 결과를 도출했다. 이를 바탕으로 한국의 적극적 노동시장정책의 확대와 노동 수요에 맞춘 직업훈련의 전문화와 체계화 등을 정책 함의로 제시했다. 장효진(2017)은 적극적 노동시장정책이 청년 고용 성과에 미치는 영향을 분석했는데, 직업훈련과 재진입 관련 정책, 기업의 참여가 긍정적인 영향을 미치는 것으로 나타났다. 그러나 적극적 노동시장정책을 통한 한국 복지국가의 역할은 미미하다. 민효상 등(2012)은 OECD 국가의 적극적 노동시장정책을 비교하면서 한국의 특이성을 강조한다. 그리고 미미한 역할의 원인으로 정책 확산에 필요한

국가의 능력이나 이데올로기는 충분했지만 정책 실현에 대한 의지가 부족함을 지적했다. 정의룡과 양재진(2015)은 기업별 노조, 대기업 중심의 경제 지배 구조, 다수대표제에 기반한 선거제도와 적극적 노동시장정책의 저발전의 관계를 논의했다.

적극적 노동시장정책에 비해 가족정책의 변화는 상대적으로 두드러지게 나타난다. OECD 자료에 따르면 가족에 대한 공적사회지출 규모는 1990년 GDP 대비 0%에서 2015년 1.2%로 증가했다. 지속적·전폭적으로 증가한 부문은 보육서비스다. 1990년 GDP 대비 0%에서 2015년 1%로 증가하면서 가족 관련 공적사회지출 증가의 80% 이상을 차지한다. 보육서비스의 증가는 돌봄서비스 시장의 성장과 함께 돌봄의 유급노동화를 증대한다. 동시에 가족 내 돌봄을 사회화하면서 여성의 돌봄 부담을 완화해 노동시장 진입을 촉진하는 효과가 나타날 수 있는 제도적 환경으로의 전환을 의미한다.

한국의 영유아를 위한 돌봄·교육서비스 발전 정도를 가늠하기 위해 스웨덴, 독일, 일본 그리고 영국의 0~2세 돌봄·교육서비스 이용 아동의 비율 변화를 살펴보면(〈그림 8.1〉), 스웨덴의 이용률은 40%를 선회하는 높은 수준으로 유지되어왔다. 그리고 독일과 한국이 두드러진 증가 양상을 나타내는데 한국은 2001년 3%에서 2014년 35.7%로, 독일은 2006년 13.6%에서 2014년 32.3%로 증가한다. 2006년 한국의 0~2세 아동의 이용률은 11.2%로 독일보다 낮았으나 2014년에는 독일보다 높게 나타났다. 일본의 경우 2007년 22.6%로 독일의 15.5%나 한국의 14.2%에 비해 높은 수준이었고, 이후 지속적으로 상승하면서 2014년 30.6%를 기록한다. 반면 영국은 그 비율이 2007년 이후 지속적인 감소 추세를 나타내고 있다. 2014년 한국은 비교 대상 국가 중 스웨덴 다음으로 높은 수준의 이용률을 보이고 있다. 이는 정부-시장-가족의 복지 혼합 측면에서 돌봄 레짐의 변화를 의미한다(An, 2017)

그럼에도 불구하고 한국 여성의 노동시장 참여는 여전히 출산과 양육으로

그림 8.1　0~2세 아동의 돌봄·교육서비스 이용률(2001~2014년, %)

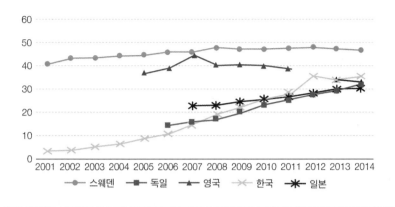

자료: OECD(2018a).

그림 8.2　여성의 연령대별 고용률(2015년, %)

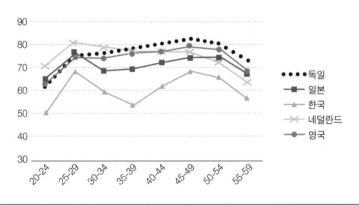

자료: OECD(2018b).

나타나는 M 자형 노동시장 참여 패턴을 나타내고 있는데 특히 미취학 자녀
(0~5세)를 둔 여성의 고용 수준이 매우 낮음을 의미한다(〈그림 8.2〉). 2015년
기준 한국 여성의 고용률은 일본보다 현저히 낮고 일본보다 더 뚜렷하게 M
자형 노동시장 참여 패턴을 나타내고 있다.

OECD 가족 데이터 자료에 따르면 독일은 가장 어린 자녀의 나이가 0~2세인 여성의 고용률이 2007년 45.8%에서 2013년 51.5%로 상승한다. 일본은 2007년 33.8%에서 2014년 47.4%로 상승한다. 영국 역시 2005년 50.4%에서 2014년 59.4%로 상승한다. 한국의 경우 최연소 자녀가 0~2세인 여성의 취업률은 2015년 기준 27.2%다(김은설 외, 2015). 미취학 아동을 둔 여성의 취업률은 2009년 35.8%, 2012년 35.4%, 2015년 36.8%였다. 이는 독일, 일본, 영국과 비교해 한국의 경우 보육서비스 이용률은 높은 반면 어린 자녀를 둔 여성의 취업률은 현저히 낮다는 것을 의미한다. 즉, 한국 사례는 에스핑앤더슨이 주장한 대로 보육서비스와 자녀를 둔 여성의 고용 사이에 관계가 나타나지 않음을 의미한다(An & Peng, 2016). 이는 라이트너의 주장대로 보육서비스의 확대가 여성의 유급노동을 통한 경제적 독립성에 직접적 혹은 자동적으로 긍정적인 영향을 미치지 않음을 시사한다.

청년 시기에 실업의 위기를 넘어 결혼 후 출산과 양육의 시간을 보낸 남성과 여성은 60세 이후 노년기에 접어들면서 개인의 경제적 안녕과 직접적 연관이 있는 사회보장제도와 국민연금제도의 환경에 진입한다. 〈그림 8.3〉은 사회보장급여를 받은 한국인의 비율을 보여준다. OECD는 임금 대체 성격을 가지는 사회정책의 급여 수혜자 정보를 제공하고 있다. 이 정보는 한 개인이 여러 급여를 받는 현황을 반영하지만 전반적인 실태를 파악하는 데 유용하다. 2012년 기준 15세 이상 인구 대비 임금 대체 성격을 가진 사회복지급여를 받은 인구의 비율은 스웨덴 73.4%, 독일 84.1%, 영국 33.7%, 일본 37.1%, 한국 23% 수준으로 나타났다.

탈상품화를 보다 구체적으로 파악하기 위해 국민연금 가입자와 평균 급여액, 노인의 소득을 살펴보자. 국민연금관리공단(2016)이 발간하는 국민연금통계연보에 따르면, 지역가입자 중 납부예외자를 제외한 국민연금 가입자는 1988년 총 443만 명에서 2016년 1766만 명으로 증가한다. 1988년 남성 가입

그림 8.3 임금 대체 성격의 사회복지급여 수혜자 비율(2012년)

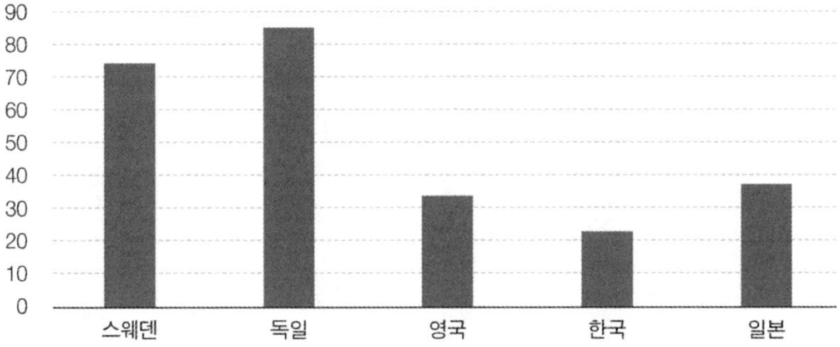

주: 다중 수혜 포함.

자는 308만 명으로 전체 가입자의 69.4%를 차지했고 2016년 그 비율은 56.4%로 나타났다. 가입 종류별로 보면 전체 사업장 가입자(1319만 명) 중 남성이 59.2%를 차지하고 임의 가입자와 임의 계속가입자는 여성이 거의 대부분을 차지하는 것으로 나타났다. 2016년 전체 가입자 중 기준소득월액 64만 5천~133만 5천 원 구간 가입자는 30.4%를 차지하고 133만 5천~223만 6천 원 구간 가입자는 29.8%를 차지하는 것으로 나타났다. 기준소득월액이 434만 원 이상인 가입자는 13.8%로 나타났다. 성별로 보면 전체 남성 가입자 중 133만 5천~236만 원 구간 가입자는 25.4%, 236만~368만 원 구간 가입자는 21.6%, 368만~434만 원 구간 가입자는 24.7%를 차지하는 것으로 나타났다. 반면 여성의 경우 64만 5천~133만 5천 원 구간 가입자가 전체 여성 가입자의 40.1%를 차지했으며 35.6%가 133만 5천~236만 원 구간으로 나타났다. 2016년 기준 전체 수급자(438만 4746명) 중 남성이 58.4%를 차지했으며 60세 이상 수급자(398만 7318명) 중 54.7%를 남성이 차지하는 것으로 나타났다.

〈그림 8.4〉는 성별에 따른 업종별 가입자 현황을 보여주고 있다. 1990년 남녀 가입자 중 가장 높은 비율을 차지한 업종은 제조업이었다. 특히 여성

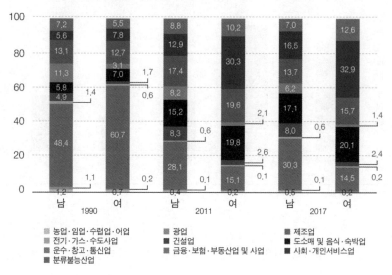

그림 8.4  성별에 따른 업종별 국민연금 가입자 비율(1990, 2011, 2017년, %)

농업·임업·수렵업·어업    광업    제조업
전기·가스·수도사업    건설업    도소매 및 음식·숙박업
운수·창고·통신업    금융·보험·부동산업 및 사업    사회·개인서비스업
분류불능산업

자료: 국민연금관리공단(1990, 2011, 2017).

가입자의 60.7%는 제조업에 종사하고 있었다. 도소매 및 음식·숙박업과 사회·개인서비스업 종사자 비율은 남성의 경우 각각 5.8%, 5.6%로 운수·창고·통신업(11.3%), 금융·보험·부동산 및 사업(13.1%)에 비해 낮은 수준이었다. 여성의 경우 도소매 및 음식·숙박업 7%, 사회·개인서비스업 7.7%로 금융·보험·부동산 및 사업의 12.7%보다 낮은 수준이었다. 2011년 남성 가입자 중 제조업 종사자는 28.1%, 여성은 그 비율이 15.1%로 나타났다. 남성 가입자 중 제조업 종사자가 가장 높은 비율을 차지하는 반면 여성의 경우 사회·개인서비스업 가입자가 30.3%를 차지하며 가장 높은 비율을 나타냈다. 남녀 모두 도소매 및 음식·숙박업 가입자가 차지하는 비율은 15.2%, 19.8%로 1990년에 비해 상당히 증가했다. 여성 가입자의 50% 이상이 도소매 및 음식·숙박업이나 사회·개인서비스업 종사자로 나타났다. 2017년 남성 가입

그림 8.5  노인(65세 이상)의 연간 소득 항목별 비율(2014, 2017년, %)

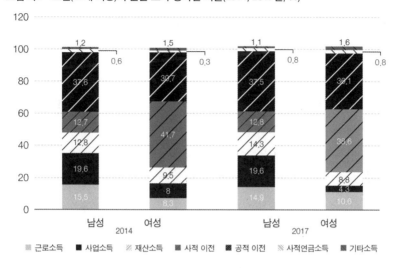

자료: 정경희 외(2014), 정경희 외(2017).

자 중 제조업 종사자 비율은 30.3%로 가장 높았고, 여성의 경우 사회·개인서비스업 종사자가 32.9%로 가장 높게 나타났다. 남녀 모두 도소매 및 음식·숙박업 종사가자 차지하는 비율 역시 2011년에 비해 소폭 상승해 남성 17.1%, 여성 20.1%로 남성과 여성 모두에서 두 번째로 높은 가입 비율을 보이는 업종으로 나타났다. 남성 중 제조업과 도소매 및 음식·숙박업 가입자 비율은 47.4%로 나타났고, 여성의 경우 사회·개인서비스업과 도소매 및 음식·숙박업 가입자 비율은 53%였다.

〈그림 8.5〉는 65세 이상 노인 소득원의 비율의 변화를 보여주고 있다. 2017년 노인실태조사 결과 65세 이상 노인의 연간 평균 총소득은 1176.5만 원이었고 남성의 경우 1697.1만 원, 여성의 경우 791.9만 원으로 나타났다(정경희 외, 2017). 2017년 공적이전이 전체 소득에서 차지하는 비율은 남성의 경우 37.5%, 여성은 36.1%였다. 그러나 여성의 사적이전 의존도는 남성에 비해

매우 높았다. 전체 소득 대비 사적이전의 비율은 남성 12.8%, 여성 38.6%였다. 즉, 65세 이상 노인 여성의 경우 사적이전이 가장 중요한 소득원임을 의미한다. 2014년에 비해 2017년 근로소득의 비율은 여성의 경우 8.3%에서 10.6%로 증가한 반면 남성은 15.5%에서 14.9%로 감소했다. 남성의 재산소득 비율은 2014년 12.8%에서 2017년 14.3%로 증가한 반면 여성의 경우 9.5%에서 8.8%로 감소했다.

공적이전이 사적이전을 줄이는지에 대한 연구 논문들은 그 효과가 있다고 보고하고 있는데(손병돈, 2008), 한국에서 노인의 빈곤(Ku & Kim, 2018; Hwang, 2017; Lee & Lee, 2018; 구인회·손병돈, 2005), 특히 여성 노인의 이처럼 낮은 수준의 소득과 높은 빈곤율을(석재은·임정기, 2007; 장미혜 외, 2013) 목도하면서 여기에서 살펴본 노인소득원의 변화는 공적이전의 비율 증가와 함께 사적이전 비율의 감소가 여성 노인의 경우에 나타나고 있음을 시사하고 있다. 2017년 국민기초생활보장법이 급여의 기준 등에 활용하는 기준중위소득의 60%선은 1인 가구 월 99만 1759원으로, 2017년 노인 실태조사 결과와 비교하면 노인 남성의 월 평균 소득은 이보다 약간 더 높고 여성 노인의 월 평균 소득은 그만큼도 되지 않는 상황이다. 한국 노인 남성의 평균 소득은 건강이 양호할 경우 기준중위소득의 60% 수준의 삶을 영위할 수 있음을 의미한다. 여성의 경우 남편 사망 후 우울감이나 낮은 사회활동은 차치하더라도 젊은 시절의 무급노동, 자녀의 인적자원 개발을 위한 시간들은 공적이전으로서도 사적이전으로서도 경제적 독립성을 이루지 못하는 삶임을 의미한다.


## 4. 한국 복지국가의 가족화

한국 복지국가의 가족화는 가족에 대한 현금 지원과 국민연금을 중심으로

그림 8.6  가족에 대한 공적 현금 지출(1990~2013년, % of GDP)

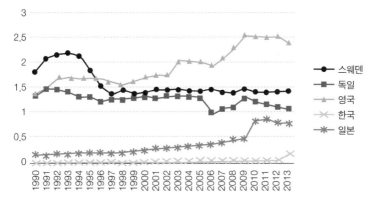

자료: OECD(2018c).

살펴본다. 〈그림 8.6〉은 가족에 대한 현금 지원의 GDP 대비 추이를 보여준다. 한국의 경우 1990년 GDP 대비 0%로 스웨덴 1.8%, 독일 1.4%, 영국 1.4%, 일본 0.7%에 비해 매우 낮은 수준이었다. 이러한 상황은 20여 년이 지난 2013년에도 달라지지 않는다. 일본 역시 1990년대 초반만 해도 스웨덴, 영국, 독일에 비해 가족에 대한 현금 지원이 상당히 낮았다. 이후 지속적인 증가로 2013년 0.8%를 기록하면서 이들 국가와의 격차는 상당히 줄어든다. 독일의 경우 1990년 이후 여성의 노동시장 참여를 제고하기 위한 아동 돌봄 서비스 제도의 확대에 따라 현금 지원이 낮아지기는 했지만 GDP 대비 1% 이상의 수준을 유지하고 있다. 스웨덴은 아동 돌봄서비스에 대한 정부 지출도 높고 가족에 대한 현금 지원 역시 높은 수준을 유지하고 있다. 영국은 아동 돌봄서비스에 대한 지출은 낮은 반면 가족에 대한 현금 지원은 1990년 1.4%에서 2013년 2.4%로 증가해 한부모 가구 문제와 그와 연결되어 있는 아동 빈곤의 문제에 대한 영국 정부의 역할을 엿볼 수 있다.

아동 연령별 각국 정부의 지출 자료를 보면 〈그림 8.7〉과 같다. 이 자료는

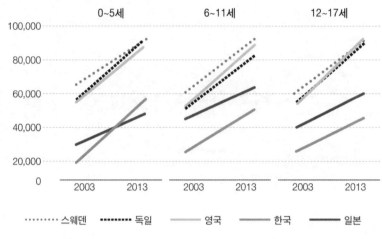

그림 8.7　연령대별 아동에 대한 공공지출(2003, 2013년, PPP per capita, 달러)

자료: OECD(2018a).

현금 지원, 보육 관련 지원, 교육 관련 지원을 포함하며 PPP per capita로 달러로 나타낸다. 한국은 모든 연령대에서 비교 대상 국가 중 가장 낮은 수준의 정부 지원을 보이고 있다. 다만 0~5세의 경우 저출산을 제고하기 위한 정부 노력의 결과 2000년대 후반에 일본보다 높은 수준으로 전환되었다. 독일과 영국은 모든 연령대에서 정부 지원을 확대하면서 스웨덴과 거의 동일한 수준으로 변했다.

　2000년대 중후반부터 아동 빈곤에 관한 연구는 한국 아동 빈곤의 심각성을 강조하고 있다. 김미숙과 배화옥(2007)은 2004년도 국민생활 실태조사 자료를 분석해 절대 아동 빈곤율은 8.9%, 상대 아동 빈곤율은 14.9%로 추정했다. 그리고 1명 이상의 아동이 속한 가구 가운데 조손 가정, 부자 가정, 저학력 맞벌이 가구가 극빈층에 속할 확률이 가장 높음을 보고해 이들 가정의 아동이 빈곤의 위험을 안고 있음을 시사했다. 류연규와 최현수(2003)는 도시 가계 조사를 분석해 가구주가 여성인 경우와 한부모 가구의 경우가 아동 빈곤

그림 8.8  성별에 따른 급여 종류별 수급자 수 비율(2000, 2011, 2017년, %)

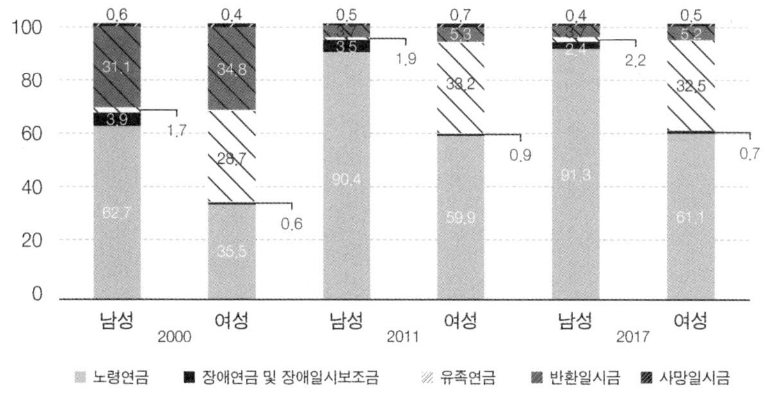

자료: 국민연금관리공단(2001, 2011, 2017).

율이 가장 높음을 보고한다. 이상은과 김희찬(2017)은 가계동향 조사를 분석한 결과 추가적인 아동 부양이 아동 빈곤율을 높이는 현상을 발견한다. 이와 더불어 최근 도입된 아동수당이 아동 빈곤에 미치는 영향에 대한 지속적인 연구가 필요하다.

데일리(Daly, 2011)가 제시한 가족화의 대표적인 제도적 특징은 사회보장제도 중 국민연금에서 의존자dependents에 대한 사회권을 포함한다. 한국의 국민연금제도는 유족연금을 포함하고 있는데, 1988년에 자기 자신의 연금권과 유족연금권이 동시에 발생했을 경우 하나만 선택해야 하는 제도로 형성되었다. 이러한 연금권의 설정은 남성 생계부양자 모델의 전형적인 경우임을 의미한다. 이후 개정과 함께 완화된 조건으로 개인연금권과 유족연금권이 동시에 발생했을 때 병급이 부분적으로 허용되었다. 이처럼 법 개정을 통해 국민연금제도의 변화가 있었으나 유족연금권은 남성은 생계부양자이고 여성은 의존자라는 젠더화된 성격을 반영한다고 볼 수 있다.

〈그림 8.8〉은 성별에 따른 급여 종류별 수급자 수의 비율의 변화를 보여

주고 있다. 2000년 남성 수급자의 62.7%, 여성의 35.5%가 노령연금 수급자였다. 2011년 여성 수급자 중 유족연금 수급자 비율은 33.2%였다. 2017년 여성 수급자 가운데 노령연금 수급자는 2011년 59.9%에서 소폭 상승해 61.1%였고 유족연금 수혜자는 32.5%였다.

## 5. 한국 복지국가의 탈가족화와 가족화의 과제

우리는 얼마나 개인의 경제적 독립성을 위해 한국 복지국가에 기대를 걸 수 있을까? 이 장에서는 상품화와 탈상품화를 통한 탈가족화와 가족화 개념을 중심으로 관련 정책의 결과와 논의를 간략하게 살펴보았다. OECD 가족 데이터 자료에 따르면, 2015년 한국의 0~2세 아동의 보육서비스 이용률은 52.5%로, 스웨덴의 46.4%보다 높았다. 그러나 한국 엄마들 대부분은 유급노동자로서의 삶을 살고 있지 않다. 청년에게 적극적 노동시장정책은 긍정적인 효과가 있다는 연구 결과가 있으나 1990년대 말 경제위기 이후 정부는 적극적 노동시장정책을 적극적으로 발전시키지 않았다. 사회보장제도인 국민연금은 개인의 노동시장에서의 삶을 충분히 반영하고 재분배 효과를 나타낼 수 있음에도 불구하고 노인의 경제적 독립성과 관련해서 얼마만큼의 역할을 담당해왔는지 의문이다. 그리고 가족의 중요성은 강조되면서 가족에 대한 현금 지원은 매우 미미한 수준이었다.

지난 20여 년 동안 이루어진 노동시장구조의 변화는 오늘의 상품화를 통한 경제적 독립성과 내일의 탈상품화를 통한 경제적 독립성 확보에 대한 기대를 어렵게 만들고 있다. 김유선(2018)의 경제활동인구조사 부가조사 분석에 따르면, 2017년 8월 기준 비정규직 근로자 평균 임금은 156만 원으로, 정규직 근로자 평균 임금 306만 원의 절반 수준이다. 김유선(2003)은 한국에서 비정규직 증가의 원인은 행위 주체에 있다고 주장한다. 정부의 노동시장 유연화 정책, 기업의 인사관리 전략 변화, 노조조직률 하락이 증가의 원인이라고 역설한다. 이승윤 등(2017)은 여성과 관련된 노동시장정책과 가족정책이 남성 생계부양자 모델을 변화시킬 수 없었기 때문에 여성을 외부자로 잔존시키는 결과를 낳았다고 주장한다.

주목할 점은 여성의 돌봄자 역할의 유지되고(An, 2017), 고령층 여성의 노동시장 참여율 증가가 비정규직으로서 증가했다는 것(김유선, 2018)뿐만 아니라 기혼 남성의 비정규직 비율이 나타내듯이 남성의 생계부양자 역할도 와해되었다는 것이다. 가족주의에 기반한 경제적 의존 관계가 더 이상 작동하지 않는 상황에서 한국 복지국가의 역할은 그동안의 발전에도 불구하고 우리가 믿을 만한 무엇이 되고 있는지 의문이다.

가족은 사회경제적인 제도다. 암묵적으로 가족에 의한 보이지 않는 손이 작동해 개인 생애사 전반의 경제적 독립성이 확보될 것이라는 기대를 이제는 접어야 한다. 가족이 있기 때문에 괜찮다 혹은 괜찮을 것이라는 관점과 가정 자체에 변화가 이루어져야 한다. 개인 스스로가 개인의 생애 전반에 걸친 경제적 독립성을 확보하는 책임을 져야 한다고 주장하기에는 한국의 노동시장이 녹록지 않다. 결국은 국가가 대안이 되기를 바란다. 개인적 독립성을 위해 상품화와 탈상품화를 통한 탈가족화의 발전이 요청되는 이유다. 가족이라는 사회 기본 구성 단위의 역할을 발전시키기 위해 가족화 역시 강화되어야 한다. 작은 복지국가(Yang, 2017)의 대안은 여기에 있을 수 있다.

최근 한국 복지국가의 나아갈 방향에 대해 기본소득, 사회투자, 혁신 등의 핵심어가 학계와 정계에서 나타나면서 한국 복지국가의 발전 방향에 대한 논의의 활성화를 목도한다. 중요한 것은 한국인 모두는 연령과 성별에 상관없이 경제활동과 사회보장으로 경제적 독립성을 확보할 수 있어야 한다는 것이다. 개인의 '경제적 독립성'이 사회정책의 담론과 정책 변화에서 주요 키워드가 되어야 한다. 노동시장 참여를 촉진하면서 오늘날까지 발전시킨 사회보장제도의 혁신적인 변화를 통해 오늘의 근로가 내일(노후)의 경제 안녕으로 이어지는 것이 한국인의 삶의 방식이 되기를 희망한다. 한국인은 경제적으로 독립된 개인이 되어야 하고, 가족은 독립적인 주체들로 구성된 사회의 근간이 되어야 한다.

# 제 9 장

# 독일 보육정책과 양육휴가정책의 성격:
## 남성 생계부양자 모델 혹은 이인소득자 모델?

이 미 화

## 1. 서론

1990년대 이후 유럽 국가들에서는 남성 생계부양자 모델의 의미가 상실하면서 이인소득자 모델로 사회정책의 패러다임 변화가 시작되었다. 독일도 최근까지 점차 변화해 이인소득자 모델을 지향하며 발전하는 과정에 있다 (Lewis, 1992; Lewis & Ostner, 1994; Lewis, 2003, 2004). 다시 말해, 전형적인 강한 남성 생계부양자 모델로 분류되던 독일은 1990년대 이후 이전 시기보다 불안정한 노동과 실업이 더욱 증가하고 가족형태가 변하고 다양화되었다. 이러한 노동시장 및 가족구조의 변화로 인해 여성의 노동시장 참여에 대한 욕구와 필요성이 증가했다. 이에 따라 전형적인 강한 남성 생계부양자 모델로 분류되던 독일에서 이인소득자 모델로의 사회정책 패러다임 변화와 이에 기반한 정책들의 지속적인 변화가 서서히 일어나고 있다. 이와 관련된 대표적인 정책은 보육정책과 양육휴가정책이다. 따라서 본 연구의 목적은 젠더 레짐 모델의 관점에서 1990년대부터 최근까지 독일의 양육휴가정책과 보육정책의 지향성이 어떻게 변해왔는지를 밝히는 것이다.

그렇다면 왜 이러한 연구가 이루어질 필요가 있는가? 우선 독일의 경험은 출산과 자녀 양육으로 인한 한국 여성의 노동시장에서의 경력 단절과 불안정한 고용 문제를 해결하는 데 정책적인 시사점을 줄 것이다. 1990년대 유럽의 변화처럼 한국에서도 1997년 말 이후 급격히 증가한 실업률과 비정규직 근로 때문에 노동시장의 구조가 변했다. 이와 더불어 혼인율의 감소와 이혼율의 증가로 인해 한부모 가정도 점차 증가했다. 이러한 노동시장 및 가족 구조 변화는 빈곤가족의 증가를 초래했다. 그리고 이에 따라 여성의 노동시장 참여의 중요성과 필요성이 점점 증가했다. 이에 대해 새롭게 집권한 문재인 정부는 과거 정부들과 비교해서 특히 자녀를 가진 여성의 경제활동 증진을 위한 정책을 적극적으로 실시할 것을 선언했다. 이 목표를 달성하기 위해 관련된 사회정책으로 산전후휴가정책, 육아휴가정책, 보육정책 등이 도입되거나 개혁되었다. 이후 최근까지 자녀를 가진 여성의 경력 단절 문제 해소와 노동시장 참여를 지원하기 위한 정책들이 지속적으로 확대되거나 개혁되었으나 일부 소수를 제외하고 여성들 대부분은 자녀 출산과 양육으로 인해 경력 단절, 재취업의 어려움, 불안정한 고용 문제를 겪고 있다.

이러한 일과 가족의 양립에 어려움을 겪고 있는 한국 여성의 문제를 해결하기 위해 서구 복지 선진국가의 사회정책 사례를 검토해보는 일이 필요하다. 특히 독일과 한국은 강한 남성 생계부양자 모델에 속하는 국가라는 유사성이 있기 때문에 최근 독일의 변화를 분석하는 작업은 더욱 필요하다(이미화, 2012, 2014; Lewis, 1992; Lewis & Ostner, 1994). 무엇보다도 독일 사례를 분석해야 할 필요성은 사회정책의 패러다임 변화의 기반 위에서 개혁된 독일의 양육휴가정책과 보육정책이 자녀가 있는 여성의 노동시장 참여에 미치는 긍정성에 있다. 구체적으로 독일의 보육정책은 보육시간이 반일제에서 종일제로, 그리고 국립보육시설의 확대 가운데 특히 3세 미만의 아동을 위한 보육시설 확대로 점차 변하고 있다. 개혁된 육아휴가정책은 직장 복귀 보장, 정책 지원 대상 확대, 휴가 기간 단축과 탄력적인 사용 보장, 휴가 기간 내 시간제 근로 기회 확장, 재정 지원 확대로 변하고 있다. 그 결과로 여성의, 특히 어린 자녀가 있는 여성의 경제활동참가율이 증가하고 있고 노동시장에서의 경력 단절 문제도 완화되는 추세다. 즉, 독일 여성의 경력 단절 문제는 순차적인 일·가족 양립 모델에서 동시적인 일·가족 양립 형태로 해결되는 과정에 있다 (Dingeldey, 2003). 따라서 남성 생계부양자 모델에서 이인소득자 모델로 정책의 패러다임의 변화 과정에 관한 독일의 사례를 통해 어린 자녀가 있는 여성의 경제활동참가율의 증가와 경력 단절 문제의 해소를 이끄는 정책요소들이 무엇인지 파악하는 것이 중요하다.

따라서 이 장에서는 정책 지원 수준과 자녀가 있는 여성들의 노동시장 참여를 기준으로 1990년 이후 최근까지 각각의 연구 시기마다 독일의 개혁된 보육·양육휴가정책의 변화와 결과의 성격이 남성 생계부양자 모델을 유지하는지 혹은 이인소득자 모델을 지향하는지를 분석하고자 한다.

다른 한국 학자들 역시 독일의 변화 과정에 관심을 가지면서 독일의 가족정책에 대한 연구를 수행했다(이진숙, 2006, 2008; 임종헌·한형서, 2011; 정재훈·박은정, 2012; 한경헌·어윤덕, 2011). 우선, 정재훈과 박은정(2012)의 연구에 의하면, 최근의 독일 가족정책의 변화는 명백한 가족중심주의에서 선택적 가족중심주의로의 변화 가능성을 보여준다. 이진숙(2006, 2008)은 최근까지 독일에서 이루어진 가족정책의 변화와 정책의 결과를 분석했는데, 양육휴가정책 요소 가운데 낮은 수준의 양육휴가수당이 성별 분업을 유지하고, 보육정책의 공보육 지원의 부족이 순차적인 일·가족 양립은 가능하게 하나 동시적인 양립은 불가능하게 한다고 언급했다. 그는 이 연구를 통해 성별 분업을 강화하고 남성 생계부양자 모델을 유지하는 정책의 중요한 요소들을 제시했다고 볼 수 있다. 그러나 그는 연구에서 2000년대의 독일 가족정책을 다루었음에도 불구하고 이 시기에 남성 생계부양자 모델에서 이인소득자 모델로의 독일 가족정책의 기조 변화와 이에 따른 중요한 정책 변화 및 그 결과를 고려하지 않았다. 특히 이 시기에는 어떤 정책요소가 변화했거나 도입되었는지를 그리고 그 결과가 정책의 성격을 어떻게 변화시켰는지를 분석하는 것이 더 적절하다고 본다.

따라서 독일 가족정책 성격의 전환을 이끈 핵심적인 정책요소들 가운데 '양육휴가정책'에서는 직장 복귀와 출산 전 근로시간(종일제)으로의 복귀가 보장되는 근무시간 단축과 시간제 근로시간 확대, 임금 대체 수준으로의 부모시간수당과 배우자 달Partnermonate 제도 등, '보육정책'에서는 3세 미만 유아의 공공보육시설과 종일제 보육 확대 등의 정책적 요소에 기반해 이루어진 남성 생계부양자 모델(순차적인 일·가족 양립)에서 이인소득자 모델(동시적인 일·가족 양립)로의 가족정책 변화·발전 과정에 대한 연구가 이루어질 필요가 있다.

따라서 이 장에서는 선행연구들과는 차별적으로 1990년대부터 최근까지의 독일의 보육·양육휴가정책의 변화와 그 변화의 함의를 밝히기 위해 남성 생계부양자 모델과 이인소득자 모델에 기반한 유럽 복지국가의 가족정책 사례를 통해 이론적 분석요소와 분석틀을 도출하고자 한다. 이를 기반으로 각 연구 시기에서 보육·양육휴가정책의 핵심적인 요소들의 변화와 그 결과의 의미를 분석하고, 두 정책의 연동과 정책의 성격 변화 사이의 관련성에 대해서도 언급한다. 그리고 종합적으로 미래 지향적인 정책 방향을 제시하며 논의를 마무리한다.


## 2. 이론적 논의와 분석틀

에스핑앤더슨(Esping-Andersen, 1990)의 복지국가체제 유형화를 기반으로 이 체제의 성격에 대한 논쟁이 이루어졌다. 그의 유형화는 많은 관심을 받았는데,

이에 대한 페미니스트 연구들(Lewis, 1992; Orloff, 1993; Sainsbury, 1994)의 비판 속에서 젠더 레짐이 등장했다. 페미니스트 연구자들은 다양한 젠더 레짐의 유형화를 통해 젠더 복지국가체제와 정책의 성격을 논했다(Lewis, 1992, 2001, 2003, 2004; Lewis & Ostner, 1994; Sainsbury, 1994, 1996, 1999; Pfau-Effinger, 1999). 이 장에서는 이들 연구 가운데 한 사회의 성별 분업 인식, 사회정책, 자녀가 있는 여성의 노동시장 참여 사이의 관련성을 중심으로 분석한 루이스(Lewis, 1992, 1994, 2001, 2003, 2004)의 연구를 기반으로 새로운 이론적 분석틀과 테제를 도출해본다.

이 장은 남성 생계부양자 모델과 이인소득자 모델 등의 젠더 레짐 모델, 사회정책, 자녀가 있는 여성의 노동시장 참여 사이의 관련성을 다룬다. 다수의 학자들이 사회정책, 정책에 내포된 젠더 가치관, 여성의 노동시장 참여 사이의 관련성을 유기적이고도 체계적으로 다루었다(Lewis, 1992, 2001, 2003, 2004; Lewis & Ostner, 1994; Pfau-Effinger, 1998). 이들의 연구 결과를 통해 우선 사회정책이 여성의 노동시장 참여에 미치는 영향은 각각의 젠더 레짐뿐만 아니라 동일한 젠더 레짐 안에서도 국가마다 다르다는 것을 알 수 있다(Lewis, 1992; Lewis & Ostner, 1994). 여성의 노동시장 참여의 차이는 정책 지원 수준과 정책에 내포된 남성 생계부양자 모델 혹은 이인소득자 모델 등의 젠더 가치관과 관련이 있다. 이러한 관련성은 다음과 같이 정리될 수 있다. 여성의 노동시장 참여를 위한 정책이 보편적으로, 충분하게, 성 평등적으로 그리고 국가에 의해 지원될수록 해당 정책은 노동자로서 여성의 역할을 지향하고 좀 더 지속적이고 안정적인 여성의 노동시장 참여의 결과를 이끈다(이미화, 2012, 2014, 2015).

남성 생계부양자 모델은 노동시장과 가족의 구조 변화로 인해 의미가 쇠퇴하기 이전까지 서구 사회에서 남성과 여성이 공존하는 삶에 지배적인 영향을 끼쳤다. 남성 생계부양자 모델은 기혼 여성이 노동시장에서 배제되고 파생 수급자로서 남성에 의존해 사회보장을 획득하고 가정에서 돌봄 노동을 책임지는 반면에 남성은 공적 영역에서 생계부양자로 전일제 근로를 하는,

공적·사적 영역에서의 남녀의 역할 분담을 전제한다. 서유럽 국가들은 어머니 및 아내 혹은 노동자로서의 여성 역할의 정도에 따라 강한(영국, 독일), 변형된(프랑스) 그리고 약한(스웨덴) 남성 생계부양자 모델로 분류될 수 있다(Lewis, 1992; Lewis & Ostner, 1994).

남성 생계부양자 모델의 강약은 보육·육아휴직정책의 지원 수준과 이런 정책들이 여성의 노동시장에 미치는 영향 혹은 노동시장 내 기혼 여성의 지위 등과 관련이 있다. 다시 말해, 산전후휴가·육아휴직정책에 내포된 여성의 역할 정도, 즉 남성 생계부양자 모델의 강약은 정책 지원 수준과 정책이 여성의 노동시장 참여에 미치는 영향과 관련이 있는데, 이 상호 밀접한 관련성은 다음과 같다(이미화, 2014). 즉, 산전후휴가·육아휴직정책이 성 평등적이고, 보편적이고, 충분하게 그리고 국가에 의해 지원될수록 이 정책들은 노동자로서의 여성의 역할을 지향하고, 지속적·안정적·성 평등적인 여성의 노동시장 참여를 이끈다고 볼 수 있다. 이를테면 여성의 역할을 어머니 또는 아내로 규정하는 강한 남성 생계부양자 모델에 기반한 보육·육아휴직정책 지원은 선별적인 대상을 중심으로 급여 수준은 불충분하게, 복지 제공 주체는 민간 의존적인 경향을 보인다. 그리고 이러한 정책 지원이 여성의 노동시장에 미치는 영향은 시간제 근로나 비지속적인 노동의 형태 그리고 순차적인 일·가족 양립을 허용하는 등 사적과 공적 역할 책임을 뚜렷하게 구분하는 것이다(Lewis & Ostner, 1994).

각 정책의 지원 수준을 분석하기 위한 핵심적인 요소는 다음과 같다(이미화, 2014). 루이스와 올로프의 연구를 통해 보육정책의 중요한 분석 요소로서 국공립 종일 보육서비스 제공 정도와 정책 지원 대상, 가정을 위한 재정 지원 수준 등의 정책요소가 도출되었다. 다수의 학자들의 연구(Lewis & Ostner, 1994; Orloff, 2002; Gornick & Meyers, 2003; Daune-Richard, 2005; Kreimer & Schiffbaenker, 2005)를 통해 산전후휴가정책과 육아휴직정책의 지원 수준을 파악하기 위한 핵심적인 지표는 가정에서 부모의 돌봄 노동에 대한 재정적인 보상 수준, 직장 복귀 보장, 돌봄 노동의 분배, 휴가 기간, 휴가 기간 내 근무시간 단축 등임을 알 수 있다.

한편, 서구 사회는 특히 1990년대 이후 노동시장구조와 가족구조의 변화로 인해 남성 생계부양자 모델의 의미가 점차 쇠퇴했다. 따라서 서유럽 국가들은 남성 생계부양자 모델Male Breadwinner Model에서 이인소득자 모델Dual Earner Model로 사회정책의 젠더적인 가치관을 새롭게 정립하며 이행하고 있다. 이인소득자 모델 혹은 성인노동자 모델Adult Worker Model은 일할 능력이 있는 모든 성인의 유급노동에서의 노동자로서의 역할 수행을 전제한다. 즉, 이인소득자 모델은 가정에서 어머니 또는 아내로서 역할 수행을 했던 여성들의 노동시장 참여를 위한 정책 지원을 통해 한 가정에 두 명의 성인, 즉 남녀가 동시에 경제활동을 하는 것을 의미하는 동시에 자녀 출산과 양육으로 인한 경력 단절 없는 여성의 지속적인 고용, 즉 동시적인 일·가족 양립을 의미한다.

그러나 이를 위해 새로운 젠더 가치관을 지향하는 복지국가의 정치가 어느 정도로 정책에 여성들이 원하는 바를 반영하며 어떤 대상을 지원하는지, 어떻게 여성의 노동시장 참여를 지원하는지, 어떤 방법과 수준으로 동시적인 일·가족 양립을 지원하는지에 따라 성별 분업과 여성의 노동 참여의 변화는 다양하다(Lewis, 2003). 이를테면 루이스(Lewis, 2001, 2003)는 남성 생계부양자 모델이 약화되는 과정에서 1990년대 이후 남성과 여성의 고용형태와 보육형태를 기준으로 남성 생계부양자 모델에서 이인소득자 모델로의 다양한 변화 가능성을 제시했다. 제시된 변화 형태는 생계부양자 모델, 이인소득자 모델 I, 이인소득자 모델 II, 이인소득자 모델 III, 이인경력자 모델 그리고 한부모 소득자 모델로 나뉜다. 이 분류형태 가운데 이인소득자 모델은 남성의 종일제 근로와 여성의 짧거나(I) 긴 시간제 근로(II) 혹은 양성의 시간제 근로(III)와 관련된다. 그리고 이인경력자 모델은 양성의 종일제 근로를 의미한다. 그러나 대부분의 유럽 국가에서 사회정책이 이인소득자 모델의 형태 가운데 1.5 소득자 모델Eineinhalb Verdiener Modell을 기반으로 실행되고 있다(Lewis, 2004). 즉, 남성은 전일제 근로를 하고 여성은 짧거나 긴 시간제 근로를 하는 형태를 의미한다.

동시에 루이스(Lewis, 2003)는 질 좋은 돌봄서비스가 지원되어 해결되지 않는 한 개인의 경제적 자립과 이와 연결된 충분한 사회보장은 기대할 수 없다고 주장했다. 루이스(Lewis, 2001, 2003, 2004)의 연구들에서 노동 지원 대상, 고용 지원의 수준과 방법, 일·가정 양립의 정책 그리고 사회보장을 중심으로 영국, 네덜란드, 스웨덴, 미국 등 복지국가에서 여성의 노동시장 참여를 위한 정책 지원의 사례를 통해 서로 다른 지원형태의 수준과 그 결과를 알 수 있다.

이를 통해 남성 생계부양자 모델에서 이인소득자 모델로의 이행 과정에서 모든 성인에게 노동시장 참여의 기회를 동등하게 부여하고 경제적 자립과 지속적·안정적인 노동시장 참여를 이끌기 위해서는 스웨덴을 포함한 북유럽 국가처럼 모든 정책 지원이 일괄적으로 이인소득자 모델에 기반해서 연계되어 국가에 의해 보편적으로, 충분하게 그리고 성 평등적으로 이루어져야 함을 알 수 있다(이미화, 2015).

또한, 여성의 좀 더 나은 노동시장 참여를 지원하기 위해서는 여러 분야의 사회정책의 연계가 필수적이다(Dingeldey & Reuter, 2003b). 그러나 루이스에 의하면 이인소득자 모델은 자주 다른 사회정책의 정책 지원 조건 사이에서 불일치와 모순에 빠진다. 즉, 여러 분야 정책들의 연계에서 각 정책에 내포된 정책 기조가 서로 일치하지 않을 때 여성의 노동시장 참여에 긍정적이지 않은 결과를 초래한다는 것이다. 예를 들면 영국의 근로가족세금공제Working Families Tax Credit라는 조세제도는 이인소득자 모델에 기반해 노동을 유인하고 촉진하는 목표를 가지고 있는데, 세금 감면Steuervergünstigungen은 여전히 남성 생계부양자 모델에 기반해 가족의 소득에 따라 달라지기 때문에 여성의 저임

표 9.1 이론적 분석틀

|  | 남성 생계부양자 모델 | 이인소득자 모델 |
|---|---|---|
| 보육정책과 양육휴가정책의 지원 수준 | ·지원을 하지 않거나 지원 수준이 낮음<br>·순차적인 일·가족 양립 형태<br>·경력 단절, 비지속적 고용 | ·지원을 하지만 지원 수준이나 방법이 다름<br>·동시적인 일·가족 양립 형태이지만 지원 수준에 따라 여성의 노동시장 참여에 차이가 있음<br>·경력 단절 없이 지속적인 고용 |
| 정책 간의 연계 | 보육정책과 육아휴직정책의 연계가 남성 생계부양자 모델로 혹은 각기 다른 모델로 이루어지는 것보다 이인소득자 모델로 동일하게 연계될수록 동시적인 일·가족 양립 지원, 그러나 정책 지원 수준에 따라 여성의 노동시장 참여 형태가 다름 | |

금 일자리에서의 고용 혹은 여성의 근로시간 감소를 유인한다고 한다. 이는 근로가족세금공제는 이인소득자 모델에, 세금 감면은 남성 생계부양자 모델에 기반해 설계되면서 발생한 두 제도의 모순과 이중성에서 비롯한 충돌에 기인한 것이다.

반면에 1970년대에 자녀가 있는 여성의 노동시장 참여를 지원하기 위해 스웨덴은 1974년에 공보육서비스 확대를 내용으로 하는 '육아학교법Pre-School Act' 제정과 더불어 공보육과 연계되는 프로그램이자 보완 프로그램으로서 부모휴가제도가 도입되었다. 이후 법과 제도의 상호 연계를 통한 지속적인 발전은 여성의 경력 단절 문제를 해소하고 지속적·안정적인 여성의 높은 노동시장 참여를 이끌었다. 이는 법과 제도가 일관적으로 동일하게 이인소득자 모델에 기반되어 설계되고 실행되었기 때문이다. 이뿐만 아니라 이 정책들이 보편적으로, 충분하게, 성 평등적으로 그리고 국가에 의해 지원되었기 때문이다. 이를 통해 여러 사회정책의 연계가 어떻게 실행되느냐에 따라 여성 노동시장 참여의 결과가 달라진다는 것을 알 수 있다.

이론적 논의를 기반으로 한 이론적 분석틀은 다음과 같다. 보육정책과 육아휴직정책이 강한 남성 생계부양자 모델을 지향한다는 것은 자녀의 출산과 양육으로 인해 여성의 지속적인 고용이 어려워지는 상황에서 국가가 정책 지원을 하지 않거나 일·가족 양립을 지원하더라도 수준이 낮음을 의미한다. 그리고 그 결과로 여성의 노동시장 참여에서는 경력 단절 및 비지속적인 고용이 나타나고, 이는 순차적인 일·가족 양립 형태와 관련이 있음을 의미한다. 반면에 이 두 정책이 동시적인 일·가족 양립을 지원한다는 것은 자녀 출산과 양육으로 인한 경력 단절 없이 지속적인 고용을 지원한다는 의미로, 이는 가정에서 여성이 담당했던 무보수 노동을 보육정책 및 육아휴직정책 등으로 지원하는 이인소득자 모델과 관련이 있다.

그러나 이 정책들이 여성의 노동시장 참여를 추구하며 지원하더라도 정책 지원의 수준이나 방법에서 차이가 있다. 즉, 정책 지원이 모든 성인을 시민노동자로 인식하고 국가에 의해, 충분하게, 보편적으로 그리고 성 평등적으로 지원할수록 지속적·안정적·성 평등적인 노동 참여를 이끈다고 할 수 있다. 이뿐만 아니라 여러 정치 분야의 정책들이 서로 다른 정책 기조에 기반되어 연계될 때 모순과 불일치에 빠져 여성의 노동시장 참여에 긍정적인 영향을 끼칠 수 없다. 따라서 보육정책과 육아휴직정책이 일관되고 통일성이 있는 연계, 다시 말해 각각의 정책들이 이인소득자 모델로 기반되어 설계되고 연계될 때 동시적인 일·가족 양립을 지원할 수 있다. 그러나 루이스가 언급한 것처럼 정책 지원 수준에 따라 동시적인 일과 가족의 양립의 형태(이인소득자 모델 및 이인경력자 모델의 형태)는 다르다고 할 수 있다.


## 3. 정책 분석

강한 남성 생계부양자 모델로 분류되던 독일은 특히 1990년대 이후 노동시장구조와 가족구조의 변화에 따라 최근까지 점차 변화해 이인소득자 모델로 사회정책의 기조를 새롭게 정립하며 이행하고 있다. 따라서 이 장에서는 1990년대부터 최근까지, 즉 1992~2000년, 2001~2006년, 2007년 이후의 시기로 구분해 정책을 살펴본다. 이러한 시기 구분의 이유는 각 시기마다 정책의 성격에 영향을 미칠 수 있는 실제적인 정책의 변화와 자녀가 있는 여성의 노동시장 참여에서 변화가 있었기 때문이다. 이를 기반으로 해서 어떤 정책 요소가 자녀가 있는 여성의 노동시장 참여와 정책 기조의 변화에 긍정적인 영향을 미치는지에 관해 시사점을 얻을 수 있다.

### 1) 1992~2000년의 보육정책과 양육휴가정책의 변화와 함의

#### (1) 1996년 보육정책

독일의 가족정책은 전통적으로 보충성의 원칙 아래에 있었다. 그리고 지원방식은 서비스급여보다는 현금급여가 지배적이었다. 따라서 아동 및 노인 돌봄에 대한 국가적인 사회서비스 제공은 충분하지 않았다(Kaufmann, 2002). 그뿐만 아니라 아동 양육은 가족에게 일차적인 책임이 있다고 간주되어 보육시설과 유치원, 학교가 반일제로 운영되었다(Gottschall & Hagemann, 2002).

벡커(Becker, 1999)의 연구에 의하면, 1994년 구서독에서 3~6세 미만의 아동의 유치원 이용률은 85.2%에 이르렀으나 종일제 이용률은 14% 정도밖에 되지 않았다. 이 연령대의 유치원 이용률은 이미 이전 시기인 1970~1980년 사이에 큰 폭으로 증가했고, 1986~1994년까지 유치원 이용률 변화의 폭은 79%에서 85.2%로 크지 않았다. 그뿐만 아니라 1994년 유치원 시설의 83%가 반일제였다. 이에 비해 1994년 3세 미만 유아의 공공보육시설 이용률은 2.2%였고 종일제 이용률은 1.7%로 매우 낮은 수준이었다.

이러한 상황을 개선하기 위해 1996년부터 만 3세부터 취학 전까지의 모든 아동에게 반일제를 기반으로 한 유치원 교육을 요구할 수 있는 법적 권리가

표 9.2 독일의 보육 현황(1991~2004년, %)

| | 0~3세 | 3~8세 | 3~4세 | 4~5세 | 5~6세 | 6~8세 |
|---|---|---|---|---|---|---|
| 1991 | 14.5 | 73.7 | 46.6 | 75.1 | 89.8 | 88.7 |
| 1995 | 7.7 | 69.9 | 36.3 | 64.8 | 92.8 | 91.6 |
| 1996 | 7.5 | 71.8 | 40.2 | 74.1 | 86.1 | 87.0 |
| 1997 | 7.3 | 75.2 | 45.7 | 78.1 | 87.8 | 88.7 |
| 1999 | 8.5 | 78.9 | 54.3 | 83.5 | 90.7 | 89.3 |
| 2001 | 9.5 | 80.6 | 57.8 | 85.6 | 91.7 | 90.2 |
| 2003 | 10.4 | 80.0 | 58.9 | 83.8 | 89.8 | 89.2 |
| 2004 | 11.0 | 80.1 | 61.2 | 83.6 | 89.6 | 88.1 |

자료: StBAa(1998, 1999, 2006) 재구성.

보장되었다. 그러나 이러한 정책 설계는 여전히 3세 미만 유아의 돌봄에 관해서는 가정에서 온종일 양육하는 어머니를 전제한다고 할 수 있다.

실제로 시행 결과를 〈표 9.2〉에서 살펴보면 1990년 독일 통일 이후 1996년 이전까지 아동의 시설 보육률이, 특히 3세 미만 유아의 시설 보육률이 상당히 부족했고 구동독 지역의 보육시설이 축소됨으로써 점차 더 감소했다. 그러나 1996년 법 시행 이후 3세 미만의 아동 시설 보육률이 소폭 증가했으나 여전히 상당히 낮은 수준을 보였다. 그러나 만 3세 및 4세 아동의 보육률은 만 3세부터 취학 전까지의 모든 아동에게 유치원 교육을 요구할 수 있는 법적 권리를 보장한다는 법 개정의 목표에는 이르지 못했으나 상대적으로 큰 폭으로 증가했다. 만 3세 이상 아동의 반일제 중심으로 확대된 보육률은 1990년대 후반 짧은 시간제 근로를 기반으로 한 여성의 노동 참여 증가와 관련이 있다고 할 수 있다.

한편 지역별 보육 현황을 〈표 9.3〉에서 보면 구서독에 비해 구동독의 경우에는 이전보다 더 급격하게 모든 연령대의 보육시설 이용률이 감소하는 등의 심각한 지역 차이를 드러냈다(Engstlern & Menning, 2003). 그러나 구서독의 경우 3세 미만과 만 3세부터 취학 전까지 아동의 보육시설 이용률이 소폭의

표 9.3 구서독과 구동독 지역 아동의 시설 보육률(1986~2000년, %)

| 시설 보육률 | 구서독 | | | 구동독 | | |
|---|---|---|---|---|---|---|
| | 1988 | 1994 | 2000 | 1989 | 1994 | 2000 |
| 3세 미만 | 1.6 | 2.2 | 3.6 | 56.4 | 41.3 | 14.4 |
| 3~6세 | 69.3 | 73.0 | 77.2 | 112.0 | 96.2 | 85.4 |
| 6~12세 | 3.0 | 3.5 | 2.9 | 60.6 | 22.6 | 15.8 |
| 종일제 | 1990 | 1995 | 1999 | 1990 | 1995 | 1999 |
| 3세 미만 | 2 | 1 | 1 | 52 | 14 | 15 |
| 4~6세 | 21 | 15 | 20 | 80 | 60 | 56 |
| 7~11세 | 2 | 3 | 5 | 35 | 27 | 24 |

자료: Dingeldey(2006).

상승세를 보였으나 종일제 보육시설의 이용률은 변함없이 부족했다. 재정 상황이 좋지 않았던 지방정부들은 이러한 보육시설의 확충을 수용 인원의 초과와 종일제 보육시설의 감축을 통해 실현했다(Dingeldey, 2006). 또한 마이어 (Meyer, 1996)에 의하면, 이 정책 변화는 정책 지원 대상에 속하는 상당한 아동 에게 지원이 늦어지는 결과를 초래했고, 이는 3년 양육휴가가 끝난 다음에 곧바로 제도적인 아동 보육으로의 전환이 보장되지 않는다는 것을 의미한 다. 따라서 1996년에 개혁된 보육정책은 여성의 역할을 어머니로 규정하는 남성 생계부양자 모델과 여성 부가적인 소득자 모델에 기반하고 있다고 볼 수 있다.

(2) 1992년 양육휴가정책

1950~1970년대 독일에서는 남성 생계부양자 모델의 영향 아래에서 기본 적인 모성보호제도 외에는 어린 자녀가 있는 여성의 지속적인 노동시장 참 여 혹은 일과 가족의 양립을 지원하는 정책이 마련되지 않았다.[1] 1980년대에 도 기존의 정책 기조를 유지하는 기반에서 가정에서 어린 자녀를 돌보는 것 을 지원하는 양육휴가제도가 도입되었다. 1986년에 '연방양육수당법Bundeserziehungsgeldgesetz'이 제정되어 10개월간의 양육휴가와 600DM의 양육휴가수당이 도입되었고 남녀 모두 양육휴가의 적용 대상자로 확대되었다. 이후 지속적으로 법이 여러 번 개정되어 1990년 6월 30일까지는 급여 지급 및 휴가 기간이 15개월로 확대 시행되었다. 그리고 '연방양육수당법' 또한 양육휴가자의 이전 직장으로의 복귀 보장을 규정했다.

이전에 비해 1990년대 정책에서 나타나는 대표적인 차이점은 휴가 기간과 양육휴가수당 지급 기간이 확대된 것과 양육휴가 기간에 근무시간 단축이 도입된 것이다. 1990년 7월~1991년 12월까지는 양육휴가 기간 및 급여 기간이 18개월이었는데 법이 개정되면서 1992년부터 급여 기간은 그대로 유지되었으나 양육휴가 기간이 3년으로 대폭 확대되었다. 이후 1993년부터 2000년까지는 급여 기간이 24개월로 확대되었다. 양육휴가수당은 휴가사용자가 일하지 않거나 주당 19시간까지 시간제로 일하는 조건에서 지급되었다. 사회보험에 가입된 남녀 근로자가 지원 대상이었고 양육휴가는 부모 한쪽만이 사용할 수 있으며 세 번까지 부모가 번갈아가며 사용할 수 있도록 했다.

우선, 변화된 정책요소 가운데 양육휴가수당과 연동된 양육휴가 기간 내 19시간까지의 시간제 근로 자체는 일과 가족의 양립 가능성을 보여주나 이는 3세 미만의 보육서비스 제공 여부에 따라 달라질 수 있다. 19시간까지 시간제 근로 허용은 짧은 근로시간과 이와 관련된 낮은 임금 수준을 전제하는 것으로, 가구 총소득 대비 여성의 부가적인 소득의 결과를 가져올 가능성이

---

1  1952년에 '모성보호법(Mutterschutzgesetz)'을 제정해 여성 근로자의 출산 전후 6주씩 12주 동안 산전후휴가(Mutterschutz)와 산전후휴가급여(Mutterschaftsgeld)의 지급을 규정했고, 1979년에는 양육휴가의 근간이 된 모성휴가(Mutterschaftsurlaub)와 모성휴가급여(Mutterschaftsurlaubsgeld)가 도입되었다. 이와 더불어 이전 직장으로 복귀 보장이 규정되었고 일하는 어머니만 양육휴가를 사용할 권한이 있었다(Hermann, 1984).

높다고 할 수 있다. 또한 3년으로 길게 확대된 양육휴가 기간과 이전 직장으로의 복귀 보장은 동시적인 일·가정 양립이 아니라 '취업→자녀 양육→직장 복귀'라는 순차적인 일·가정 양립을 지원한다고 볼 수 있다. 그뿐만 아니라 낮은 수준의 양육휴가급여(600DM)로 여성이 양육휴가를 사용할 가능성이 높아 성별 분업의 유지 혹은 강화의 결과를 가져올 것이다. 따라서 1992년 법 개정 이후 변화된 양육휴가정책의 설계는 순차적인 일·가족의 양립을 지원하는 남성 생계부양자 모델과 여성의 부가적인 소득자 모델을 지향한다고 볼 수 있다.

이전의 모성휴가나 단기 양육휴가처럼 휴가 기간이 짧을수록 사용하는 휴가 기간이 짧고 직장 복귀 시점도 빠른 데 비해, 실제로 1992년 법 개정으로 양육휴가 기간이 3년으로 확대된 이후에는 양육휴가 사용률도 높아지고 여성들이 자녀 출산 후 노동을 완전히 중단하고 양육휴가를 더 오랫동안 사용했다(Gottschall & Bird, 2003). 1979년 법 제정에 의해 도입된 이전 직장으로의 복귀 보장 규정은 1992년 법 개정에 따라 법이 규정한 기간에 휴가를 사용하면 이전 직장으로의 복귀에 어려움이 없어 경력 단절 문제를 해결할 가능성이 높아졌다. 따라서 3년으로 장기화된 양육휴가 기간의 확대와 이전 직장 복귀 보장 등의 규정은 '여성의 취업→자녀 양육→직장 복귀(재취업)'의 순차적인 일·가족의 양립에 결정적으로 기여한 정책 변화 요소라고 평가할 수 있다.

또한 1990년대에도 임금 상승에도 불구하고 600DM이라는 낮은 수준의 양육휴가급여에는 변함이 없었다. 대체 임금소득이 되지 못하는 낮은 수준으로는 여전히 가정의 생계를 부양하기 위해 일반적으로 여성보다 소득이 높은 남성의 양육휴가 사용을 기대하기 어렵고 실제로도 대부분 여성들이 휴가를 사용해 전통적인 성별 분업이 유지되었다. 1995년 양육휴가를 사용한 사람들 가운데 98%는 여성이었고 남성은 1.8%만이 사용했다(Schneider & Rost, 1998; Vaskovics & Rost, 1999).

마지막으로 양육휴가급여를 받기 위해서는 양육휴가 기간에 일을 하지 않거나 주당 19시간까지의 짧은 시간제 근로를 해야 하나 실제로 양육휴가 기간에 짧은 시간제 근로를 한 사람은 적었다. 이는 시간제 근로 허용 사항이 제한적이고 탄력적이지 않게 설계되어 실제로 사업장에서 실시할 가능성이 높지 않기 때문이다. 더 밀접한 관련이 있는 요소는 부족한 보육시설과 반일제 중심의 남성 생계부양자 모델과 여성 부가적인 소득자 모델에 기반한 1996년에 시행된 개혁 보육정책이다. 무엇보다 3세 미만 유아를 위한 보육서비스 제공이 매우 부족하고 직장 복귀 보장과 3년이라는 긴 양육휴가는 여성이 양육휴가 기간에 짧은 시간제 근로를 하는 대신에 일을 중단하는 데 영향을 주었을 것이다.

반면에 1990년대 후반 3세 이상 아동의 반일제 중심 보육률의 대폭적인 증가는 여성의 짧은 시간제 근로 증가에 영향을 미쳤을 것이다. 〈표 9.4〉를 보면 1990년대 후반기에 여성의 노동시장 참여가 이전보다 미약하게나마 증가했다는 사실을 알 수 있다. 이러한 소폭의 증가는 짧은 시간제 근로 기반 위에서 확대되었음을 짐작할 수 있다. 엥스틀러(Engstler, 1997)의 연구에 의하면 6세 미만의 어린 자녀가 있는 여성의 주 20시간 이하의 시간제 근로 비율은 1972년 7.7%에서 1996년 18.6%로 확대되었다. 반면에 이들의 종일제 근로 비율은 18.2%에서 10.6%로, 사회보장이 의무적인 시간제 근로의 비율은 7.9%에서 5.8%로 감소되었다. 또한 연령별 여성의 경제활동참가율을 보면 1998년 이전까지 M 자 형태를 드러내고 있는데, 이는 경력 단절로 인한 여성의 비지속적인 고용 혹은 순차적인 일·가족의 양립을 의미한다(〈표 9.4〉).[2]

---

2   1998년부터는 독일의 연령별 경제활동참가율이 M 자 형태를 벗어났는데, 경제활동참가율은 실업률뿐만 아니라 양육휴가자도 포함되기 때문에 2001년의 개정된 부모시간제도 전까지 이렇게 M 자 형태를 벗어난 것은 실제로 근로에 기반한 어린 자녀가 있는 취업모의

표 9.4 연령별 여성의 경제활동참가율(1990~2016년, %)

|  | 1990 | 1993 | 1997 | 1998 | 2000 | 2005 | 2010 | 2012 | 2014 | 2016 |
|---|---|---|---|---|---|---|---|---|---|---|
| 15~65 | 58.5 | 62.3 | 63 | 63.0 | 57.7 | 59.5 | 66.0 | 67.8 | 69.3 | 70.6 |
| 15~20 | 37.3 | 33.9 | 28 | 27.4 | 25.7 | 22.7 | 24.3 | 23.5 | 23.6 | 24.4 |
| 20~25 | 75.7 | 72.8 | 68 | 68.0 | 62.6 | 57.4 | 61.8 | 62.2 | 62.7 | 62.8 |
| 25~30 | 71.6 | 75.8 | 76 | 75.3 | 70.1 | 65.2 | 72.3 | 74.1 | 74.8 | 75.4 |
| 30~35 | 66.9 | 73.6 | 75 | 76.0 | 70.5 | 66.4 | 72.6 | 75.5 | 75.9 | 75.8 |
| 35~40 | 68.0 | 75.4 | 76 | 77.0 | 71.8 | 71.2 | 74.8 | 76.5 | 77.4 | 77.4 |
| 40~45 | 69.5 | 77.8 | 79 | 79.6 | 74.5 | 75.1 | 79.6 | 81.0 | 80.8 | 82.0 |
| 45~50 | 66.7 | 74.0 | 77 | 78.1 | 73.1 | 74.8 | 79.6 | 81.4 | 82.1 | 84.3 |
| 50~55 | 57.8 | 67.6 | 70 | 70.1 | 64.6 | 69.7 | 76.0 | 77.8 | 79.6 | 80.9 |
| 55~60 | 43.8 | 42.7 | 55 | 55.9 | 46.8 | 55.3 | 65.0 | 69.2 | 72.4 | 74.4 |
| 60~65 | 12.5 | 9.9 | 12 | 12.2 | 12.2 | 20.7 | 32.9 | 38.5 | 46.0 | 50.6 |

자료: StBAa(1992, 1995, 1998, 2014, 2015, 2017) 재구성.

따라서 남성 생계부양자 모델과 여성 부가적인 소득자 모델을 지향하는 1996년부터 시행된 보육정책과 마찬가지로 이들 모델을 추구하는 양육휴가 정책의 연동으로 인해 양육휴가정책의 시행 결과는 전통적인 성별 분업을 유지하고 여성의 순차적인 일·가족 양립을 지원하는 남성 생계부양자 모델 및 여성 부가적인 소득자 모델의 성격을 보여준다고 평가할 수 있다.

동시적인 일·가족 양립이기보다는 직장 복귀 보장 같은 1990년대의 양육휴가정책의 성숙 (순차적인 일·가족 양립)에 의한 것이라고 여겨진다.

## 2) 2001~2006년의 보육정책과 양육휴가정책의 변화와 함의

### (1) 2005년 보육정책

충분하면서도 서비스의 질이 높은 보육시설은 일과 가족의 양립을 지원하기 위한 가장 중요한 요소들 중 하나다. 또한 보육서비스 제공은 자녀가 있는 여성의 경제활동 및 고용형태와 밀접한 관련이 있다. 그러나 2000년대 초에도 여전히 독일에서는 아동 양육과 돌봄의 역할을 여성에게 분배하는 가족의 노동 분업 모델이 우세했다. 특히 구서독에서 자녀가 있는 여성의 낮은 경제활동참여율이 이 지역의 부족한 보육서비스 제공과 밀접한 관련이 있다는 것은 널리 알려진 바다(Spiess & Buechel, 2002).

여성의 노동 참여 확대는 유럽 전역의 노동시장 및 사회정책의 중요한 목표이고 리스본의 유럽연합 정상회의에서도 목표로서 분명하게 결정되었다. 유럽집행위원회는 보육서비스 제공을 여성의 경제활동 참여 확대를 위한 전제조건으로 명확하게 언급했다. 2002년 바르셀로나의 유럽집행위원회는 모든 회원국은 2010년까지 3세 미만의 유아를 위한 보육시설 이용률을 33%까지 달성할 것을 요구했다.

그러나 이를 이미 달성한 구서독의 보육 상황은 이 목표와는 거리가 있었다. 다른 회원국들과 비교했을 때 독일 공공보육시설의 보육서비스 제공은 부족한 상황이었다. 특히 3세 미만의 보육서비스와 3~6세 미만 아동을 위한 종일제 보육서비스 제공이 낮은 수준이었다. 3세 미만 유아의 국공립 보육시설 이용률을 놓고 유럽 국가들과 비교했을 때 2002년 기준 독일 전체는 9%였고, 구동독의 보육시설 이용률은 37%로 아주 높은 편에 속했으나 구서독의 이용률은 3%로 매우 낮은 수준이었다. 당시 독일에서는 보육시설 외에 탁아모, 유료 도우미, 친척과 친구 등 다양한 아동 돌봄 형태가 있었는데 사회경제적 패널SOEP을 기반으로 한 조사에 의하면 독일에서 3세 미만의 유아의 7% 정도가 탁아모 혹은 유료 도우미에 의해서 양육되었다. 이 외에 친구와 친척에 의해 유아의 32%가 양육되었다(Spiess & Wrohlich, 2005).

따라서 독일 정부는 특히 3세 미만 아동을 위한 보육시설을 확대하고자 했다. 2004년 12월에는 '보육시설 확대를 위한 법Tagesbetreuungsausbaugesetz'이 제정되었고 2005년부터 시행되었다. 이 법은 수요에 적절히 대응하고 질 좋은 보육시설의 제공을 목적으로 한다. 이 법에 의하면 부모가 모두 일을 하거나 일을 하고자 하는 경우 혹은 아동의 행복을 위해 필요할 경우 지원이 필요하다는 것이다. 이를 위해 연방정부는 해마다 15억 유로의 예산을 책정했다. 이는 베를린을 포함한 구서독에서만 2011년까지 23만 개의 보육 자리를 새롭게 설립하고 운영비를 지원하기 위한 것이었다. 이에 대해 슈피스와 브롤리히(Spiess & Wrohlich, 2005)는 '23만 개의 보육 자리 확충 목표가 독일 가족의 필요에 상응하는가'라는 문제를 제기하면서 보육시설에 대한 수요, 공급 및 실현성을 기반으로 한 연구에서 부족하다고 평가를 내렸다. 이 연구에 의하면, 계획된 보육시설의 확충은 구서독과 베를린에만 한정되어 있으며 구동독에서도 보육시설이 매우 부족한 상황이고, 게다가 보육 자리 확충을 통해 여성의 노동시장 참여가 증가하면서 더 많은 부모들이 보육서비스를 필요로 할 것이기 때문에 독일 전체를 위해 12만 8천 개의 보육 자리가 더 확충되어야 한다는 것이다.

이미 정책 설계에서 비판적인 평가를 받은 보육시설 확대를 위한 2005년 법 시행 이후 결과를 〈표 9.5〉를 통해 보면, 3세 미만 유아의 시설 보육률은 2004년 11%에서 2006년 12.1%, 2007년 13.5%이고, 종일제 보육률은 2006년 5.9%, 2007년 6.5%로 다소 증가하는 경향을 보였지만 여전히 낮은 수준이다. 더욱이 변화된 보육정책이 3세 미만 유아의 보육 확대에 우선적으로 초점을 두고 있는 것에 비해 변화 정도가 미약했다.

반면 3~6세 미만 아동의 시설 보육률과 종일제 보육은 2005년 법 시행 이

표 9.5 　연도별 3세 미만 및 3~6세 미만 아동의 보육률(%)

| | 0~3세 미만 | | 3~6세 미만 | |
|---|---|---|---|---|
| | 보육률 | 종일제 | 보육률 | 종일제 |
| 2006 | 12.1 | 5.9 | 86.6 | 22.0 |
| 2007 | 13.5 | 6.5 | 88.7 | 24.2 |
| 2008 | 15.3 | 7.3 | 90.3 | 26.9 |
| 2009 | 17.4 | 8.7 | 91.2 | 29.7 |
| 2010 | 19.6 | 10.2 | 91.7 | 32.1 |
| 2011 | 25.4 | 12.9 | 93.5 | 34.9 |
| 2012 | 27.6 | 14.6 | 93.4 | 37.1 |
| 2013 | 29.3 | 15.8 | 93.6 | 39.3 |
| 2014 | 32.3 | 17.5 | 93.5 | 41.7 |
| 2015 | 32.9 | 18.1 | 94.9 | 43.9 |
| 2016 | 32.7 | 18.3 | 93.6 | 44.8 |

주: 2006~2010년: 시설 보육률, 2011~2016년: 시설 보육률 및 공적 보모 보육률.
자료: StBAa(2007~2017) 재구성.

전보다 증가했으나 여전히 반일제 보육이 우세하다는 사실을 알 수 있다. 지역별로 보면 보육시설을 위한 확대라는 법의 목표대로 구서독의 아동 시설 보육률이 구동독보다 증가해 2006년 이후 보육서비스 제공에서 두 지역의 차이가 줄었다(Statistisches Jahrbuch, 2016). 그러나 이는 보육시설 제공 수준이 낮은 구서독 지역에 맞춘 하향식 조정이라고 할 수 있다. 따라서 이 시기의 보육정책 또한 이전 시기의 보육시설의 부족과 반일제 중심적인 성격을 지닌 남성 생계부양자 모델 및 여성 부가적인 소득자 모델을 유지하고 있다고 할 수 있다.

(2) 2001년 부모시간정책
여성의 순차적인 일·가족의 양립을 지원하는 남성 생계부양자 모델 및 여성 부가적인 소득자 모델에 기반한 이전 시기의 양육휴가제도의 한계를 벗어나 취업모의 지속적인 경제활동을 보장해 이인소득자 모델을 실현하려는 목적으로 2001년에 법이 개정되었다. 우선, 2001년 1월 1일부터는 기존의 양육휴가Erziehungsurlaub가 부모시간Elternzeit으로 개칭되었다. 법 개정으로 크게 변화된 요소는 부모시간 동안 허용된 시간제 근로시간의 확대다. 3년이라는 긴 양육휴가 기간은 유지한 채 그동안에 부모는 각각 주당 30시간까지 시간제 근로가 허용되었다. 그리고 이전과는 다르게 자녀 출생 후 3년이 지나기 전까지 부모는 공동으로 부모시간을 사용할 수 있도록 변경되었다. 그뿐만 아니라 부모시간 후 이전 근무시간(종일제)으로의 복귀가 보장된 부모의 근무시간 단축에 대한 법적 권리가 도입되었다.[3] 따라서 2001년 법 개정으로 변화된 제도 설계는 이인소득자 모델, 즉 양성의 동시적인 일과 가족의 양립을 추구한다고 할 수 있다.

그러나 이러한 제도 설계의 방향이 실제로 시행되었을 때는 전통적인 성별 분업에서 남성의 역할의 변화를 이끌지 못했음을 알 수 있다. 이는 양육휴가수당의 수준이 이전 시기와 별 차이 없이 연간 가구 소득에 비례해서 낮은 데 있다. 양육휴가수당 수급방식은 우선 이전처럼 증가 없이 2년 동안 매달 최대한 600DM(307EURO)을 받는 것이었다. 혹은 2001년 법 개정으로 일년 동안 매달 900DM(460EURO)을 받는 것을 선택할 수 있었다. 그리고 양육휴가 7개월째부터 가구소득상한선이 이전보다 올랐으나 그 정도가 미약해

3    근무시간 단축 조항은 15명 이상의 고용자를 둔 기업에 허용된 것이었고 기업의 긴급한 이유에 의해 거부될 수도 있어서 모든 고용자들의 일·가족 양립을 달성하기에는 제한적이라고 할 수 있다. 우선 15명까지의 고용자를 둔 기업은 이러한 혜택에서 제외되었다. 그러나 2002년 연방노동청의 조사에 의하면, 16명 이상의 고용자를 둔 기업의 비율은 12%였고 이러한 기업에 고용된 취업자 수는 전체 취업자의 거의 72%에 이르렀다. 따라서 많은 고용자들이 부모시간 동안에 근무시간을 단축할 권리를 가졌음을 알 수 있다(Bundesministerium für Familie, Senioren, Frauen & Jugend, 2004).

실질적인 소득 증가에 별 도움이 되지 못했다. 또한 2004년의 법 개정으로 양육휴가 7개월부터의 연간 가구소득상한선은 특별한 변화가 없었으나 오히려 첫 6개월 동안의 연간 소득상한선이 이전보다 큰 차이로 축소되었다. 따라서 2000년에는 자녀를 출생한 모든 부모의 93%가 양육휴가 첫 6개월 동안 양육휴가수당 전액을 받았으나 2004년 이후 약 3분의 2 정도만이 혜택을 받았다(Dingeldey, 2006). 따라서 임금 대체 수준의 적절한 소득을 보상하는 것이 아니기 때문에 남성의 양육휴가 사용을 기대하기는 어렵다고 할 수 있다. 또한 자녀 출산 후 3년까지의 휴가 기간에 남녀가 공동으로 휴가를 실시할 수 있지만 여전히 변함없이 낮은 수준의 양육휴가수당으로 인해 일반적으로 소득이 높은 남성 대신 대부분 여성이 양육휴가를 사용했다.

한편, 출산 전 근무시간으로의 복귀가 보장된 근무시간 단축에 대한 권리와 30시간까지 시간제 근로 허용은 부모시간 동안 여성의 시간제 근로에의 참여 확대와 3세 이상의 자녀를 양육하면서도 지속적인 시간제 근로 참여를 통해 경력 단절 문제를 해소하고 일·가족 양립의 가능성을 높인다고 할 수 있다. 제도 시행 결과 우선, 부모시간 동안에 시간제 근로를 하는 부모의 비율이 점차 높아졌다. 그러나 이를 실시한 쪽은 대부분이 여성이었고 그 수가 점차적으로 증가했다. 부모시간 동안 여성 취업자 중 대다수는 30시간까지의 시간제 근로를 실시했다(Bundesministerium fuer Familie, Senioren, Frauen und Jugend, 2004). 그중 출산 후 첫 해에는 거의 50% 이상이 15시간 미만의 아주 짧은 시간제 근로를 했고 이후 근로시간을 점차 확대해 출산 후 두 번째 해에는 45.3%의 여성이 주당 20~30시간 사이의 시간제 근로를 선택했다.[4] 즉, 부모시간 동안 시간제 근로를 하는 여성의 대다수는 20시간 미만의 짧은 시간제

---

4  2002년에 남성은 부모시간 동안 시간제 근로를 할 때 20~30시간의 시간제 근로를 선택했다.

근로를 했다. 이는 이 시기의 부족한 보육서비스 제공 수준과 밀접한 관련이 있다. 한 연구에 의하면, 종일제 근로이든 시간제 근로이든 간에 반일제 보육서비스에 맞추기가 쉽지 않고 일·가족 양립을 위해서는 일종의 시간제 근로자가 더 필요하나 여성이 이러한 인력을 고용할 수 없거나 고용을 원하지 않을 때 경력 단절이나 시간제 근로, 특히 사회보장도 되지 않고 불안정한 짧은 시간제 근로를 선택하도록 유인하는 효과가 있다(Baecker & Stolz-Willig, 1993).

독일 정부는 보육시설 확대를 위한 법을 통해 베를린을 포함한 구서독 지역의 3세 미만 유아의 보육서비스 확충을 목표로 했지만 여전히 3세 미만 아동의 보육서비스 제공 및 종일제 보육은 매우 낮은 수준이었고 3~6세 미만 아동을 위한 보육시설은 반일제가 우세했다. 이러한 보육정책의 특성이 자녀 나이에 따른 여성 취업률에도 영향을 미친다고 할 수 있다. 〈표 9.4〉를 보면 2000년대에는 연령별 여성의 경제활동참가율이 역 U 자 형태다. 2002년 부모시간 실시자를 제외한 자녀가 있는 21~64세 여성의 경제활동참가율은 61.1%였다. 그리고 자녀가 있는 여성의 연령별 취업 곡선이 M 자 형태가 아니라 역 U 자 형태여서 출산 후에도 경력 단절 없이 지속적인 노동 참여로 동시적인 일과 가족의 양립을 이룬 이인소득자 모델에 속한다고 할 수 있다. 그러나 이러한 지속적인 노동시장의 참여는 짧은 시간제 근로에 기반한 것이라고 할 수 있다. 1996년과 2002년 부모시간 사용자를 제외한 15~65세의 여성취업률을 비교한 결과, 1996년보다 2002년에 자녀가 있는 여성의 취업률이 증가했고, 이는 시간제 근로 취업률의 증가에 의한 것이다. 즉, 3세 미만 영아가 있는 취업모의 시간제 근로 비율이 증가했으나 이보다는 3~10세 사이의 자녀가 있는 여성들의 시간제 근로 취업률이 18.9%에서 40.8%로 더 큰 폭으로 증가했고 반면에 전일제는 31.1%에서 16.5%로 축소되었다.[5] 이는 이 시기의 부족한 3세 미만 유아를 위한 공공보육서비스 제공 부족 및 3세 이상의 아동을 위한 반일제 우세적인 보육서비스 제공과 관련이 있다.

따라서 개혁된 이 시기의 양육휴가정책 중 부모 공동의 부모시간 사용과 직장 복귀 보장이 되는 30시간까지의 시간제 근로 허용 제도의 설계는 양성의 동시적인 일·가족 양립을 추구한다고 평가할 수 있다. 그러나 여전히 남성 생계부양자 모델 및 여성 부가적인 소득자 모델에 기반한 낮은 수준의 부족한 보육정책과 연동되어 이 시기의 양육휴가정책의 변화의 결과는 루이스(Lewis, 2003)가 제시한 변화형태 가운데 남성의 역할에는 큰 변화 없이 여성의 동시적인 일·가족의 양립을 지원하는, 즉 남성의 종일제 근로와 여성의 사회보장이 의무화되지 않은 짧은 시간제 근로를 통한 이인소득자 모델을 지향한다고 할 수 있다.

### 3) 2007년 이후의 보육정책과 부모시간정책의 변화와 함의

#### (1) 2008년 보육정책

2005년 기독교연합당CDU/CSU이 정권을 획득했으나 역사상 두 번째로 사회민주당SPD과 연합정부를 구성했다. 그 결과 가족정책에서는 지난 사회민주당 정부의 정책 노선이 많이 유지되었다. 특히 보육시설 확충은 연합정부 구성을 위한 계약에 포함되었다. 2007년에는 기독교연합당과 사회민주당의 연립정부가 0~3세 미만의 아동이 보육시설을 이용할 수 있도록 아동 보육시설 구축 계획에 합의했다. 그 결과로 '아동지원법Kinderfoederungsgesetz'이 2008년 12월 16일부터 시행되었다. 이 법에 따라 보육시설의 확대를 위해 2013년 7월 13일까지 3세 미만 아동의 35%가 보육시설을 이용할 수 있도록 보육시설

---

5   3세 미만 영아가 있는 취업모의 종일제 비율은 변화가 없었으나 시간제 비율은 1996년 13.9%에서 2002년 19.7%로 크게 증가했다.

표 9.6  3세 미만 유아의 보육률(시설 보육 및 공적 보모 보육률)(%)

|  | 2007 | 2008 | 2009 | 2010 | 2011 | 2012 | 2013 | 2014 | 2015 | 2016 |
|---|---|---|---|---|---|---|---|---|---|---|
| 0~3 | 16 | 18 | 20 | 23 | 25 | 28 | 29 | 32 | 33 | 33 |
| 1~2 | 14 | 16 | 20 | 23 | 26 | 28 | 31 | 35 | 36 | 36 |
| 2~3 | 30 | 34 | 39 | 43 | 47 | 51 | 54 | 60 | 61 | 61 |

자료: StBAa(2012, 2013, 2014, 2017) 재구성.

구축이 지속적으로 추진되었고, 2013년 8월 1일부터 만 1세부터 모든 아동
이 보육시설을 이용할 권리를 법적으로 보장받게 되었다.

2008년 '아동지원법' 시행 결과, 0~3세 미만 유아의 시설 보육률은 2007년
에는 13.5%였으나 시행 이후 2010년 19.6%, 2013년 29.3%, 2016년 32.7%
로 큰 폭으로 증가했고, 종일제 보육 역시 2007년 6.5%에서 2016년 18.3%로
3배 정도 증가했다(〈표 9.5〉). 독일 정부는 '아동지원법'을 통해 2013년 7월
13일까지 3세 미만 아동의 35%가 보육시설을 이용할 수 있도록 보육시설 구
축을 지속적으로 추진했으나 이를 달성하지는 못했다. 그러나 2002년 바르
셀로나의 유럽집행위원회가 회원국들에게 2010년까지 3세 미만의 유아를
위한 보육시설 이용률을 33%까지 달성시킬 것을 요구한 것에는 이르렀다.
또한 〈표 9.6〉을 통해 0~3세 유아의 시설 보육률을 나이별로 보면 2016년 1
세의 영아 보육률이 36%이고 2세의 보육률은 61%로, 이는 1년간의 임금 대
체 수준의 부모시간수당을 받고 그다음 해 경력 단절 없이 노동시장에 참여
하려는 여성의 욕구에 독일 정부가 대응한 것이라고 여겨진다.

독일은 교회 같은 비영리 조직에 의해 지배적으로 보육서비스가 제공되었
다. 〈표 9.7〉을 통해 보육서비스 제공의 주체를 살펴보아도 여전히 비영리
조직의 역할이 우세하기는 하지만 2012년 이후 정부 등의 공공조직에 의한 3
세 미만 및 2~8세 미만 아동의 시설 보육률이 지속적으로 증가하는 경향을
보이고 있다. 공공조직에 의한 3세 미만 보육시설 확충도 2012년 16.2%,

표 9.7 보육서비스 제공 주체에 따른 시설 보육률(%)

| | 2011 | | 2013 | | 2014 | | 2016 | |
|---|---|---|---|---|---|---|---|---|
| | 공공 | 비영리 | 공공 | 비영리 | 공공 | 비영리 | 공공 | 비영리 |
| 0~3세 미만 | 21.0 | 79.0 | 21.6 | 78.4 | 26.1 | 73.9 | 26.9 | 73.1 |
| 2~8세 미만 (학생 없음) | 32.4 | 67.6 | 33.0 | 67.0 | 33.5 | 66.5 | 34.0 | 66.0 |
| 5~14세 미만 (학생만) | 54.8 | 45.2 | 54.5 | 45.5 | 54.9 | 45.1 | 54.7 | 45.3 |

자료: StBAa(2012, 2014, 2015, 2017) 재구성.

2013년 18.6%, 2014년 22.6%, 2016년 22.0%로 증가하고 있음을 알 수 있다
(Statistitisches Jahrbuch, 2017). 그러나 종일제 보육이 이전보다는 크게 확대되었음
에도 불구하고 여전히 충분하지 않아 여성 취업자의 전일제를 지원하기에는
부족할 것으로 예상된다. 한편 3~6세 미만 아동의 시설 보육률은 2007년
88.7%에서 2016년 93.6%로 확대되었으나 2011년부터는 보육시설 확충에서
더 나아가지 못했다(〈표 9.5〉). 반면에 종일제 보육은 2006년 22.0%에서
2016년 44.8%로 2배 이상으로 대폭 증가했음을 알 수 있다. 따라서 2008년
부터 시행된 보육정책은 시간제 근로 기반 위에서 동시적인 일과 가족의 양
립을 지원하려는 것으로서, 이전의 남성 생계부양자 모델 및 여성 부가적인
소득자 모델에서는 벗어난 것으로 평가할 수 있다.

(2) 2007년 부모시간정책

2007년 법 개정으로 부모시간 동안에는 양육휴가수당Erziehungsgeld 대신 부
모시간수당Elterngeld을 지급하게 되었다. 부모시간수당은 이전의 양육휴가수
당처럼 양육비용을 지원하는 것이 아니라 소득을 대체한다(Pull & Vogt, 2010).
이러한 임금 대체 수준의 부모시간수당은 다음과 같은 목적을 추구한다
(Gerlach, 2009). 우선 이는 부모시간 동안 삶의 기본적인 재정 안정의 지원과 부

표 9.8 연도별 출생 수에 따른 부모시간수당제도를 활용한 남성의 비율

|  | 2008 | 2009 | 2010 | 2011 | 2012 | 2013 | 2014 |
|---|---|---|---|---|---|---|---|
| 출생 수(명) | 682,514 | 665,126 | 677,947 | 662,685 | 673,544 | 682,069 | 714,927 |
| 남성(%) | 20.8 | 23.6 | 25.3 | 27.3 | 29.3 | 32.0 | 34.2 |

자료: StBAb(2015) 재구성.

모의 직업능력을 향상하는 데 있다. 또한 부모시간수당은 양성의 성 평등적이고 동시적인 일·가족 양립을 지향한다. 이는 여성의 재취업을 쉽게 하고 이로 인해 자녀가 있는 여성의 노동시장 참여율을 증가시키는 데 있다. 이와 더불어 그 목적은 남성의 적극적인 아동 양육 참여 가능성을 높이는 데 있다 (정재훈·박은정, 2012). 특히 배우자 달의 의도는 여성에게 편파적으로 부과되는 자녀 양육과 그로 인한 노동시장에서의 불평등을 해결하려는 데 있다. 즉, 2007년 개정으로 인한 임금 대체 수준의 부모시간수당과 배우자 달은 기존의 전통적인 성별 분업에서 남성의 역할 변화를 이끌어낼 수 있는 정책요소라고 여겨진다.

우선, 부모시간수당의 임금 대체 수준과 배우자 달은 남성의 아동 양육 참여를 촉진하는 데 기여했다. 남녀별 부모시간수당을 활용한 비율이 나와 있는 〈표 9.8〉을 보면 남성의 수혜 비율은 2007년 도입 이후 지속적으로 확대되었다. 그리고 대부분의 아버지는 2개월 동안의 양육휴가에 참여함에 따라 배우자 달 제도가 활발하게 활용됨을 알 수 있다. 평균적으로는 2014년 여성은 11.8개월, 남성은 4.4개월 동안 부모시간수당을 활용했다.

한편, 부모시간수당제도의 설계는 남성과 여성의 동시적인 일·가족의 양립을 지향한다고 할 수 있다. 이는 임금 대체 수준의 부모시간수당이 출산 전 12개월 동안 월순소득Nettoeinkommen의 67% 수준으로 확대되었고 매달 최대 1800유로, 최소 300유로 수준의 부모시간수당이 지급되기 때문이다. 임금 대체 수준으로의 부모시간수당의 확대는 더 많은 부모의 휴가 실시율을

높일 수 있고, 특히 남성의 아동 양육 참여 가능성이 높아진다. 따라서 부모시간수당의 도입은 전통적인 성별 분업의 변화를 초래할 것으로 보인다. 부모시간수당 외에 대표적인 개혁적 정책요소는 배우자 달의 도입이다. 즉, 부모시간수당 지급 기간은 12개월이나 부모가 모두 사용할 경우 14개월까지 수급이 가능한데, 그중에서 2개월은 배우자 달로서 부모시간을 실시하지 않았던 한쪽 부모가 사용할 때 가치가 있다. 또한 이전과 달라진 것은 부모시간을 실시할 수 있는 최대 기간은 3년인데, 그중에서 유급 기간은 1년이고 나머지 2년은 무급이어서 여성들의 빠른 직장 복귀가 예상된다.

부모시간수당제도의 실행 결과, 여성들 대부분이 1년의 유급휴가 기간을 가졌다(Statistisches Jahrbuch, 2014). 특히 이전에는 소득상한선 때문에 양육휴가수당을 받지 못했던 고학력, 높은 가구소득 및 출산 전 높은 개인 근로소득이 있는 여성들이 포함되었다. 또한 부모시간수당이 여성의 노동시장 참여에 미친 영향을 보면, 자녀 출산 후 두 번째 해에 자녀가 있는 여성의 고용이 증가했다(Geyer et al., 2012). 우선 전반적으로 독일 여성의 경제활동참가율이 증가했는데, 2005년 15~65세 여성의 경제활동참가율은 59.5%였는데 2010년 66.0%, 2012년 67.8%, 2016년 70.6%로 지속적으로 증가했다(〈표 9.4〉). 나아가 2007년 이후에는 1~2세의 영아가 있는 여성의 고용이 점차 증가했다(Wrohlich et al., 2012). 이 여성 집단의 경제활동참가율은 2000년에는 32%였으나 2007년 이후 2010년까지 40%로 증가했다. 이와 더불어 이 집단의 종일제와 시간제 근로가 증가했는데, 이 집단의 60% 이상이 2010년에 20시간 이상을 일했다.

한편, 연방통계청의 자료를 통해 부모의 경제활동참여 형태를 살펴보면 양쪽 부모 모두 경제활동을 하는 비율이 2011년 51.8%, 2012년 52.2%, 2014년 52.5%였다가 2016년에는 66.4%로 대폭 증가했다(Statistitisches Jahrbuch, 2017). 이들 중 전일제-시간제 근로형태 비율이 70% 이상으로 지배적이었다. 2016

년에는 전일제-시간제 근로형태 비율(71.4%)이 2014년 비율(74.2%)보다 감소하고 양쪽 부모 모두 전일제 근로형태가 22.6%에서 25.5%로 증가했다.

또한 모든 여성 집단에서 자녀 출산 후 두 번째 해에 이루어지는 고용이 증가했다.[6] 특히 소득이 낮은 여성과 구동독 지역 여성의 고용이 상당히 증가했다. 이는 3세 미만 유아를 대상으로 한 공적 보육의 확대가 아니었다면 가능하지 않았다. 앞서 제시한 것처럼 2008년 '아동지원법' 시행 결과 이전보다 0~3세 미만 유아의 보육률이 증가했고, 특히 2세 유아의 보육률이 2016년 61%로 큰 폭으로 증가해 자녀 출산 후 두 번째 해에 여성들 대부분이 노동시장에 참여하는 데 많은 기여를 했을 것이다. 그러나 보육시간에는 여전히 한계가 있다. 종일제 보육이 이전보다는 크게 확대되었음에도 불구하고 여전히 충분하지 않아 여성 취업자의 전일제 근로를 지원하기에는 부족하다고 볼 수 있다. 따라서 2007년에 도입된 부모시간정책은 이전보다는 좀 더 긴 시간의 시간제 근로 기반 위에서 여성의 동시적인 일·가족 양립, 즉 이인소득자 모델을 지향한다는 것을 알 수 있다.

결론적으로 개혁된 임금 대체 수준의 부모시간수당과 배우자 달 제도의 설계는 양성의 동시적인 일·가족 양립을 지향하는 이인소득자 모델을 지향한다고 평가할 수 있다. 시간제 근로 기반 위에서 동시적인 일·가족 양립을 지원하는 이인소득자 모델을 추구하는 2008년 이후의 보육정책과 연동되어 2007년 이후의 부모시간제도의 정책 시행 결과는 이전보다는 좀 더 긴 시간

---

6  지역별로도 구동독 지역의 자녀 양육 여성의 고용 가능성이 12% 이상 증가했다. 소득별로도 소득이 낮은 여성 집단의 고용 가능성이 13% 이상 올랐고, 소득이 높은 여성 집단에서도 상당히 긍정적인 가능성이 보였다. 혼인별로도 기혼 여성의 고용은 대부분이 시간제 근로와 관련해 이루어질 것으로 보였으나 한부모 가족의 여성은 무엇보다도 종일제 근로를 기반으로 15% 정도 긍정적인 고용 증가 효과를 보였다(Wrohlich et al., 2012).

의 시간제 근로 기반 위에서 여성의 동시적인 일·가정 양립뿐만 아니라 남성의 아동 양육 참여 증가에도 많은 기여를 하는 이인소득자 모델을 추구한다고 할 수 있다.


## 4. 결론

1990년대에서 현재까지 독일의 보육정책과 양육휴가정책은 남성 생계부양자 모델에서 이인소득자 모델로 점차 변화되고 발전되어가고 있다. 이 과정에서 영향을 미친 중요한 보육정책의 핵심적인 요소는 반일제 중심의 비영리 보육서비스 제공에서 국공립 보육시설과 종일제로의 전환으로, 이를 위한 재정 투자를 통해 3세 미만의 유아를 위한 보육률을 증가시키고자 했다. 양육휴가정책에서는 직장 복귀와 출산 전 근로시간(종일제)으로의 복귀가 보장되는 근무시간 단축, 시간제 근로시간 확대, 임금 대체 수준으로의 부모시간수당, 배우자 달 등의 제도가 남성 생계부양자 모델에서 이인소득자 모델로의 전환을 이끄는 데 큰 역할을 했다고 평가할 수 있다. 그 결과 어린 자녀가 있는 여성의 경제활동참가율이 지속적으로 증가하고, 여성의 경력 단절 문제가 해소되는 추세에 있다. 이와 더불어 남성의 아동 양육에의 참여 증가를 이끌었다.

루이스(Lewis, 2003)가 제시한 이인소득자 모델 유형 가운데 남성의 전일제와 여성의 짧은 시간제 근로를 의미하는 이인소득자 모델은 여성의 동시적인 일·가족 양립을 지원하더라도 경제적 자립과 적절한 사회보장을 기대하기가 어려운 형태이기 때문에 바람직한 형태는 아니다. 반면에 남성의 전일제 근로와 여성의 사회보장이 되는 긴 시간제 근로 형태는 자녀 출산 후 일과 가족의 양립을 원하는 여성의 대부분이 원하는 형태다. 이와 더불어 이인경력자 모델도 성 평등적인 일·가족 양립 측면에서 바람직하고 선호되는 형태라고 할 수 있다. 1990년대 독일의 젊은 여성들 대부분은 자녀를 출산한 다음에 일을 중단했다가 자녀가 더 이상 돌봄이 필요 없을 때까지 지속적으로 사회보장이 되는 시간제 근로를 기반으로 한 일과 가족의 양립을 기대했다.

그러나 노동시장에서 여성의 기대는 경제적·사회적 여건에 따라 달라질 수 있고 새로운 근로 형태를 원할 수도 있다. 그러므로 국가는 변하는 여성 대다수의 요구에 적절하게 대응하는 자세가 필요하다. 현재까지 이룩한 변화의 긍정성이 더욱 미래 지향적인 방향으로 나아가기 위해 독일 복지국가는 양성의 지속적·안정적·성 평등적 노동시장 참여와 경제적 자립을 추구해야 한다. 이를 위해 여성의 노동시장 참여에 관련된 모든 정책이 이인소득자 모델에 기반해서 연계되어 여성을 시민노동자로 인식하고 보편적으로, 충분하게 그리고 성 평등적으로 국가의 주도적인 역할에 의해 이루어지기를 기대한다.

마지막으로 독일 양육휴가정책의 변화의 긍정적인 가능성과 대안적인 정책 변화의 방향은 평생 동안 지속적인 노동 참여를 원하는 한국 여성의 요구와 상황에 시사하는 바가 많다. 노동시장구조와 가족구조의 변화로 인해 남성 생계부양자 모델의 의미가 쇠퇴하면서 독일을 포함한 유럽 복지국가들이 이인소득자 모델에 기반한 정책 변화를 추구하는 것처럼 한국에서도 최근까지 독일과 유사하게 육아휴직급여의 일부를 휴가 이후 지급하는 방식을 통한 직장 복귀 조치, 육아휴가 기간 내 근로시간 단축, 육아휴직급여 인상, 아빠의 달 육아휴직급여 등 다양한 육아휴직제도가 도입되어 시행되고 있다. 보육정책은 무상보육과 민간 서비스 제공에 기반한 다양한 보육서비스 형태 체제를 추구하고 있다. 따라서 제도의 설계는 형식상으로 이인소득자 모델을 추구하는 것처럼 보인다.

그러나 독일과는 다르게 한국에서는 여전히 육아휴직제도를 자유롭게 실시하기 어려운 상황이다. 즉, 제도 설계와 실시의 격차가 크다고 할 수 있다. 그뿐만 아니라 실제로 제도가 이인소득자 모델로 전환되었다고 평가하기에는 여전히 여성의 경제활동참가율이 낮다. 특히 연령별 여성 경제활동참가율이 이전보다는 많이 완화되었지만 여전히 M 자 형태를 유지하고 있다. 대체로 예전보다는 여성의 경제활동참가율이 증가했지만 비지속적 고용형태, 즉 경력 단절 문제가 해소되지 않았다. 따라서 한국은 남성 생계부양자 모델에서 이인소득자 모델로의 중간 단계, 즉 전환기에 놓여 있다. 따라서 한국의 보육·육아휴직정책을 포함한 사회정책이 이미 일부 유럽 선진 복지국가가 이룩한 지속적으로 성 평등한 노동시장의 참여가 가능한 제도로 성장하기 위해서는 ① 제도 자체가 노동시장구조와 가족구조의 변화에 따라 그리고 대부분의 여성의 요구에 대응해 바람직한 형태로 설계되었는지, ② 여러 분야 정책들의 연계가 행정적·가치 지향적으로 통일되게 이인소득자 모델로 나아가는지, ③ 실제로 제도가 시행되는 데 보육정책과 더불어 어떤 점이 문제가 되는지를 연구할 필요가 있다.

각 장은 다음 목록의 문헌을 수정·보완하여 재집필되었다. 목록에 없는 6장과 8장은 새로 집 필되었다.

**제1장** 이호근. 2018. 「일의 미래와 '사회국가'의 재구축 방안에 대한 연구」. 정책기획위원회 국가 중장기 발전전략 사례분석을 통한 향후 미래전략 수립방향 연구과제.

**제2장** 최영준·최정은·유정민. 2018. 「기술혁명과 미래 복지국가 개혁의 논점: 다시 사회투 자와 사회보호로」. ≪한국사회정책≫, 25권 1호, 3~43쪽.

**제3장** 강욱모. 2018. 「보편적 복지국가 논쟁: 한국의 복지정책은 보편주의가 될 수 있을까?」. ≪현상과 인식≫, 42권 3호, 41~72쪽.

**제4장** 김태일. 2018. 「소득주도 성장의 평가와 향후 방향」. ≪한국사회정책≫, 25권 3호, 175~208쪽.

**제5장** 양재진. 2018. 「기본소득은 사회보장의 대안인가?」. ≪한국사회정책≫, 25권 1호, 45 ~70쪽.

**제7장** 문진영·김윤영. 2015. 「소득보장과 사회서비스 교환관계 연구」. ≪한국사회복지학≫, 67권 4호, 203~226쪽.

**제9장** 이미화. 2018. 「독일 보육정책 및 양육휴가정책의 변화와 함의: 남성 생계부양자 모델 및 이인소득자 모델과 관련하여」. ≪EU연구≫, 50권 1호, 249~288쪽.
이미화. 2016. 「남성 생계부양자 모델에서 이인소득자 모델로의 이행: 독일의 양육휴 가정책」. ≪한국정책학회보≫, 25권 1호, 195~220쪽.

참고문헌

## 제1장 일의 미래와 '사회국가' 재구축 방안에 대한 연구

- 강성태. 2007. 「근로자 참가제도의 신 동향과 과제」. 《법학총론》, 24집 3호, 445~461쪽.
- 경제사회발전 노사정위원회. 2018. 「포용적 노동체제의 비전과 새로운 사회적 대화: 노사정위원회 20년을 넘어」.
- 관계부처 합동. 2017. 「혁신성장을 위한 사람 중심의 4차 산업혁명 대응계획」, 6쪽.
- 김기선. 2016. 「디지털화 노동: 디지털 시대 노동의 과제」. 한국노동연구원 개원기념세미나 발표 논문.
- 김도균. 2013. 「한국의 자산기반 생활보장체계의 형성과 변형에 관한연구: 개발국가의 저축동원과 조세정치를 중심으로」. 서울대학교 대학원 사회학과 박사학위 논문.
- 김정곤 외. 2016. 「디지털경제의 진전과 산업혁신정책의 과제: 주요국 사례를 중심으로」, 대외경제정책연구원 연구보고서, 16~15쪽.
- 노동·사회보장법 4개 학회 공동학술대회. 2017. 「새 정부의 노동·사회보장 정책 개선과제」.
- 노상헌. 2017. 「제4차 산업혁명과 사회보장법의 과제」. 《산업관계연구》, 27권 2호, 33~55쪽.
- 대통령직속 4차 산업혁명위원회. 2017. 「4차 산업혁명 해외 정책 자료집」, 1쪽.
- _____. 2018. 「4차 산업혁명 관련 정책추진현황」.
- 바우만, 지그문트(Zygmunt Bauman) 외. 2017. 『거대한 후퇴』. 박지영·박효은·신승미 옮김. 살림.
- 박지순. 2017. 「4차 산업혁명과 근로기준제도 변화 및 과제」. 한국고용노사관계학회 동계학술대회 발표 논문, 31~47쪽.
- 사회보장위원회. 2017. 「미래 사회정책 비전 '사회보장 2040' 기초연구」, 28쪽.
- 선학태. 2011. 『사회적 합의제와 합의제 정치』. 전남대학교 출판부.
- 슈밥, 클라우스(Klaus Schwab). 2016. 『클라우스 슈밥의 제4차 산업혁명』. 송경진 옮김. 새로운 현재, 25~26쪽.
- 여유진 외. 2016. 「미래 사회정책 비전 '2040' 기초연구」. 2017.11.28 사회보장위원회 전문가 간담회 자료집.
- 이승욱. 2017. 「미래 노동시장 변화에 대응한 노동법적 쟁점」. 한국고용노사관계학회 동계학술대회 발표 논문, 385~417쪽.
- 이호근·임상훈·김기우. 2017. 「지속가능한 복지사회건설을 위한 '새로운 노사관계 모델' 도입방안에 관한 연구」. 민주연구원 연구용역보고서.
- 장승혁. 2017. 「사회보험과 사회연대 원리」. 서울대학교 대학원 법학과 박사학위 논문, 11~15쪽.
- 장홍근. 2018. 「노동존중사회와 새로운 사회적 대화의 모색」. 경제사회발전 노사정위원회. 『포용적 노동체제의 비전과 새로운 사회적 대화: 노사정위원회 20년을 넘어』, 21~45쪽.

- 조돈문. 2016. 『노동시장의 유연성-안정성 균형을 위한 실험: 유럽연합의 유연안정성 모델과 비정규직 지침』. 후마니타스.
- 피케티, 토마(Thomas Piketty). 2013. 『21세기 자본』. 장경덕 외 옮김. 글 항아리.
- 통계청. 2017a. 「경제활동인구조사」.
- _____. 2017b. 「장래인구추계(2015-2065)」, 1쪽.
- _____. 2018. 「성별경제활동인구 총괄」. http://kosis.kr/search/search.do
- 허재준. 2017. 「기술진보가 일자리에 미치는 영향과 정책과제」. 한국고용노사관계학회 동계학술대회 발표 논문, 339~377쪽.
- _____. 2017. 「4차 산업혁명이 일자리에 미치는 변화와 대응」. ≪노동리뷰≫, 2017년 3월호, 62~71쪽.
- 황기돈. 2017. 「디지털화와 노동정책」. ≪경상논총≫, 35권 3호, 37~56쪽.
- KAIST 문술미래전략대학원·미래전략연구센터. 2017a. 「대한민국 국가미래전략 2018」. 이콘. 350~360, 363쪽.
- _____. 2017b. 『RE-BUILD 코리아: 대한민국 모두가 행복할 수 있는 정책 제안』. MID.
- Aglietta, M. 1976. *The Theory of Regulation: The Experience of USA, London.* New York: Verso.
- Arntz, M., T. Gregory and U. Zierhan. 2016. "The Risk of Automation for Jobs in OECD Countries: A Comparative Analysis." *OECD Social, Employment and Migration Working Papers*, No. 189.
- Bonin, H., T. Gregory and U. Zierahn. 2015. "Übertragung der Studie von Frey/Osborne(2013) auf Deutschland." *ZEW-Kurzexpertise*, Nr. 57. Mannheim, Zentrum für Europäische Wirtschaftsforschung(ZEW).
- Brynjolfsson, E. and A. McAfee. 2014. *The Second Machine Age; Wie die nächste digitale revolution unser aller Leben verändern wird.* Kulmbach.
- Bundesministerium für Arbeit und Soziales. 2016. "Mitbestimmung und Teilhabe: Den Wandel Partnerschaftlich Gestalten." *Weißbuch Arbeiten 4.0*, pp. 152~165.
- Chui, M., J. Manyika and M. Miremadi. 2015. "Four fundamentals of workplace automation." *Mckinsey Quarterly*, November.
- Dengler, K. and B. Matthes. 2015. "Folgen der Digitalisierung für die Arbeitswelt-Substitutierbarkeitspotenziale von Berufen in Deutschland." *IAB-Forschungsbericht*, 11/2015, p. 9.
- Eichhorst, W. and F. Buhlmann. 2015. "Die Zukunft der Arbeit und der Wandel der Arbeitswelt." *Wirtschaftspolitische Blätter*, 62(1), pp. 131~148.
- Eichhorst, W. et al. 2016. "Digitalisierung und Arbeitsmarkt: Aktuelle Entwicklung und

sozialpolitische Herausforderung." *IZA Standpunkte Nr*, 85. Bonn.
- Eurofound. 2015. *Upgrading or Polarisation? Long-term and Global shifts in the Employment Structure: European Jobs Monitor 2015.* Luxemburg: Publications Office of the European Union.
- Frey, C. B. and M. A. Osborne. 2013. "The Future of Employment: How Susceptible Are Jobs to Computerisation." *Technological Forecasting and Social Change*, 114, p. 4, 28.
- Goos, M., A. Manning and A. Salomons. 2014. "Explaining Job Polarization: Routine-Biased Technological Change and Offshoring." *American Economic Review*, 104(8), pp. 2509~2526.
- Guardiancich, I. and O. Molina. 2017. "Talking Through the Crisis-Social Dialogue and Industrial Relations." ILO. *Trends in Selected EU Countries*, 5.
- Rifkin, J. 1995. "The End of Work: The Decline of the Global labour Force and the Dawn of the Post-Market Era." Putnam Publishing Group.
- Streeck, W. 2016. *How Will Capitalism End.* London: Verso, p. 78.
- World Economic Forum. 2016. "Future of Jobs Survey, Employment, Skills and Workforce Strategy for the Fourth Industrial Revolution." www.3weforum.org


## 제2장 기술혁명과 미래 복지국가 개혁의 논점: 다시 사회투자와 사회보호로

- 강상욱·서영욱·이민호. 2015. 「우버(Uber)의 출현과 택시 시장의 변화: 시장의 교란자인가, 새로운 서비스 모델인가」. 한국교통연구원.
- 강서진. 2016. 「긱 이코노미의 이해와 향후 전망」. ≪KB 지식비타민≫, 58.
- 강선준·김민지. 2017. 「자율주행자동차 활성화를 위한 법제 개선방안 및 입법(안) 제안」. ≪한국과학기술기획평가원 ISSUE PAPER≫, 2017-2.
- 구교준·최영준·박일주. 2017. 「혁신과 복지국가: 역량 중심 복지에 대한 연구」. 한국행정학회 동계학술대회 발표 논문.
- 김교성. 2016. 「이 시대 '복지국가'의 쓸모?! '불평등' 문제 해결을 위한 제언」. ≪비판사회정책≫, 52호, 179~222쪽.
- 김영순. 2017. 「기본소득제 부상의 사회경제적 배경과 의미: 하나의 비판적 검토」. ≪월간 복지동향≫, 221호, 5~13쪽.
- 김은. 2017. 「인더스트리 4.0의 연혁, 동향과 방향 전망. 정책과 이슈」. ≪KIET 산업경제≫, 76~79쪽.
- 김은표. 2016. 「기본소득 도입 논의 및 시사점」. 국회입법조사처.
- 김정곤 외. 2016. 「디지털경제의 진전과 산업혁신정책의 과제: 주요국 사례를 중심으로」. 대외경

재정책연구원.

• 김현석. 2017.8.10. "'긱 이코노미 대표주자' 우버는 왜 노팁을 포기했을까." ≪한국경제≫. http://news.hankyung.com/article/2017080921111(검색일: 2017.11.1).

• ≪뉴스위크≫. 2016.2.22. "우버 기사들의 반격이 시작됐다." http://newsweekkorea.com/?p= 132(검색일: 2018.1.19).

• 류란. 2017.1.6. "영국 항소심 '우버 운전자는 종업원'… 공유경제 모델 타격." ≪SBS NEWS≫. http://news.sbs.co.kr/news/endPage.do?news_id=N1003975973&plink=COPYPASTE&cooper= SBSNEWSEND(검색일: 2018.1.28).

• 문선우. 2016. 「독일의 인더스트리 4.0과 노동 4.0」. ≪국제노동브리프≫, 14권 9호.

• 미네르바 스쿨 홈페이지. https://www.minerva.kgi.edu/

• 박가열 외. 2016. 「기술변화에 따른 일자리 영향 연구」. 한국고용정보원.

• 박건철·이상돈. 2016. 「도시 사회혁신을 위한 디지털 공유경제」. 서울디지털재단.

• 박 푸르뫼. 2017. 「국내외 동향을 통해 살펴본 국내 자율주행차 산업의 개선점」. ≪이슈리포트≫. 정보통신산업진흥원.

• 박현영, 2017.11.2. "월소득 55만원.. 단기 계약근로 '긱이코노미' 시대 명암." ≪중앙일보≫. http://news.joins.com/article/22075340(검색일: 2017.11.10).

• 반가운. 2018. 「Measuring Depreciation Rates of Human Capital and Use of Skills in Comparative Perspective」. The 2018 International Yonsei Public Administration Conference.

• 백승호. 2017. 「기본소득 실현을 위한 기본소득 모형들: 무엇이 기본소득이고 무엇이 아닌가?」. ≪월간 복지동향≫, 221호, 14~21쪽.

• ≪법률신문≫. 2017.10.30. "4차 산업혁명과 자율주행자동차, 「자율주행자동차의 현황」 편." https://www.lawtimes.co.kr/Legal-News/Legal-News-View?serial=122374&page=2

• 손상혁. 2016. 「융합의 또 다른 이름, 사이버 물리 시스템」. ≪지식의 지평≫, 21권, 1~17쪽.

• 송영조·최남희. 2017. 「시스템 사고를 통한 4차 산업혁명의 동태성 분석과 정책지렛대 탐색」. ≪한국시스템다이내믹스 연구≫, 18권 1호, 57~82쪽.

• 아마존 메커니컬 터크 홈페이지. https://www.mturk.com/mturk/welcome

• ≪연합뉴스≫. 2017.1.6. "英 이어 스위스도 우버 기사 근로자로 인정." http://www.yonhap news.co.kr/bulletin/2017/01/06/0200000000AKR20170106003000088.HTML(검색일: 2018.1.29).

• 오석현. 2017. 『4차 산업 혁명과 프로젝트 관리』. 한언.

• 이성균. 2007. 「노동유연성과 근로소득 불평등」. 한국노동연구원.

• 이수민. 2017.8.10. "AI 발전의 그늘…'디지털 카르텔' 우려 커진다." ≪서울경제≫. http://www. sedaily.com/NewsView/1OEHP10U7M(검색일: 2018.1.20).

• 이은민. 2016. 「4차 산업혁명과 산업구조의 변화」. ≪정보통신방송정책≫, 28권 15호, 1~22쪽.

- 이재원. 2016. 「제4차 산업혁명: 주요국의 대응현황을 중심으로」. 한국은행. ≪해외경제포커스≫, 제2016-32호.
- 장지연. 2017. 「프레카리아트의 확산과 사회보험의 미래: 디지털 플랫폼 노동을 중심으로」. 사회정책연합학술대회 발표 논문.
- 정원호·이상준·강남훈. 2016. 「4차 산업혁명 시대 기본소득이 노종시장에 미치는 효과 연구」. 한국직업능력개발원.
- 조남경. 2017. 「기본소득 전략의 빈곤 비판: 호혜성, 노동윤리, 그리고 통제와 권리」. ≪사회보장연구≫, 33권 3호, 253~269쪽.
- 주선영. 2017.7.25. "하버드보다 들어가기 어렵다는 혁신 대학, 미네르바 스쿨(Minerva School)." http://futurechosun.com/archives/25969(검색일: 2018.1.25).
- 최희선. 2017. 「기본소득 보장인가, 일자리 보장인가」. 산업연구원.
- 통계청. 2017. 「2017년 사회조사 결과」.
- 한국정보산업연합회. 2017. 「긱 이코노미 동향과 시사점」. FKII Issue Report.
- 한주희. 2016. 「미국의 우버 운전기사 현황 및 근로자 지위 관련 논쟁」. ≪국제노동브리프≫, 14권 4호, 51~64쪽.
- 허재준. 2017. 「4차 산업혁명이 일자리에 미치는 변화와 대응」. ≪노동리뷰≫, 144호, 62~71쪽.
- Arntz, M., T. Gregory and U. Zierahn. 2016. "The Risk of Automation for Jobs in OECD Countries: A Comparative Analysis." *OECD Social, Employment and Migration Working Papers*, 189, pp. 1~35.
- Autor, D. H. 2015. "Why Are There Still So Many Jobs? The History and Future of Workplace Automation." *Journal of Economic Perspectives*, 29(3), pp. 3~30.
- Autor, D. H., F. Levy and R. J. Murnane. 2003. "The Skill Content of Recent Technological Change: An Empirical Exploration." *The Quarterly Journal of Economics*, 118(4), pp. 1279~1333.
- Bell, A. M. et al. 2017. "Who Becomes an Inventor in America? The Importance of Exposure to Innovation." *National Bureau of Economic Research,* No. w24062.
- Bonnefon, Jean-François, Azim Shariff and Iyad Rahwan. 2016. "The Social Dilemma of Autonomous Vehicles." *Science*, 352.
- Botsman, Rachel. 2013.11.21. "The Sharing Economy Lacks A Shared Definition." https://www.fastcompany.com/3022028/the-sharing-economy-lacks-a-shared-definition(검색일: 2018.1.10).
- Bowles, J. 2014. "The computerisation of European jobs—who will win and who will lose from the impact of new technology onto old areas of employment?" Bruegel blog.
- Blanchet, Max and Thomas Rinn. 2016. "The Industrie 4.0 transition quantified : How the

fourth industrial revolution is reshuffling the economic, social and industrial mode." Roland Berger.

• Brynjolfsson, E. and A. McAfee. 2014. *The second machine age: work, progress, and prosperity in a time of brilliant technologies.* W.W. Norton Company.

• European Economic and Social Committee. 2017. "Impact of digitalisation and the on-demand economy on labour markets and the consequences for employment and industrial relations." European Union.

• Federal Ministry of Labour and Social Affairs. 2017. White Paper Work 4.0.

• Ford, M. and J. Cumming. 2015. *Rise of the Robots: Technology and the Threat of a Jobless Future.* Basic Books.

• Frey, C. B. and M. A. Osborne. 2013. *The Future of Employment: How Susceptible are Jobs to Computerization?* University of Oxford.

• Goos, Maarten., Alan Manning and Anna Salomons. 2014. "Explaining job polarization: routine biased technological change and offshoring." *American Economic Review*, 104(8), pp. 2509~2526.

• Graetz, G., and G. Michaels. 2018. "Robots at work." *Review of Economics and Statistics*, 100(5), pp. 753~768.

• Gregory, T., A. Salomons and U. Zierahn. 2015. *Technological Change and Regional Labor Market Disparities in Europe.* Centre for European Economic Research: Mannheim.

• Hall, Jonathan V. and Alan B. Krueger. 2015. "An Analysis of the Labor Market for Uber's Driver-Partners in the United States."

• Harris, Mark. "Amazon's Mechanical Turk workers protest: 'I am a human being, not an algorithm'." ≪The Guardian≫. https://www.theguardian.com/technology/2014/dec/03/amazon-mechanical-turk-workers-protest-jeff-bezos(검색일: 2018.1.28).

• Hitlin, Paul. 2016. "Research in the Crowdsourcing Age." a Case Study. Pew Research Center.

• Huws, Ursula and Simon Joyce. 2016. 「유럽 크라우드 워커의 경제사회적 상황과 법적 지위」. 한국노동연구원. ≪국제노동브리프≫.

• Ipeirotis, Panagiotis G. 2010. "Analyzing the Amazon Mechanical Turk marketplace." *The ACM Magazine for Students*, 17(2), pp. 16~21.

• Kuek, Siou Chew et al. 2015. "The global opportunity in online outsourcing." World Bank.

• Manyika, James et al. 2016. "Independent work: Choice, necessity, and the gig economy." McKinsey Global Institute.

• McBride, Sarah and Dan Levine. 2015.6.18. "In California, Uber driver is employee, not contractor: agency." https://www.reuters.com/article/us-uber-california/in-california-uber-driver-is-emplo

yee-not-contractor-agency-idUSKBN0OX1TE20150618(검색일: 2018.11.1).

- Mokyr, Joel, Chris Vickers and Nicolas L. Ziebarth. 2015. "The History of Technological Anxiety and the Future of Economic Growth: Is This Time Different?" *Journal of economic perspectives*, 29(3), pp. 31~50.
- Marcolin, L., S. Miroudot and M. Squicciarini. 2016. "Routine jobs, employment and technological innovation in global value chains." *OECD Science, Technology and Industry Working Papers*, No. 2016/01.
- Mearian, Lucas. 2017.2.27 "자율주행 자동차가 절대로 자율주행을 하지 못하는 이유." ≪IT WORLD≫. http://www.itworld.co.kr/news/103650#csidx52e9466d64afeb2b370f959e4a076d7
- OECD. "OECD Labor Force Statistics." https://stats.oecd.org/Index.aspx?DataSetCode=SOCX_AGG(검색일: 2018.1.30).
- _____. 2015. *OECD Digital Economy Outlook 2015*. OECD Publishing: Paris.
- Rajkumar, R. et al. 2010. "Cyber-Physical Systems: The Next Computing Revolution." *Proceedings: Design Automation Conference*, pp. 731~736.
- Reich, Robert. 2015.8.23. "The upsurge in uncertain work." robertreich.org/post/1274263 24745(검색일: 2017.12.17).
- Ross, J. et al. 2010. "Who Are the Crowdworkers? Shifting Demographics in Mechanical Turk." *Conference on Human Factors in Computing Systems: Proceedings*, pp. 2863~2872.
- Schor, J. B. and C. Fitzmaurice. 2015. *Collaborating and connecting: The emergence of a sharing economy. In Handbook of Research on Sustainable Consumption*. Cheltenham, UK: Edward Elgar.
- Schwab, Klaus. 2016. *The Fourth Industrial Revolution*. World Economic Forum.
- World Investment Report. 2017. *Investment and the Digital Economy*. UNCTAD.
- Xia, H. et al. 2017. "Our Privacy Needs to be Protected at All Costs: Crowd Workers' Privacy Experiences on Amazon Mechanical Turk." Proc. ACM Hum.-Comput. Interact.
- Yaraghi, Niam and Shamika Ravi. 2017. "The Current and Future State of the Sharing Economy." *Brookings India IMPACT Series*, No.032017.

## 제3장 보편적 복지국가는 한국의 미래인가?

- 기획재정부. 2017.7.25. 「새 정부 경제 정책 방향」.
- _____. 2018.7.30. 「2018년 세법개정」.
- 김대호. 2010. 「무상급식과 보편주의, 그리고 역동적 복지국가」. ≪복지동향≫, 140호, 12~18쪽.

- 김연명. 2011. 「한국에서 보편주의 복지국가의 의미와 과제」. ≪민주사회와 정책연구≫, 19호, 15~41쪽.
- 김영순. 2012. 「복지동맹 문제를 중심으로 본 보편주의 복지국가의 발전 조건: 영국·스웨덴의 비교와 한국에의 함의」. ≪한국정치학회보≫, 46권 1호, 337~425쪽.
- 스티글리츠, 조셉(Joseph Stiglitz). 2013. 『불평등의 대가』. 이순희 옮김. 열린책들.
- 양재진. 2009. 「왜 한국의 대기업 노동은 복지국가 건설에 나서지 않는가?」. 정무권 편. 『한국복지국가 성격논쟁 II』. 인간과 복지.
- 윤홍식. 2011a. 「보편주의를 둘러싼 주요쟁점-보편주의 복지정책을 위한 시론-」. ≪한국사회복지학≫, 63권 2호, 57~79쪽.
- _____. 2011b. 「보편주의 복지국가 비판과 불편한 진실과 과제」. ≪페미니즘연구≫, 11권 1호, 167~207쪽.
- 최광·이성규. 2010. 「조세·복지 중첩과 그 감소방안」. ≪재정학연구≫, 4권 1호, 67~109쪽.
- 통계청. 2017. 「2016년 소득분배 지표」.
- Alesina, A. and Glaeser, E. L. 2004. *Fighting poverty in the US and Europe: A world of difference*. Oxford: Oxford University Press.
- Anttonen, A. and J. Sipilä. 2008. "Universalism: and idea and principle in social policy(unpublished paper)." http://www.nova.no/asset/3723/1/3723_1.pdf
- Anttonen, A., L. Häikiö and K. Stegánsson(eds.). 2012. *Welfare State, Universalism and Diversity*. Cheltenham: Edward Elgar.
- Anttonen, A. and J. Sipilä. 2012. "Universalism in the British and Scandinavian social policy debates." In A. Anttonen, L. Häikio and K. Stegánsson(eds.). *Welfare State, Universalism and Diversity*. Cheltenham: Edward Elgar, pp. 16~41.
- Anttonen, A and J. Sipilä. 2014. "Varieties of Universalism." Paper prepared for the UNRISD Conference, 7~8 April, 2014, Geneva, Switzerland.
- Bachelet, M. 2011. "Social protection for a fair and inclusive globalization." Report of the Social Protection Floor Advisory Group. Geneva: International Labor Organization.
- Baldwin, P. 1990. *The Politics of social solidarity*. Cambridge: Cambridge University Press.
- Banting, K. and W. Kymlicka. 2006. *multiculturalism and the welfare state: recognition and redistribution in contemporary democracies*. Oxford: Oxford University Press.
- Clarke, J. 2010. "After Neo-Liberalism? Markets, states and the reinvention of public welfare." *Cultural Studies*, 24(3), pp. 375~394.
- Cox, J. 2001. *Middle Class Welfare*. Wellington: New Zealand Business Roundtable.
- Danson, M. et al. 2012. "The Case for Universalism: An assessment of the evidence on the effectiveness and efficiency of the universal welfare state." The Jimmy Reid Foundation.

- Esping-Andersen, G. 1996. *Welfare States in Transition*. London: Sage.
- Ferrarini, T., K. Nelson and J. Palme. 2016. "Social Transfers and Poverty in Middle-and High-Income Countries-A Global Perspective." *Gloval Social Policy*, 16(1), pp. 22~46.
- Ferrera, M. and M. Rhodes. 2000. "Recasting European Welfare States: An Introduction." In M. Ferrera and M. Rhodes(eds.). *Recasting European Welfare States*. London: Frank Cass.
- Franzoni, J. M. and D. Sánchez-Ancochea. 2016. "Achieving universalism in developing countries." 2016 UNDP Human Development Report, Background Paper.
- Andersen, J. Goul. 2012. "Universalism and de-universalization of unemployment protection in Denmark and Sweden." In A. Anttonen, L. Häikio and L. Stegánsson(eds.). *Welfare State, Universalism and Diversity*. Cheltenham: Edward Elgar, pp. 162~186.
- Harris, J. 1994. "Beveridge's Social and Political Thought" In J. Hills et al(ed.). *Beveridge and Social Security*. Oxford: Clarendon Press.
- Horton, T. and J. Gregory. 2009. *The Solidarity Society*. London: Fabian Society.
- Jacques, O. and A. Noël. 2018. "Targeting within Universalism." Paper presented at the Canadian Political Science Association Annual Conference, University of Regina, May 30th.
- Kildal, N. and S. Kuhnle. 2002. "The Principle of Universalism: Tracing a Key Idea in the Scandinavian Welfare Model." Paper prepared for 9th International Congress, Geneva, September 12th-14th.
- Korpi, W. and J. Palme. 1998. "The Paradox of Redistribution and Strategies of Equality: Welfare State Institutions, Inequality, and Poverty in the Western Countries." *American Sociological Review*, 63(5), pp. 661~687.
- Le Grand, J. 1982. *The Strategy of Equality: Redistribution and the Social Services*. London: Allen & Unwin.
- Marshall, T. H. 1950. *Citizenship and social class and other essays*. Cambridge: Cambridge University Press.
- Mkandawire, T. 2005. "Targeting and universalism in poverty reduction, Social Policy and Development." *Programme Paper*, No. 23. UNRISD.
- Mkandawire, T. 2006. *Social Policy in a Development Context*. Geneva: UN Research Institute for Social Development.
- OECD. 1998. "Income Distribution and Poverty in Selected OECD Countries." *Economics Department Working Paper*, No. 189.
- ＿＿＿. 2016. *Revenue Statistics*. Paris: OECD.
- Pamle, J. 1999. *The Nordic model and the modernization of social protection in Europe*. Copenhagen: Nordic Council of Ministers.

- Rothstein, B. 1998. *Just Institutions Matter. The Moral and Political Logic of the Universal Welfare State.* Cambridge: Cambridge University Press.
- Sen, A. 1999. *Development as freedom.* Oxford: Oxford University Press.
- Sipilä, J. 2009. *The development of welfare services in Finland: Following foreign examples and making national choice.* CIF, Kiljava.
- Skocpol, T. 1991. "Targeting within Universalism: Politically Viable Policies to Combat Poverty in the United States." In J. Christopher and P. E. Peterson(eds.). *The Urban Underclass.* Washington DC: Brookings Institution, pp. 411~436.
- Therborn, G. 1995. *European modernity and beyond, The trajectory of European societies 1945~2000.* London: SAGE.
- Thompson, S. and P. Hoggett. 1996. "Universalism, selectivism and particularism, Towards a postmodern social policy." *Critical Social Policy,* 16(1), pp. 21~43.
- Titmuss, R. M. 1968a. "Universalism versus Selection." In C. Pierson and F. Castles(eds.). *Welfare State Reader*(2nd ed.). London: Polity. pp. 40~47.
- _____. 1968b. *Commitment to Welfare.* London: Allen & Unwin.
- Townsend, P. 1976. *Sociology and social policy.* Harmondsworth: Penguin.
- van Oorschot, W. and J. Schell. 1988. "On the role of means-testing: Its functions and dysfunctions. Recent developments in European social security systems." Department of Social Security Studies, Tilburg University.
- Williams, F. 1989. *Social Policy: A Critical Introduction, Issues of Race, Gender and Class.* Cambridge: Polity Press.
- _____. 1992. "somewhere over the rainbow: universality and diversity in social policy." In N. Manning and R. Page(ed.). *Social Policy Review,* 4, pp. 200~219.

## 제4장 소득주도성장, 그리고 복지정책

- 김태일. 2017. 『한국경제, 경로를 재탐색합니다』. 코난북스.
- 스티글리츠, 조셉(Joseph Stiglitz). 2013. 『불평등의 대가』. 이순희 옮김. 열린책들.
- 이병희 외. 2014. 「노동소득 분배율과 경제적 불평등」. 한국노동연구원 연구보고서 2014-04.
- 이상헌. 2014. 「소득주도성장: 이론적 가능성과 정책적 함의」. ≪사회경제평론≫, 43호, 67~99쪽.
- 장하성. 2014. 『한국자본주의』. 헤이북스.
- _____. 2015. 『왜 분노해야 하는가』. 헤이북스.
- 주상영. 2017. 「소득주도성장론의 이론적, 정책적 쟁점」. 한국사회경제학회 여름 학술대회 발표

논문.

- 쿠, 리처드(Richard Koo). 2013. 『밸런스시트 불황으로 본 세계경제』. 정성우·이찬민 옮김. 어문학사.
- 표학길. 2016. 「소득주도성장과 이윤주도성장」. ≪한국경제의 분석≫, 22권 2호, 103~151쪽.
- 피케티, 토마(Thomas Piketty). 2013. 『21세기 자본』. 장경덕 외 옮김. 글항아리.
- ≪한겨레≫. 2017. 10. 12. "소득주도성장론의 좌표와 쟁점 좌담회."
- 홍장표. 2014a. 「한국의 노동소득분배율 변동이 총수요에 미치는 영향: 임금주도 성장모델의 적용 가능성」. ≪사회경제평론≫, 43호, 101~138쪽.
- _____. 2014b. 「한국의 기능적 소득분배와 경제성장: 수요체제와 생산성체제 분석을 중심으로」. ≪경제발전연구≫, 20권 2호, 67~97쪽.
- _____. 2015. 「소득주도 성장과 중소기업의 역할」. 한국포럼 발표자료.
- Aaronson, Daniel et al. 2018. "Industry Dynamics and The Minimum Wage: A Putty-Clay Approach." *International Economic Review*, 59(1).
- Acemoglu, Daron. 2008. *Introduction to Modern Economic Growth*. Princeton University Press.
- Bhaduri, A. and S. Marglin. 1990. "Unemployment and the real wage: the economic basis for contesting political ideologies." *Cambridge Journal of Economics*, 14, pp. 375~393.
- Bowely, A. 1920. *The Change in the Distribution of the National Income: 1880-1913*. Clarendon Press.
- Boyer, R. 1990. "The Capital Labor Relations in OECD Countries: From the Fordist 'Golden Age' to Contrasted National Trajectories." *CEPREMAP Working Papers(Couverture Orange) 9020*, CEPREMAP.
- Card, David. 1992. "Do Minimum Wages Reduce Employment? A Case Study of California, 1987-89." *Industrial and Labor Relations Review*, 46(1), pp. 38~54.
- Card, David and Alan Krueger. 1994. "Minimum Wages and Employment: A Case Study of the Fast-Food Industry in New Jersey and Pennsylvania." *American Economic Review*, 84(4), pp. 772~784.
- Dabla-Norris, Era et al. 2015. "Causes and Consequences of Income Inequality: A Global Perspective." IMF Strategy, Policy, and Review Department.
- Dray, M. and Thirlwall, A. P. 2011. "The endogeneity of the natural rate of growth for a selection of Asian countries." *Journal of Post Keynesian Economics*, 33(3), 451~468.
- ILO. 2013. "Global Wage Report 2012/13 Wages and equitable growth."
- Islam, I. and Kucera, D. 2013. *Beyond Macroeconomic Stability: Structural Transformation and Inclusive Development*. Palgrave and ILO.

• Rodrik, Dani. 1998. "Why do More Open Economies Have Bigger Governments?" *Journal of Political Economy*, 106(5), pp. 997~1032

• Kalecki, M. 1939. *Essays in the Theory of Economic Fluctuations*. London, George Allen & Unwin.

• _____. 1971. *Selected Essays on the Dynamics of the Capitalist Economy*. Cambridge, CUP

• Keynes, J. M. 1939. "Relative Movements in Real Wages and Output." *Economic Journal*, Vol. 49(1), pp. 34~51.

• Kim, Taeil and Lowell J. Taylor. 1995. "The Employment Effect in Retail Trade of California's 1988 Minimum Wage Increase." *Journal of Business & Economic Statistics,* 13(2), pp. 175~182.

• Stockhammer, Engelbert. 2017. "Wage-led versus Profit-led Demand: What Have we Learned? A Kalecki-Minsky View." *Review of Keynesian Economics*, 5(1), pp. 25~42.

• Sachs, Jeffrey D. 1989. "Social Conflict and Populist Policies in Latin America." *NBER Working Paper*, No. 2897.

• Hein, Eckhard and Tarassow, A. 2010. "Distribution, Aggregate Demand and Productivity Growth: Theory and Empirical Results for Six OECD Countries Based on a Post-Kaleckian Model." *Cambridge Journal of Economics*, 34(4), pp. 727~754.

• Lavoie, Marc and Engelbert Stockhammer. 2013. "Wage-led Growth: Concept, Theories and Policies." *Wage-led Growth: An Equitable Strategy for Economic Recovery*. ILO. Palgrave Macmillan, pp. 13~39.

• Marglin, Stephen A. 2017. "Wages, prices, and employment in a Keynesian long run." *Review of Keynesian Economics*, 5(3), pp. 360~425.

• Marquetti, Adalmir. 2004. "Do Rising Wages Increase the Rate of Labor Saving Technical Change? Some Econometric Evidence." *Metroeconomica*, 55(4), pp. 432~441.

• Naastepad, C. W. M. 2006. "Demand and Distribution: A Cumulative Growth Model with an Application to the Dutch Productivity Growth Slow Down." *Cambridge Journal of Economics*, 30(3), pp. 403~434.

• Nell, E. J. 1985. "Jean Baptiste Marglin: a comment on growth, distribution and inflation." *Cambridge Journal of Economics*, 9(2), pp. 173~178.

• Onaran, O. and G. Galanis. 2012. "Is Aggregate Demand Wage-led or Profit-led? National and Global Effects." ILO Working Papers, Conditions of Work and Employment Series, 40.

• Storm, S. and C. Naastepad. 2009. "The NAIRU, Demand and Technology." *Eastern Economic Journal*, 35(3), pp. 309~337.

• _____. 2011. "The productivity and investment effects of wage-led growth." *International Journal of Labor Research*, 3(2), pp. 197~217.

- Skott, Peter. 2017. "Weaknesses of 'wage-led growth'." *Review of Keynesian Economics*, 5(3), pp. 336~359.

## 제5장 기본소득은 사회보장의 대안인가?

- 강남훈. 2016. 「기본소득, 인공지능 시대에 우리의 권리」. ≪가톨릭 평론≫, 4호, 44~54쪽.
- 고상원 외. 2017. 「4차 산업혁명의 고용 효과」. KDI 중장기전략 세미나 '4차 산업혁명 대응을 위한 중장기 정책방향' 발표문.
- 곽노완. 2011. 「기본소득은 착취인가 정의인가?」. ≪마르크스주의 연구≫, 8권 2호, 40~68쪽.
- 금민. 2017. 「공유자산 배당으로서의 기본소득」. ≪Future Horizon≫, 34호, 18~21쪽.
- 김교성 외. 2018. 『기본소득이 온다』. 사회평론아카데미.
- 김병인. 2016. 「기본소득은 사회보장을 위한 최선의 대안인가?: 사회정책의 필요(needs) 개념에 입각한 비판적 검토」. ≪사회복지정책≫, 43권 4호, 79~107쪽.
- 김영순. 2017. 「기본소득제 부상의 사회경제적 배경과 의미: 하나의 비판적 검토」. ≪복지동향≫, 221호, 5~13쪽.
- 김은표. 2016. 「기본소득 도입 논의 및 시사점」. ≪이슈와 논점≫, 1148호.
- 김인춘. 2016. 「핀란드 복지국가와 기본소득 실험: 배경, 맥락, 의의」. ≪스칸디나비아 연구≫, 18호, 31~72쪽.
- 김종명. 2017. 「기본소득론과 정의당식 기본소득정책구상에 대한 비판」. 정의당 미래정치센터 기본소득 토론회 토론문.
- 마르크스, 카를(K. Marx). 1987. 『경제학-철학 수고』. 김태경 옮김. 이론과 실천.
- ____. 1998. 『독일 이데올로기』. 박재희 옮김. 청년사.
- 박기성·변양규. 2017. 「안심소득제의 효과」. ≪노동경제논집≫, 40권 3호, 57~77쪽.
- 안효상. 2017a. 「서양의 기본소득 논의 궤적과 국내 전망」. ≪역사비평≫, 120호, 220~249쪽.
- ____. 2017b. 「기본소득이라는 유령」. ≪작은책≫, 4월호, 102~106쪽.
- 윤홍식. 2017. 「기본소득, 복지국가의 대안이 될 수 있을까?」. ≪비판사회정책≫, 54호, 81~119쪽.
- 이상이. 2017.2.28. "기본소득에 대한 반론을 제기한다." ≪프레시안≫.
- 이승윤·백승호·김윤영. 2017. 『한국의 불안정 노동자』. 후마니타스.
- 엥겔스, 프리드리히(F. Engels). 2014. 『영국 노동계급의 상황』. 이재만 옮김. 라티오.
- 바셰크, 토마스(Thomas Vašek). 2013. 『노동에 대한 새로운 철학』. 이재영 옮김. 열린원.
- 조남경. 2017. 「기본소득 전략의 빈곤 비판: 호혜성, 노동윤리, 그리고 통제와 권리」. ≪사회보장연구≫, 33권 3호, 253~269쪽.
- 최강식. 2017. 「4차 산업혁명이 노동시장과 국민연금에 미치는 영향」. ≪연금포럼≫, 66호,

35~48쪽.

- 최희선. 2017. 『기본소득 보장인가, 일자리 보장인가: 4차 산업혁명과 일자리 정책의 방향』. 산업연구원.

- 허재준. 2018. 「디지털 기술의 심화와 노동시장 제도개선」. 국회 4차산업혁명특위 공청회 발표자료.

- Cottarelli, C. 2011. "Challenges of Budgetary and Financial Crisis in Europe." Presentation Material at LSE Speech(November 18, 2011).

- US Executive Office of the President. 2016. "Artificial Intelligence, Automation, and the Economy."

- Fiedman, M. 1962. *Capitalism and Freedom.* Chicago: Chicago University Press.

- Frey, C. and Osborne, M. 2013. "The Future of Employment: How Susceptible are Jobs to Computerisation?" *Technological Forecasting and Social Change*, 114.

- IMF. 2017. "IMF Fiscal Monitor: Tackling Inequality." http://www.imf.org/en/publications/fm/issues/2017/10/05/fiscal-monitor-october-2017

- IPSOS MORI. 2017. "Poll Conducted for University of Bath-Institute for Policy Research: Universal Basic Income Research."

- Kangas, O. 2017. 「핀란드의 기본소득 실험」. ≪국제노동브리프≫, 15권 10호.

- Moffitt, R. 2003. "The Negative Income Tax and the Evolution of U.S. Welfare Policy. *Journal of Economic Perspectives.*" 17(3), pp. 119~140.

- Murray, C. 2008. "Guaranteed Income as a Replacement for the Welfare State." *Basic Income Studies: An International Journal of Basic Income Research*, 3(2).

- OECD. 2017. "Basic Income as a policy option: Can it add up?" Policy Brief on The Future of Work.

- Rassuli, K. and S. Hollander. 1986. "Desire-Induced, Innate, Insatiable?" *Journal of Macromarketing*, 6(2), pp. 4~24.

- Rawls, J. 1974. "Reply to Alexander and Musgrave." *The Quarterly Journal of Economics*, 88(4), pp. 633~655.

- _____. 1988. "The Priority of Rights and Ideas of the Good." *Philosophy & Public Affairs*, 17(4), pp. 251~276.

- Rothstein, B. 2017. "UBI: A Bad Idea For The Welfare State." Social Europe.

- Standing, G. 2011. The Precariat: The New Dangerous Class. London: Bloomsbury Academic.

- Van der Veen, R. and P. Van Parijs. 2006. "A Capitalist Road to Communism." *Basic Income Studies: An International Journal of Basic Income Research*, 1(3).

- Van Parijs, P. and Y. Vanderborght. 2017. *Basic Income: A radical proposal for a free society and a sane economy*. Cambridge: Harvard University Press.

• Winkelmann, L. and R. Winkelmann. 1995. "Happiness and unemployment: a panel data analysis for Germany." *Applied Economics Quarterly*, 42(4), pp. 293~307.

## 제6장 기본소득보장의 개념, 적용 사례, 쟁점

• Kangas, Olli. 2017. 「핀란드의 기본소득 실험」. ≪국제노동브리프≫, 15권 10호, 9~19쪽.

• 강남훈. 2011. 「한국에서 기본소득 정책과 기초생활보장 정책의 재분배효과 비교, 마르크스주의 연구」. ≪Marxism 21≫, 8권 3호, 76~98쪽.

• ____. 2016. 「인공지능과 보편기본소득의 권리」. 제16차 기본소득지구네트워크 대회, 28~39쪽.

• ≪경향신문≫. 2017.10.16. 「[핀란드 기본소득 실험] 한국은 '복지 인프라' 먼저 다져야.'"

• 곽노완. 2008. 「대안지구화의 경제적 시공간: 독일과 한국에서 기본소득과 사회연대소득의 가능성을 중심으로」. ≪마르크스주의 연구≫, 5권 4호, 154~184쪽.

• ____. 2011. 「기본소득은 착취인가 정의인가?: 판 돈젤라의 기본소득반대론에 대한 반비판과 마르크스주의 기본소득론의 재구성」. ≪마르크스주의 연구≫, 8권 2호, 40~68쪽.

• 김연명. 2016. 「'기본소득' 의제를 어떻게 수용할 것인가?: 보편적 현금수당의 가능성과 쟁점」. 2017년 이후의 대한민국 대선 핵심 아젠다 연속토론회, 53~78쪽.

• 김은표. 2016. 「기본소득 도입 논의 및 시사점」. ≪이슈와 논점≫, 1148호.

• 김혜연. 2014. 「이데올로기적 다양성에 따른 기본소득의 정책 특성에 관한 연구」. ≪비판사회정책≫, 42호, 92~139쪽.

• 노호창. 2014. 「기본소득에 관한 개관과 입법 사례의 검토」. ≪노동법 연구≫, 36호, 403~456쪽.

• 송지원. 2017. 「핀란드의 기본소득제도 실험」. ≪국제노동브리프≫, 15권 2호, 87~93쪽.

• 어기구·신범철. 2010. 『우리나라 복지체제의 근본적인 문제와 새로운 대안 연구: 기본소득 도입 타당성 검토를 중심으로』. 한국노총중앙연구원.

• 오피엘카, 마이클. 2010. 「제3의 길과 지구적 위기: 기본소득의 사례」. ≪한국사회과학≫, 32권, 183~200쪽.

• 이명현·강대선. 2016. 「기본소득: 목적 자체인가 아니면 정책수단인가」. 제16차 기본소득지구네트워크 대회, 421~429쪽.

• 이상협. 2017. 「지방자치단체의 기본소득 제도에 관한 연구: 법적 쟁점을 중심으로」. ≪사회보장법 연구≫, 6권 2호, 243~288쪽.

• 윤홍식. 2016. 「기본소득보장: 쟁점과 대안」. 2017년 이후의 대한민국 대선 핵심 아젠다 연속토론회, 14~51쪽.

• 양승엽. 2011. 「시민수당에 대한 개념과 프랑스에서의 논의」. ≪국제노동브리프≫, 6월호, 29~39쪽.

• 최광은. 2011. 『모두에게 기본소득을: 21세기 지구를 뒤흔들 희망 프로젝트』. 박종철 출판사.

• 최승호. 2013. 「독일의 기본소득보장(Garantiertes Grundeinkommen) 모델 연구: 근로의욕 고취인가, 보장성 강화인가?」. ≪한독사회과학논총≫, 23권 1호, 91~122쪽.

• 홍남영. 2017. 「스위스 기본소득 논의와 그 함의: 2016년 기본소득 국민투표를 중심으로」. ≪사회보장법 연구≫, 6권 2호, 137~169쪽.

• Berringer, Christian, 1999. *Sozialpolitik in der Weltwirtschaftskrise: Die Arbeitslosenversicherungspolitik in Deutschland und Groβbritannien im Vergleich 1928-1934.* Berlin.

• Blaschke, Ronald, Adeline Otto and Norber Schepers(eds.). 2010. *Grundeinkommen. Geschichte-Modelle-Debatten(Reihe: Texte/ Rosa-Luxemburg-Stiftung: Bd. 67),* Berlin: Karl Dietz Verlag.

• Esping-Andersen, Gøsta. 2000. *The Three Worlds of Welfare Capitalism.* Princeton: Princeton University Press.

• Gorz, André. 2000. *Arbeit zwischen Misere und Utopie.* Frankfurt am Main, In Heinze.

• Rolf G(eds.). 1988. *Der neue Sozialstaat Analyse und Reformperspektiven.* Freiburg, pp. 72~75.

• Knecht, Alban. 2002. *Bürgergeld: Armut bekämpfen ohne Sozialhilfe.* Verlag Paul Haupt, Bern·Stuttgart·Wien.

• Kunz, Stephan Nikolai. 2016. *Bedingungsloses Grundeinkommen und Soziale Marktwirtschaft.* Marburg.

• Gough, Ian. 2000. *Global Capital, Human Needs and Social Polities: Selected Essays, 1994-99.* Hampshire; New York: Palgrave.

• Liebermann, Sascha. 2015. *Aus dem Geist der Demokratie: Bedingungsloses Grundeinkommen.* Frankfurt am Main.

• O'Connor, James. 1974, *The Fiscal Crisis of The State.* N.Y.: St. Martin's Press, pp. 15~21.

• Offe, Claus. 1984. *Contradictions of the Welfare State.* Cambridge: The MIT Press, pp. 162~178.

• Offe, Claus, Gerd Grözinger and Michael Maschke(eds.). 2006. *Die Teilhabegesellschaft: Modell eines neuen Wohlfahrtsstaates.* Frankfurt/Main.

• Opielka, Michael and Georg Vobruba(eds.). 1986. *Das garantierte Grundeinkommen. Entwicklung und Perspectiven einer Forderung.* Frankfurt: Fischer.

• Opielka, Michael. 2008. "The likelihood of a basic income in Germany." *International Social Security Review,* 61(3), pp. 73~94.

• Parijs, van Philippe and Yannick Vanderborght. 2005. *Ein Grundeinkommen für alle? Geschichte und Zukunft eines radikalen Vorschlags.* Mit einem Nachwort von Claus Offe,

Campus Verlag.

• _____. 2017. *Basic Income: A Radical Proposal for a Free Society and a Sane Economy*. Cambridge, Massachusetts: Harvard University Press.

• Pierson, Christopher. 2006. *Beyond the welfare state? : The new political economy of welfare*. Cambridge; Malden: Polity.

• Prinz, Aloys. 1988. "Erläuterungen zum Beitrag von J. Mitschke." in Frank Klanberg and Aloys Prinz(eds.). *Perspektiven sozialer Mindestsicherung*, Berlin, pp. 46~49.

• Rifkin, Jeremy. 1999. *Das Ende der Arbeit und ihre Zukunft*. Aus dem Englischen von Thomas Steiner, Frankfurt am Main, 5. Auflage: Juli.

• Ruh, Hans, 2016. *Bedingungsloses Grundeinkommen: Anstiftung zu einer neuen Lebensform*. Zürich.

• Schmid, Thomas(eds.). 1984. *Befreiung von falscher Arbeit*. Berlin: Wagenbach.

• Stern, Andy. 2016. *Rising the floor*. PublicAffairs New York.

• Vobruba, Georg. 2006. *Entkoppelung von Arbeit und Einkommen: Das Grundeinkommen in der Arbeitsgesellschaft*. Wiesbaden.

• Werner, Götz W, André Presse(eds.). 2007. "Grundeinkommen und Konsumsteuer - Impulse für Unternimm die Zukunft." Karlsruher Symposium Grundeinkommen: bedingungslos, Universitätsverlag Karlsruhe.

## 제7장 소득보장(현금급여)인가? 사회서비스(현물급여)인가?

• 김연명. 2007. 「사회투자정책과 한국사회정책의 미래」. 『한국사회의 미래와 사회투자정책』, 한국사회복지학회 등 공동주최 심포지엄 발표 자료집.

• 김웅진. 1993. 「Boole의 대수학적 연산방식을 통한 정성적 비교분석: 기본전제와 절차」. ≪국제정치논총≫, 33권 1호, 235~249쪽.

• 남찬섭. 2012. 「개정 사회보장기본법의 사회서비스의 의미와 개념적 긴장」. ≪한국사회복지학≫, 64권 3호, 79~100쪽.

• 류연규·백승호. 2011. 「복지국가의 아동 가족 복지지출 결정요인에 대한 비교연구: OECD 국가를 중심으로」. ≪사회복지연구≫, 41권 1호, 145~173쪽.

• 문영희·원일. 2013. 「경제성장과 재정지출간의 인과관계분석」. ≪한국사회복지교육≫, 21권, 225~248쪽.

• 박수지. 2009. 「복지국가의 사회서비스 제도화 및 재구조화에 대한 고찰: 독일의 사례를 중심으로」. ≪한국사회복지학≫, 61권 3호, 155~177쪽.

- 보건복지부. 1999. 『1999년도 보건복지백서』. 보건복지부.
- 신현중. 2006. 「노인복지와 아동복지 지출간 상쇄관계와 그 결정요인에 관한 연구: 선진 4개국에 대한 Berry & Lowery 모형의 적용」. ≪정책분석평가학회보≫, 16권 4호, 147~176쪽.
- 윤홍식. 2011. 「보편주의를 둘러싼 주요쟁점: 보편주의 복지정책을 위한 시론」. ≪한국사회복지학≫, 63권 2호, 57~79쪽.
- 임도빈. 2007. 「시간의 개념분석: 행정학 연구에 적용가능성을 중심으로」. ≪한국행정학보≫, 41권 2호, 1~21쪽.
- 임봉욱. 2015. 『공공경제학』. 율곡출판사.
- 정정길. 2002. 「행정과 정책연구를 위한 시차적 접근방법: 제도의 정합성 문제를 중심으로」. ≪한국행정학보≫, 36권 1호, 1~19쪽.
- 최종원. 2003. 「시차이론과 행정개혁」. ≪한국행정학보≫, 37권 2호, 289~305쪽.
- Bahle, T. 2003. "The changing institutionalization of social services in England and Wales, France and Germany: Is the welfare state on the retreat?" Journal of European Social Policy, 13(1), pp. 5~20.
- _____. 2005. "Family policies in the enlarged European Union: Persistent diversity in 'old' and transition to the periphery in the 'new Europe'." Conference on Social Conditions in the Enlarged Europe(Dec. 8-9, 2005). WZB, Berlin.
- Berry, W. D. and D. Lowery. 1990. "An alternative approach to understanding budgetary trade-offs." American Journal of Political Science, 34(3), pp. 671~705.
- Bonoli, G. and F. Reber. 2010, "The political economy of childcare in OECD countries: Explaining cross-national variation in spending and coverage rates." European Journal of Political Research, 49, pp. 97~118.
- Currie, J. and F. Gahvani. 2008, "Transfers in cash and in-kind: Theory meets the data." Journal of Economic Literature, 46(2), pp. 333~383.
- Dumitrescu, E.-I. and C. Hurlin. 2012, "Testing for granger non-causality in heterogeneous panels." Economic Modelling, 29, pp. 1450~1460.
- Esping-Andersen, G. 1999. Social Foundations of Postindustrial Economies. Oxford: Oxford University Press.
- _____. 2002. Why We Need a New Welfare State. Oxford: Oxford University Press.
- Frazer, H. and E. Marlier. 2009. Minimum Income Schemes across EU Member States: Synthesis Report. EU Network of National Independent Experts on Social Inclusion.
- Hamilton, J. D. 1994, Time series analysis. New Jersey: Princeton Univ. Press.
- Jensen, C. 2009. "Politics of service." Unpublished Ph.D thesis.
- Munday, B. 2007. Integrated Social Services in Europe, Report Prepared for the Council of

*   *Europe*. Strasbourg: Council of Europe Publishing.
*   Musgrave, R. 1961. *The Theory of Public Finance*. New York: McGraw-Hill.
*   OECD. 2009. *Pension at a Glance*. Paris: OECD Publishing.
*   _____. 2017a. *OECD Social Expenditure Dataset 1980-2011*. Paris: OECD Publishing.
*   _____. 2017b. *Preventing Ageing Unequally*. Paris: OECD Publishing.
*   Palier, B. 2006. "Refonder la protection sociale: les expériences européennes." *Esprit*, pp. 53~78.
*   Pierson, P. 1996. "The new politics of the welfare state." *World Politics*, 48, pp. 143~179.
*   SHA, 2014. *OECD Health Data*. Paris: OECD Publishing.
*   SOCX. 2017. *OECD social expenditure database*. Paris: OECD Publishing. https://stats.oecd.org/Index.aspx?datasetcode=SOCX_AGG
*   Titmuss, R. 1967. "The Relationship between Income Maintenance and Social Service Benefits-An Overview." *International Social Security Review*, 20(1), pp. 57~66.
*   Van Mechelen, N. and S. Marchal. 2013, "Trends and convergence of Europe's minimum income schemes." *ImPRovE Discussion Paper*, No. 13/11.


## 제8장 한국 복지국가와 경제적 독립성: 탈가족화와 가족화의 실태와 과제

*   강철희·김교성·김영범. 2001. 「적극적 노동시장정책의 실업 감소 효과에 관한 연구」. ≪한국사회복지학≫, 45권 5호, 7~39쪽.
*   김미숙·배화옥. 2007. 「한국 아동빈곤율 수준과 아동빈곤에 영향을 미치는 요인 연구」. ≪보건사회연구≫, 27권 1호, 3~26쪽.
*   김은설 외. 2015. 「2015년 전국보육실태조사: 가구조사 보고」. 보건복지부·육아정책연구소.
*   김유선. 2003. 「비정규직 증가 원인」. ≪사회경제평론≫, 21호, 289~326쪽.
*   _____. 2018. 「비정규직 고용과 근로조건: 2017년 8월 경제활동인구조사 근로형태별 부가조사를 중심으로」. ≪노동리뷰≫, 156호, 81~102쪽.
*   구인회·손병돈. 2005. 「노후 소득보장의 사각지대: 1990년 후반기의 변화 추이와 변화요인」. ≪한국노년학≫, 25권 4호, 5~52쪽.
*   국민연금관리공단. 1990. 「국민연금통계연보」. 국민연금관리공단.
*   _____. 2001. 「국민연금통계연보」. 국민연금관리공단.
*   _____. 2011. 「국민연금통계연보」. 국민연금관리공단.
*   _____. 2016. 「국민연금통계연보」. 국민연금관리공단.
*   _____. 2017. 「국민연금통계연보」. 국민연금관리공단.

• 류연규. 2007. 「복지국가의 탈가족화에 대한 이론적 논의와 탈가족화 수준 비교」. ≪한국가족복지학≫, 20권, 259~286쪽.
• 류연규·최현수. 2003. 「우리나라 아동빈곤율 수준과 변화경향: 1982-2002년 도시근로자가구를 중심으로」. ≪한국아동복지학≫, 16권, 135~165쪽.
• 민효상·김보경·서정욱. 2012. 「적극적 노동시장정책의 국가 비교 분석: 한국의 특이성에 대한 탐색적 원인 분석을 중심으로」. ≪국가정책연구≫, 26권 4호, 35~63쪽.
• 석재은·임정기. 2007. 「여성노인과 남성노인의 소득 수준 격차 및 소득원 차이와 결정요인」. ≪한국노년학≫, 27권 1호, 1~22쪽.
• 손병돈. 2008. 「공적 소득이전과 사적소득이전의 관계」. ≪사회복지연구≫, 39권, 343~364쪽.
• 이상은·김희찬. 2017. 「한국의 낮은 아동빈곤과 저출산의 역설 그리고 정부 가족지출」. ≪사회보장연구≫, 33권 3호, 113~137쪽.
• 이승윤·안주영·김유휘. 2016. 「여성은 왜 외부자로 남아 있는가? 한국과 일본의 여성노동시장 비교연구」. ≪한국사회정책≫, 23권 2호, 210~237쪽.
• 이진숙·박진화. 2015. 「탈가족화 정책들의 역사적 변천과정」. ≪공공사회연구≫, 5권 3호, 192~228쪽.
• 장경섭. 2018. 「사회 등진 자본주의, 사회재생산 접은 친밀성」. ≪복지동향≫, 235호, 5~9쪽.
• 장미혜 외. 2013. 「여성 노인의 노후 빈고 현황 및 대응정책」. 한국보건사회연구원·한국여성정책연구원 연구보고서 2013-31-21.
• 장효진. 2017. 「노동시장정책이 청년의 고용성과에 미치는 효과 분석: 고용보호, 직업교육, 적극적 노동시장정책을 중심으로」. ≪한국행정학보≫, 51권 3호, 325~358쪽.
• 정경희 외. 2014. 「2014년도 노인실태조사, 정책보고서 2014-61」. 보건복지부·한국보건사회연구원.
• 정경희 외. 2017. 「2017년도 노인실태조사」. 보건복지부·한국보건사회연구원.
• 정의룡·양재진. 2015. 「왜 한국의 적극적 노동시장정책은 저발달되었는가?」. ≪한국정치학회보≫, 49권 6호, 85~108쪽.
• 채구묵. 2011. 「적극적 노동시장정책이 실업에 미치는 영향」. ≪한국사회복지학≫, 63권 3호, 187~211쪽.
• An, M. Y. 2017. "Welfare states and care arrangements: Care time mix approach and its application to Japan and Korea." *Social Policy & Society*, 16(2), pp. 183~198.
• An, M. Y. and I. Peng. 2016. "Diverging Paths? A Comparative Look at Childcare Policies in Japan, South Korea and Taiwan." *Social Policy & Administration*, 50(5), pp. 540~558.
• Esping-Andersen, G. 1990. *Three worlds of welfare capitalism*. Oxford University Press.
• _____. 1999. *Social foundations of postindustrial economies*. Oxford University Press.
• Esping-Andersen, G. et al. 2002. *Why we need a new welfare state?* Oxford University Press.
• Daly, M. 2011. "What Adult Worker Model? A Critical Look at Recent Social Policy Reform in

Europe from a Gender and Family Perspective." *Social Politics*, 18(1), pp. 1~23.

- Hwang, S. J. 2017. "Public pensions as the great equalizer? Decomposition of old-age income inequality in South Korea, 1998-2010." *J Aegin Soc Policy*, 28(2), pp. 81~97.
- Ku, I and C-O. Kim 2018. "Decomposition analyses of the trend in poverty among older adults: The case of South Korea." *The Journals of Gerontology: Series B*, gby047. https://doi.org/10.1093/geronb/gby047
- Lee, J and Y. Lee. 2018. "Old-age income security and private transfers in South Korea." *Journal of Ageing and Social Policy*, 21, pp. 393~407.
- Lewis, J. 1992. "Gender and the Development of Welfare Regimes." *Journal of European Social Policy*, 2(3), pp. 159~173.
- Leitner, S. 2003. "Varieties of Familialism: the caring function of the family in comparative perspective." *European Societies*, 5(4), pp. 353~375.
- Lister, R. 1994. "'She Has Other Duties - Women, Citizenship and Social Security." in S. Baldwin and J. Falkingham(eds.). *Social Security and Social Change: New Challenges to the Beveridge Model.* New York: Harvester Wheatsheaf, pp. 31~44.
- OECD. 2018a. *OECD family database.* OECD: Paris.
- _____. 2018b. *OECD database: Labour.* OECD: Paris.
- _____. 2018c. *OECD social expenditure.* OECD: Paris.
- Yang, J-J. 2017. *The political economy of the small welfare state in South Korea.* Cambridge University Press.

## 제9장 독일 보육정책과 양육휴가정책의 성격: 남성 생계부양자 모델 혹은 이인소득자 모델?

- 이미화. 2012. 「사회정책과 자녀를 가진 여성의 노동시장 참여: 김대중·노무현 정부」. 한국사회복지학회 추계공동학술대회 발표집.
- _____. 2014. 「한국 여성노동지원정책의 변화와 함의(1998-2007년): 남성 생계부양자 모델을 중심으로」. ≪사회과학연구≫, 30권 4호, 571~605쪽.
- _____. 2015. 「노동부 일자리창출 사업의 성격: 성인노동자 모델을 중심으로」. ≪한국공공 관리학회보≫, 29권 3호, 87~121쪽.
- _____. 2016. 「남성 생계부양자 모델에서 이인소득자 모델로의 이행: 독일의 양육휴가정책」. ≪한국정책학회보≫, 25권 1호, 195~219쪽.
- _____. 2018. 「독일보육정책 및 양육휴가정책의 변화와 함의: 남성 생계부양자 모델 및 이인 소득자 모델과 관련하여」. ≪EU연구≫, 50권 1호, 250~288쪽.

- 이진숙. 2006. 「독일 가족정책의 현황과 젠더적 성격」. ≪한국사회복지학≫, 58권 4호, 93~118쪽.
- _____. 2008. 「독일의 일-가족 양립정책에 대한 연구: 보육지원을 중심으로」. ≪한·독사회과학논총≫, 18권 3호, 165~190쪽.
- 임종헌·한형서. 「메르켈 정부 수립 이후의 복지정책 변화와 방향 - 가족복지정책을 중심으로」. ≪한·독사회과학논총≫, 21권 2호, 189~216쪽.
- 정재훈·박은정. 2012. 「가족정책 유형에 따른 독일 가족정책 변화 분석」. ≪가족과 문화≫, 24권 1호, 1~30쪽.
- 한경헌·어윤덕. 2011. 「대연정 시기의 독일 가족정책 변화와 정책 아이디어 역할에 관한 연구」. ≪한·독사회과학논총≫, 21권 4호, 135~160쪽.
- Baecker, G. and B. Stolz-Willig. 1993. "Teilzeit: Probleme und Gestaltungschancen." WSI-Mitteilungn. Vol. 46, No.9, pp. 545~553.
- Baecker, G. et al. 2000. Sozialpolitik und Soziale Lage in Deutschland. Gesundheit und Gesundheitssystem, Familie, Alter, Soziale Dienste. Bd. 2. Opladen.
- Becker, A. 1999, "Gendering Welfare States oder: Elemente eines geschlechtersensiblen Sozialstaatsvergleichs." In Peter Flora and Heinz-Herbert Noll(eds.). Sozialberichterstattung und Sozialstaatsbeobachtung. Individuelle Wohlfahrt und wohlfahrtsstaatliche Institutionen im Spiegel empirischer Analysen. Frankfurt am Main/New York: Campus Verlag, pp. 193~216.
- Bertram, H. and C. Deuflhard. 2013. "Das einkommensabhängige Elterngeld als Element einer nachhaltigen Familienpolitik." Vol. 25, pp. 154~172.
- Bundesministerium für Familie, Senioren, Frauen & Jugend. 2004. Bericht über die Auswirkungen der §§ 15 und 16 Bundeserziehungsgeldgesetz: (Elternzeit und Teilzeitarbeit während der Elternzeit). Berlin.
- _____. 2016. Kindertagesbetreuung Kompakt, Ausbaustand and Bedarf. Berlin.
- Bonin, H. et al. 2013. "Lehren für die Familienpolitik : zentrale Resultate der Gesamtevaluation familienbezogener Leistungen." Ifo-Schnelldienst, Vol 66, pp. 22~30.
- Daune-Richard, A. M. 2005. "Women's Work between Family and Welfare State: Part-time Work and Childcare in France and Sweden." In B. Pfau-Effinger and B. Geissler(eds.). Care and social integration in Europe. Bristol: The Policy Press.
- Dingeldey, I. 2002. "Das deutsche System der Ehegattenbestreuung im europaeischen Vergleich." WSI-Mitteilungen, Vol 55, No. 3, pp. 154~161.
- _____. 2003. "Implikationen und Konsequenzen des Konzepts der Employability in der Arbeitsmarktpolitik: Die Beschaeftigungsfaehige Muetter in Laendervergleich." In J. Allmendinger(eds.). Entstaatlichung und soziale Sicherheit. verhandlungen des 31. Kongresses der Deutschen Gesellschaft fuer Soziologie in Leipzig 2002. 2 Baende + CD-Rom. Opladen:

Leske + Budrich, pp. 437~454.

• _____. 2006. "Holistic Governance oder die Notwendigkeit reflexiver Gestaltung von Familien- und Arbeitsmarktpolitik." In H. Bertram(eds.). *Wem gehoert die Familie der Zukunft?: Expertisen zum 7. Familienbericht der Bundesregierung.* Opladen: Budrich, pp. 359~381.

• Dingeldey, I. and Reuter, S. 2003a. "Arbeitsmarktintegration von Muettern als Ziel der Familienpolitik: Zunehmende Arbeitsmarktsegmentation in Frankreich und Grossbritannien." *Femina Politica*, Vol. 12, No. 1 pp. 55~68.

• _____. 2003b. "Beschäftigungseffekte der neuen Verflechung zwischen Familien-und Arbeitsmarktpolitik." *WSI-Mitteilungen*, Vol. 56, No. 11, pp. 659~666.

• Engelbrech, G. and M. Jungkunst. 2001a. "Erwerbsbeteiligung von Frauen: Wie bringt man Beruf und Kinder unter einen Hut?" *IAB Kurzbericht*, Vol. 7, pp. 1~4.

• _____. 2001b. "Erziehungsurlaub: Hilfe zur Wiedereingliederung oder Karrierehemmnis?" *IAB Kurzbericht*, Vol. 11, pp. 1~5.

• Engstler, H. and S. Menning. 2003. *Die Familie im Spiegel der amtlichen Statistik: Lebensformen, Familiensstrukturen, wirtschaftliche Situation der Familien und Familien- demographische Entwicklung in Deutschland.* Bonn: Bundesministerium fuer Familie, Senioren, Frauen und Jugend.

• Esping-Andersen, G. 1990. *The Three Worlds of Welfare Capitalism.* Princeton: Princeton University Press.

• Geissler, B. and M. Oechsle. 1996. *Lebensplanung Junger Frauen: Zur Widerspruechlichen Modernisierung Weiblicher Lebenslaeufe.* Weinheim: Deutscher Studien Verlag.

• Gerlach, I. 2009. "Elternzeit und -geld als familienpolitische Instrumente: Entwicklung, Zielsetzung und empirische Befunde aus deutschen Unternehmen." *Sozialer Fortschritt*, Vol. 58, pp. 273~282.

• Geyer, J. et al. 2012. "Elterngeld fuehrt im Zweiten Jahr nach Geburt zu hoeher Erwerbsbeteiligung von Muettern." *DIW-Wochenbericht*, Vol. 79, No. 9, pp. 3~10.

• Gornick, J. C. and M. K. Meyers. 2003. "Supports for Working Families: Work and Care Policies Across Welfare States." *CESifo DICE Refort*, Vol. 4, pp. 13~18.

• Gottschall, K. and K. Bird. 2003. "Familiy Leave Policies and Labor Market Segregation in Germany: Reinvestion or Reform of the Male Breadwinner? Symposium on Gender and Work Place Policies." *Review of Policy Research*, Vol. 20, No. 1, pp. 115~134.

• Gottschall, K. and K. Hagemann. 2002. "Die Halbstagsschule in Deutschland: Ein Sondefall in Europa?" *Aus Politik und Zeitgeschichte*, Vol. 41, pp. 12~22.

• Hermann, C. 1984. *Gleichstellung der Frau und Rentenrecht, Zur bevorstehenden reform der*

*Alterssicherung.* Berlin: Duncker & Humbolt.

- Kaufmann, F. X. 2002. *Zukunft der Familie im vereinten Deutschland.* Muenchen.
- Koch, A. and G. Baecker. 2004. "Mini-und Midi-Jobs: Frauenerwerbstaetigkeit und Niedrigeinkommensstrategien in der Arbeitsmarktpolitik." In D. Baatz, C. Rudolph and A. Satilmis(eds.). *Hauptsache Arbeit. Feministische Perspektiven auf den Wandel von Arbeit.* Muenster, pp. 85~103.
- Kreimer, M. and H. Schiffbaenker. 2005. "Gender and the Caring Dimension of Welfare States: toward Inclusive Citizenship." In B. Pfau-Effinger and B. Geissler(eds.). *Care and social integration in Europe.* Bristol: The Policy Press.
- Lewis, J. 1992. "Gender and the Development of Welfare Regimes." *Journal of European Social Policy,* Vol. 2, No. 3, pp. 159~173.
- _____. 2003. "Erwerbstaetigkeit versus Betreuungsarbeit." In U. Gerhard, T. Knijn and A. Weckwert(eds.). *Erwerbstaetige Muetter. Ein europaeischer Vergleich.* Muenchen.
- _____. 2004. "Auf dem Weg zur Zwei-Erwerbstaetigen-Familie." In S. Leitner, I. Ostner and M. Schratzenstaller(eds.). *Wohlfahrtsstaat und Geschlechterverhaeltnis im Umbruch. Was kommt nach dem Ernaehrermodell?.* Wiesbaden: VS Verlag fuer Soaislwissenschaften, pp. 62~84.
- Lewis, J. and I. Ostner. 1994. *Gender and the Evolution of European Social Policies.* ZeS Arbeitspapier No. 4. Bremen: Zentrum fuer Sozialpolitik Universitaet Bremen.
- Meyer, T. 1996. "Ausgerechnet jetzt. Ueber die Einfuehrung des rechtsanspruches auf einen Kindergartenplatz in der Krise des Sozialstaates." pp. 62~67.
- Orloff, A. S. 1993. "Gender and The social Rights of Citizenship: The comparative Analysis of Gender Relations and Welfare States." *American Sociological Review,* Vol. 58, pp. 303~328.
- _____. 2002. *Women' Employment and Welfare Regimes: Globalization. Export Orientation and Social Policy in Europe and North America.* Geneva: UNRISD.
- Pfau-Effinger, B. 1999. *The modernization of family and motherfood in Western Europe. in Restructuring gender relations and employment: the decline of the male breadwinner.* Oxford: Oxfod Univesity Press.
- Pull, Von K. and A. C. Vogt. 2010. "Viel Lärm um nichts?: Der Einfluss der Elterngeldreform auf die Inanspruchnahme von Elternzeit durch Väter." *Soziale Welt,* Vol. 61, pp. 121~137.
- Sainsbury, D(eds.). 1994. *Gendering Welfare State.* London: Sage.
- Sainsbury, D. 1996. *Gende Equality and Welfare States.* Cambridge.
- _____. 1999. *Gender and Social-Democratic Welfare States. in gender and Welfare State Regimes.* Oxford University Press.
- Schneider, N. F and H. Rost. 1998. "Von Wandel keine Spur - warum ist Erziehungsurlaub

weiblich?" In M. Oechsle and B. Geissler(eds.). *die ungleiche Gleichheit:Junge Frauen und der Wandel im Geschlechterverhaeltnis.* Opladen: Leske und Budrich.

* Spiess, C. Katharina and F. Buechel(2002). "Muettererwerbstaetigkeit und Kindertagesein-richtungen - neue Ergebnisse zu einem bekannten Zusammenhang." *Vierteljahrshefte zur Wirtschaftsforschung*, Vol. 71, pp. 96~114.

* Spiess, C. Katharina and K. K. Wrohlich. 2005. "Wie viele Kinderbetreuungsplaetze fehlen in Deutschland." *DIW Wochenbericht*, Vol. 14, pp. 223~227.

* Vaskovics, L. A. and H. Rost. 1999. *Vaeter und Erziehungsurlaub.* Stuttgart: Verlag W. Kohlhammer.

* Wrohlich, K. et al. 2012. *Elterngeld Monitor: Endbericht. Forschungsprojekt im Auftrag des Familie, Senioren, Frauen und Jugend.* Berlin: DIW.

* StBAa. Statistitisches Jahrbuch(1990-2017). http://www.destatis.de(검색일: 2018.3.20).

* StBAb. Wiesbaden(2009-2015). http://www.destatis.de(검색일: 2018.3.20).

* Engstler, Heribert. 1997. *Die Familie im Spiegel der amtlichen Statistik: Lebensformen, Familienstrukturen, wirtschaftliche Situation der Familien und Familiendemographische Ent-wicklung in Deutschland.* Bundesministerium für Familie, Senioren, Frauen und Jugend (Hrsg.), Bonn.

* Pfau-Effinger, Birgit. 1998. "Arbeitsmarkt- und Familiendynamik in Europa - Theoretische Grundlagen der vergleichenden Analyse." In Birgit Geissler, Friederike Maier and Brigitte Pfau-Effinger(Hrsg.). *Frauenarbeitsmarkt. Der Beitrag der Frauenforschung zur sozio-ö konomischen Theorienentwicklung.* Berlin, pp. 177~195.

# 찾아보기

## 엮은이

/

## 사회정책연구회

사회정책연구회는 복지, 노동, 교육, 주택, 환경 등 사회정책의 다양한 분야를 공부하는 연구
자들의 모임으로, 사회정책이라는 학문 성격상 행정학·사회학·사회복지학·정치학·경제학 등
다양한 분야의 대학 및 연구소의 연구자들은 물론 관련 부처 실무자들이 모여 의사소통과 공
동연구를 하면서 사회정책 분야의 지식네트워크 형성을 지향합니다. 본 연구회는 회원 상호
간의 진지하고 개방적인 토론을 통해 우리 사회의 주요 사회문제들과 관련된 사회정책 이슈들
을 학문적으로 토론·분석하고 실천적인 대안을 제시하여 우리나라의 사회정책을 발전시키고,
궁극적으로는 한국 사회의 발전에 기여하고자 합니다.


## 지은이

/

## 이호근

전북대학교 법학전문대학원 교수. 독일 마르부르크대학교(Philipps-Universität Marburg)에서
정치학 석사학위와 박사학위를 취득했다. 한국사회정책학회 제12대 회장(2012~2013)과 한국
사회보장법학회 제3대 회장(2016~2017)을 역임했고, 현재 중앙노동위원회 공익위원(차별시
정심판)(2014~)을 맡고 있다. 주 연구 분야는 노동시장 이중구조와 사회적 양극화 문제 등이
다. 저서로는 『비정규 노동과 복지: 노동시장 양극화와 복지전략』(공저, 2012), 『긱 노동 유형
과 각국의 대응방안에 관한 연구』(2019) 등이 있다.
lhg618@jbnu.ac.kr


## 최영준

연세대학교 행정학과 부교수. 영국 바스대학교(University of Bath)에서 박사학위를 취득했
다. 바스대학교와 고려대학교에서 조교수, 부교수를 지냈으며, 현재 LAB2050 연구위원장으로
활동하고 있다. 주 연구 분야는 비교정책, 복지국가론, 노령화정책 등이다. 최근 저서와 논문
으로는 『자신에게 고용된 사람들: 한국의 자영업자 보고서』(공저, 2017), 「한국 복지국가의
새로운 DNA: 사회적 자유주의와 자유안정성을 향하여」(2018) 등이 있다.

## 최정은

연세대학교 행정학과 박사 수료. 새로운사회를여는연구원에서 사회정책 연구원을 지냈으며, 현재 한국사회적경제연대회의의 정책위원으로 활동하고 있다. 주 연구 분야는 사회서비스, 사회적 경제, 복지태도, 여성고용, 아동정책 등이다. 최근 논문으로는 「기초자치단체가 사회적경제 활성화에 미치는 영향에 관한 연구」(2019), 저서로는 『여성 노동시장 취약계층 분석』(2017) 등이 있다.
jechoi17@yonsei.ac.kr


## 유정민

연세대학교 행정학과 박사 수료. 주 연구 분야는 과학기술정책, 복지정책, 혁신, 교육정책 등이다. 최근 논문으로는 "Crowdfunding public projects: Collaborative governance for achieving citizen co-funding of public goods"(2019)가 있다.


## 강욱모

경상대학교 사회복지학과 교수. 경상대학교 사회과학대학 학장·행정대학원장, 한국사회복지정책학회 회장을 역임했다. 영국 에든버러대학교(University of Edinburgh)에서 사회정책학 박사학위를 취득했다. 주요 저서와 논문으로는 『외국인고용제도개선과 인권』(공저, 2016), 『사회적 기업을 말한다: 이론과 실제』(공저, 2013), 「보편적 복지국가 논쟁: 한국의 복지정책은 보편주의가 될 수 있을까?」(2018), 「장애인가구의 소득불평등 추이와 요인분해: 집단구성별 비교」(공저, 2016), "Double empowerment: The roles of ethnic-based groups in the Korean community in New Zealand-Implications for social work practice"(공저, 2014) 등이 있다.


## 김태일

고려대학교 행정학과 교수. 서울대학교에서 행정학 석사학위, 카네기멜론대학교(Carnegie Mellon University)에서 정책학 박사학위를 취득했다. 주 연구 분야는 복지, 재정, 정책평가 등이다. 주요 저서로는 『한국 경제, 경로를 재탐색합니다』(2017), 『국가는 내 돈을 어떻게 쓰는가』(2013) 등이 있다.
tikim@korea.ac.kr

## 양재진

연세대학교 행정학과 교수. 미국 럿거스대학교(Rutgers University)에서 정치학 박사학위를 취득했다. 연세대학교 행정대학원 부원장, 대통령자문정책기획위원 등을 역임했고, 현재 연세대 복지국가연구센터 소장을 맡고 있다. 주 연구 분야는 복지정치와 관료제이며, 저서로는 *The Political Economy of the Small Welfare State in South Korea*(2017) 등이 있다. jjyang@yonsei.ac.kr.

## 최승호

충북연구원 선임연구위원(현 사회통합연구부 부장). 독일 마르부르크대학교(Philipps-Universität Marburg)에서 정치(정책)학 석사학위, 독일 라이프치히대학교(Universität Leipzig)에서 사회정책학 박사학위를 취득했다. 한독사회과학회의 편집이사를 지냈고 현재 한국평화연구학회에서 사회 NGO 분과 위원장을 맡고 있다. 주 연구 분야는 고용과 사회보장, 생사학 등이다. 주요 논문으로는 「독일과 일본의 '요양인력' 확보 대책 비교 고찰: 한국에서의 시사점」 (2018), 「포스트 근대 사회의 장법(葬法)문화 고찰: 독일 사례를 중심으로」(2017), 「독일의 기본소득보장(Garantiertes Grundeinkommen) 모델 연구: 근로의욕 고취인가, 보장성 강화인가?」(2013)와 역서로는 『유럽의 역동성』(2011) 등이 있다.

## 문진영

서강대학교 신학대학원 사회복지학과 교수. 연세대학교에서 사회복지학으로 문학사, 문학석사 학위를 취득했고, 영국 헐대학교(The University of Hull)에서 사회정책학으로 철학박사(Ph.D) 학위를 취득했다. 한국사회정책학회 회장과 국제 학술단체인 EASP의 Chairperson을 역임했다. 현재 경기도일자리재단의 대표이사로 일하고 있다. 주 연구 분야는 빈곤과 불평등, 노동시장정책, 유럽연합의 사회정책이다. 최근의 주요 논문과 저서로는 「유럽연합의 정책 수렴에 대한 연구: 기초소득보장을 중심으로」(2018), 「소득은 행복의 독립변수인가 조절변수인가?: Eudaimonia와 Hedonism 관점에 기반한 논쟁을 중심으로」(2018), 『Social Welfare in Korea: A Source Book』(2017) 등이 있다. jymoon@sogang.ac.kr

## 김윤영

한국보건사회연구원 사회서비스정책실 부연구위원. 영국 브리스톨대학교(university of bristol)에서 사회정책학 박사학위를 취득했다. 인천연구원 부연구위원과 한국사회복지정책학회에서 연구분과위원을 역임했고 현재 비판과 대안을 위한 사회복지학회, 한국지역사회복지학회에서 대외협력분과위원으로 활동하고 있다. 주 연구 분야는 사회복지행정·정책, 비교사회정책 등이다. 주요 저서와 논문으로는 "Towards a Green State"(공저, 2018), 「커뮤니티케어 해외사례와 함의 그리고 구상」(공저, 2018) 등이 있다.

yykim@kihasa.re.kr


## 안미영

국민대학교 행정학과 교수. 영국 킹스칼리지 런던(King's College London)에서 노인학 석사학위, 옥스퍼드대학교(University of Oxford)에서 사회정책학 박사학위(DPhil in Social Policy)를 취득했다. 2018년 여름 영국 런던정치경제대학교(The London School of Economics and Political Science) 사회정책학과(Department of Social Policy)의 방문 펠로우(Visiting Fellow)로 활동했다. 주 연구 분야는 가족, 젠더, 사회정책, 비교연구 등이다. 주요 논문으로는 "Welfare States and Care Arrangements: Care Time Mix Approach and Its Application to Japan and Korea"(2017), "Diverging Paths? A Comparative Look at Childcare Policy in Japan, South Korea and Taiwan"(공저, 2016) 등이 있다.

myan@kookmin.ac.kr


## 이미화

고려대학교 세종캠퍼스 공공사회학전공 조교수. 독일 브레멘대학교(Bremen University)에서 사회학으로 박사학위를 취득했다. 주 연구 분야는 일·가정 양립정책, 가족정책, 비교사회복지정책 등이다. 저서로는 *Sozialpolitik und Erwerbsteilhabe von Frauen in Südkorea*(2013) 등이 있다.

mihwalee@korea.ac.kr

한울아카데미 2157

**복지국가 쟁점 1** 전환기의 이슈와 대안

ⓒ 사회정책연구회, 2019

엮은이 ׀ 사회정책연구회
지은이 ׀ 이호근·최영준·최정은·유정민·강욱모·김태일·양재진·최승호·문진영·김윤영·안미영·이미화
펴낸이 ׀ 김종수    펴낸곳 ׀ 한울엠플러스(주)    편집 ׀ 김초록
초판 1쇄 발행 ׀ 2019년 4월 29일    초판 2쇄 발행 ׀ 2020년 10월 15일

주소 ׀ 10881 경기도 파주시 광인사길 153 한울시소빌딩 3층    전화 ׀ 031-955-0655
팩스 ׀ 031-955-0656    홈페이지 ׀ www.hanulmplus.kr    등록번호 ׀ 제406-2015-000143호

Printed in Korea.
ISBN  978-89-460-7157-5 94300(양장) 978-89-460-6644-1 94300(양장 세트)
       978-89-460-6642-7 94300(반양장) 978-89-460-6645-8 94300(반양장 세트)

* 책값은 겉표지에 표시되어 있습니다.